U0538383

天下文化
BELIEVE IN READING

好友林百里不但經營廣達電腦卓然有成，對音樂、美術與攝影也多有涉獵。2024年春天他為我與Sophie拍攝照片，留住了我倆相知相惜的幸福瞬間。謝謝百里！（林百里攝影）

1948年秋，剛高中畢業，17歲的我，站在上海「外灘公園」。
山河即將變色，幾個月後我就隨祖母、母親「逃難」到香港。

18歲的我穿著浴袍，剛從哈佛大學學生宿舍地下一樓的浴室要走回三樓房間，室友辛克萊順手為我拍了這張照片。直到五十幾年後，辛克萊從哈佛年刊上發現我的地址，才把這張照片寄給我，再度激起了我的幾抹年少情懷。

我在德儀事業頭十幾年一帆風順，41歲即升任全球半導體集團總經理。圖為我在達拉斯家中，看似有點志得意滿。

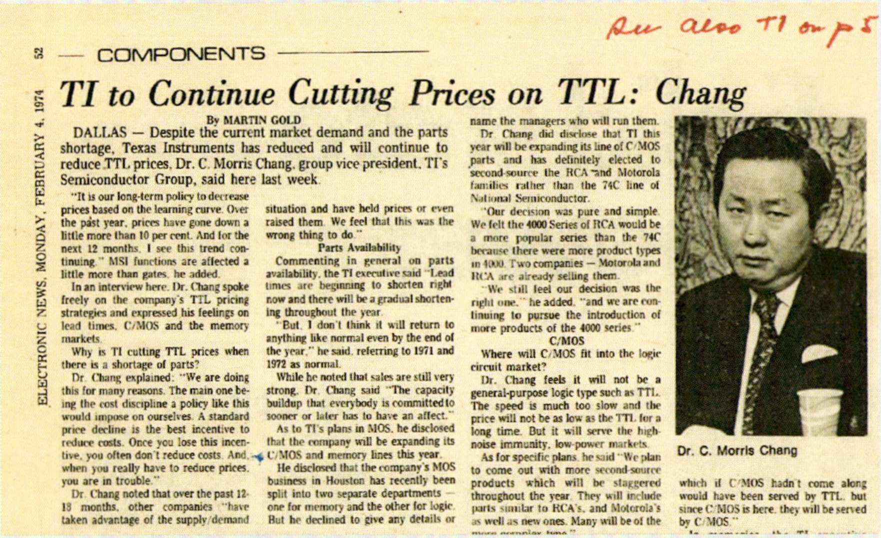

See also TI on p5

ELECTRONIC NEWS, MONDAY, FEBRUARY 4, 1974 52

— COMPONENTS —

TI to Continue Cutting Prices on TTL: Chang

By MARTIN GOLD

DALLAS — Despite the current market demand and the parts shortage, Texas Instruments has reduced and will continue to reduce TTL prices, Dr. C. Morris Chang, group vice president, TI's Semiconductor Group, said here last week.

"It is our long-term policy to decrease prices based on the learning curve. Over the past year, prices have gone down a little more than 10 per cent. And for the next 12 months, I see this trend continuing." MSI functions are affected a little more than gates, he added.

In an interview here, Dr. Chang spoke freely on the company's TTL pricing strategies and expressed his feelings on lead times, C/MOS and the memory markets.

Why is TI cutting TTL prices when there is a shortage of parts?

Dr. Chang explained: "We are doing this for many reasons. The main one being the cost discipline a policy like this would impose on ourselves. A standard price decline is the best incentive to reduce costs. Once you lose this incentive, you often don't reduce costs. And, when you really have to reduce prices, you are in trouble."

Dr. Chang noted that over the past 12-18 months, other companies "have taken advantage of the supply/demand situation and have held prices or even raised them. We feel that this was the wrong thing to do."

Parts Availability

Commenting in general on parts availability, the TI executive said "Lead times are beginning to shorten right now and there will be a gradual shortening throughout the year.

"But, I don't think it will return to anything like normal even by the end of the year," he said, referring to 1971 and 1972 as normal.

While he noted that sales are still very strong, Dr. Chang said "The capacity buildup that everybody is committed to sooner or later has to have an affect."

As to TI's plans in MOS, he disclosed that the company will be expanding its C/MOS and memory lines this year.

He disclosed that the company's MOS business in Houston has recently been split into two separate departments — one for memory and the other for logic. But he declined to give any details or name the managers who will run them.

Dr. Chang did disclose that TI this year will be expanding its line of C/MOS parts and has definitely elected to second-source the RCA and Motorola families rather than the 74C line of National Semiconductor.

"Our decision was pure and simple. We felt the 4000 Series of RCA would be a more popular series than the 74C because there were more product types in 4000. Two companies — Motorola and RCA are already selling them.

"We still feel our decision was the right one," he added, "and we are continuing to pursue the introduction of more products of the 4000 series."

C/MOS

Where will C/MOS fit into the logic circuit market?

Dr. Chang feels it will not be a general-purpose logic type such as TTL. The speed is much too slow and the price will not be as low as the TTL for a long time. But it will serve the high-noise immunity, low-power markets.

As for specific plans, he said "We plan to come out with more second-source products which will be staggered throughout the year. They will include parts similar to RCA's, and Motorola's as well as new ones. Many will be of the

Dr. C. Morris Chang

which if C/MOS hadn't come along would have been served by TTL, but since C/MOS is here, they will be served by C/MOS."

我一直保存著1974年2月4日美國《電子新聞》的報導，標題是「莫理士‧張表示：德儀持續調降TTL產品的價格」，搭配了張我一臉凶悍的照片。當年我這樣做的原因是要讓競爭者絕望。

1980年代初，對德儀同仁講解品質。這是我在德儀「最後的吶喊」。

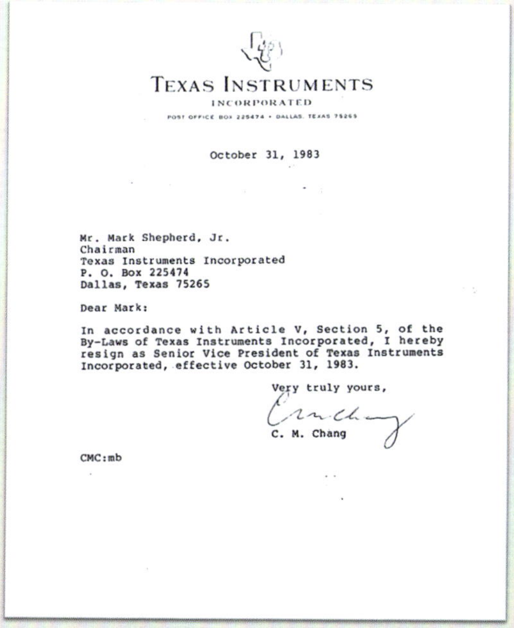

TEXAS INSTRUMENTS
INCORPORATED
POST OFFICE BOX 225474 • DALLAS, TEXAS 75265

October 31, 1983

Mr. Mark Shepherd, Jr.
Chairman
Texas Instruments Incorporated
P. O. Box 225474
Dallas, Texas 75265

Dear Mark:

In accordance with Article V, Section 5, of the By-Laws of Texas Instruments Incorporated, I hereby resign as Senior Vice President of Texas Instruments Incorporated, effective October 31, 1983.

Very truly yours,

C. M. Chang

CMC:mb

天下無不散的筵席！1983年10月，我對德儀已「債還、緣盡」，提出正式辭呈。

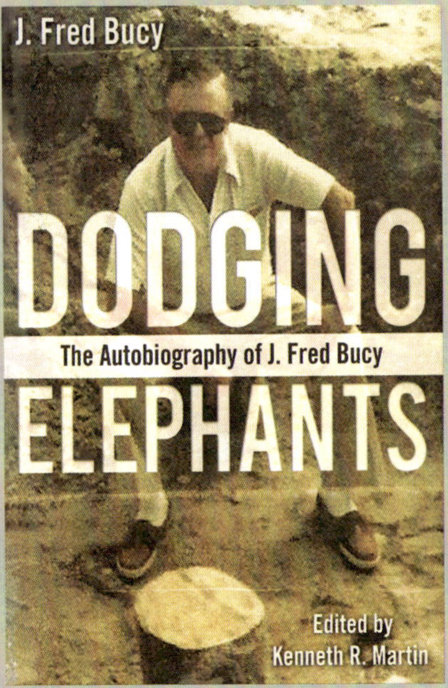

TI was bursting with talent at that time. Perhaps the best example was Morris Chang, a Chinese national who'd come to the company from Sylvania in 1958. I can't claim to have discovered Morris; his comprehensive grasp of semiconductor technology and manufacture had already singled him out. Recognizing his potential, TI had sent Morris to Stanford at full salary where he earned a PhD. When I arrived at Semiconductor I placed him in charge of silicon transistors, where the company was having delivery problems. Morris straightened out that business and was rewarded for his success. In addition to his prodigious technical know-how, Morris was a first-rate manager who understood the price curve perfectly and exploited it accordingly. All in all, he was probably the best semiconductor man in the world. He was also an ace bridge player, one of the best in Dallas County. He later succeeded me as Semiconductor's group vice president, and, after that, headed the company's consumer group.

Eventually, Morris moved to Taipei as CEO of Taiwan Semiconductor Manufacturing Company, today the largest operation of its type in the world. It's a pleasure at this time to salute once again his enormous contribution to TI and the worldwide semiconductor industry.

Page 86-87, Dodging Elephants, The Autobiography of J. Fred Bucy, by J. Fred Bucy, Dog Ear Publishing 2013

以上是彪希在他2013年書中對我的讚語，假使我在任半導體總經理時聽到，我會受鼓勵，四十年後在台灣聽到，太晚了。

1976年7月我還在德儀事業的高原上，受邀來台在近代工程技術討論會發表演講，相當受到歡迎，是我與台灣關係的真正開始。圖為行政院長蔣經國（右六）在行政院大禮堂以餐會款待與會的海內外學者專家八十餘人，當時我正在取餐（右二）。（中央社提供）

1985年8月我從方賢齊先生（右）手中接下工研院院長印信，成為工研院第三任院長，監交人即為邀請我來台任工研院院長的工研院董事長徐賢修（中）。我在致詞時表示，如何與工業界接合，將工研院的成果落實在業界，將是我未來的主要工作。（工業技術研究院提供）

1985年我接任工研院院長後不久，在清華大學校園內與工研院前院長方賢齊（左三）、工研院董事長徐賢修（左二）、清大校長毛高文（左一）、工研院TAC召集人潘文淵（右三）、清大工學院院長李家同（右二）、工研院副院長胡定華（右一）合影。在2024年的今日，除李家同與我，都已成故人矣。（工業技術研究院提供）

我倡議以「專業晶圓代工」商業模式成立台積電，俞國華院長指示我一定要「找一家有IC技術的跨國公司」做第二主要投資者。1986年6月飛利浦總裁范戴克（右三）與我以工研院院長身分，分別代表雙方簽訂「投資協議綱要」。我的右鄰為經濟部長李達海以及經建會主委趙耀東（左一）。（中央社提供）

1988年3月李登輝總統（前排右三）前來視察工研院。李總統這次視察給我的印象是：他對工研院使命的認知，與我的有點南轅北轍。（工業技術研究院提供）

1988年12月在工研院新舊任董事長暨院長交接典禮中，我接下董事長印信。（中央社提供）

1990年2月三位台灣財經大功臣，包括俞國華（左一）、孫運璿（坐輪椅），及李國鼎（右一）參加台積電二廠落成典禮。我在推孫前院長的輪椅。

為了要打開美國市場，我聘僱的台積電前三任總經理都是美國人。由上至下分別是第一任總經理戴克斯、第二任總經理魏謀、第三任總經理布魯克。

1994年9月5日，台積電股票以每股新台幣90元在台灣證券交易所上市，但卻是「有價無市」，此後六個交易日都「無量漲停」，直到漲到142.5元才開始有交易。

1997年7月台積電租用40公頃土地開始興建晶圓六廠，是第一家進駐南科的企業。直到2024年，台積電在南科共租用180公頃土地，員工人數則超過23,000人。

1998年秋，我到交通大學管理學院講授經營管理專題，十二門課依序為：企業願景、企業文化、組織結構與設計、決策與授權、功能性組織、溝通、激勵、績效評估、學習曲線與市場占有率、策略與年度規畫、開會、世界級企業。（聯合報系提供）

與我幾乎同時加入德儀、而且在加入德儀不久就立刻發明積體電路的基比於1998年底來台接受交通大學贈予「榮譽教授」榮銜。圖為基比（中）、交大張俊彥校長（左），還有我一起與學校師生交流座談。基比在座談中稱「專業晶圓製造」為了不起的商業模式創新。（交大友聲雜誌社提供）

1999年3月美國前總統卡特(左三)與夫人(左二)來訪，我（左一）做簡報時，虔誠的基督教徒卡特帶著些許欽佩的神情問：「是誰開創『專業晶圓代工』商業模式？」我以宗教界慣常用語回答說：「I was the prophet.（我就是那位先知。）」讓卡特伉儷不禁莞爾。

2001年4月《富比士》雜誌以「促成變化的人」(The Catalyst)標題將我放上雜誌封面,並以整整三頁的篇幅介紹台積電與我。

2002年4月我邀請美國麻省理工學院梭羅教授（左）、前英國電信總裁邦菲爵士（右）出任台積電外部董事，也邀請美國哈佛大學波特教授出任監察人，以強化台積電的公司治理及全球化經營能力。

「支持基礎科學教育、培育高科技人才」是台積電一貫的理念。繼2000年捐贈經費協助清華大學興建科技管理學院「台積館」之後，2005年12月我又代表台積電捐助經費協助台灣大學建設化學系研究大樓「積學館」，由李嗣涔校長（右二）代表接受。而協助玉成的台大前校長陳維昭（右一）及中研院李遠哲院長（左一）也來觀禮。（中央社提供）

2006年1月趁著時任麻省理工校長的蘇珊·哈克斐德（中）來台訪問，我邀請她與中研院院長李遠哲（右）和我一起探討「世界一流大學的責任」，我們的共識是世界一流大學要為社會培養領導人。

2006年11月我首度代表台灣出席在越南河內舉行的APEC經濟領袖會議。美國總統小布希視我為「德克薩斯州同鄉」，而在議程之外，他與我總是有許多共同話題可聊。圖為小布希（右）與我，俄羅斯總統普丁相隨於後。

小布希（後排左）與我同穿越南傳統服飾正前往合照地點，前方著同樣服飾的是日本前首相安倍。（中央社提供）

2007年5月在政治大學八十週年校慶上，我（前排右二）與武俠小說大師金庸（前排左三）、雲門舞集創辦人林懷民（前排右一）同時獲頒政大名譽博士學位。（中央社提供）

2008年4月我與副總統當選人蕭萬長（左二）、蕭夫人（右二）、Sophie（右一）等人一同前往中國海南島參加大陸胡錦濤主席也出席的「博鰲論壇」，後來胡、蕭有很有意義的會談。（中央社提供）

2009年5月全球經濟剛從金融危機中走出來時，我與諾貝爾經濟學獎得主克魯曼有一段對談。克魯曼說他對全球短期景氣審慎樂觀，對中期相當悲觀，但對十五到二十年後的長期則是非常樂觀。克魯曼那時的「長期」我已經會是九十幾歲，於是我不禁引用另一位著名經濟學家凱因斯的說法：「真的長期，大家都死了，」惹得哄堂大笑。（《商業周刊》提供）

2010年6月Sophie的第二本書《畫架上的進行式》由天下文化出版，我以「張淑芬老公」的身分參加新書發表會。（中央社提供）

國際電機電子工程師學會繼2000年6月授予我第一屆「Robert N. Noyce Medal」獎章後，2011年8月再授予我學會最高榮譽的「Medal of Honor」獎章，並在學會刊物《*IEEE Spectrum*》上搭配台積電企業色做專題報導。

2012年5月美國前財政部長暨哈佛大學前校長桑默斯（左）來台，他在對談中相當斬釘截鐵地說：「科技會帶給教育巨大的改變。」我提出質疑說：「儘管科技能提供一些便利，但終究無法取代黑板、粉筆、書籍及教授的親身授教。」於是，桑默斯下戰帖說：「二十年後，iPad肯定取代傳統教室、黑板及教授的親身授教。」現在十二年已過，我想我還是對的。（達志影像提供）

2013年11月台灣大學校長楊泮池（左）頒授我名譽博士學位證書。我至今仍記得有一次隨父親到朋友家拜訪，見春聯寫著「五子四博士」，父親返家後說自己也可寫「一子一博士」，母親卻說：「這個比較弱了點。」如今若是父母仍健在，就可寫「一子九博士」，母親也許就不會再說「這個比較弱了點。」可惜他們都已不在，太晚了。（中央社提供）

2014年4月母校史丹佛大學選我為「工程英雄」之一，並邀請我演講。漢尼斯校長（中）除親自主持，還請同為校友又是我的好友黃仁勳來介紹我。

隨著《二十一世紀資本論》在全球熱銷，作者皮凱提於2014年11月來台演講。在聚焦於「成長與公平」的論壇中，我認為皮凱提提出的富人稅行不通，因為資本會逃跑。（聯合報系提供、余承翰攝影）

2015年5月美國前聯準會主席柏南奇來台訪問，我與他對談。柏南奇少年時家境不甚好，與我在美國做大學生時相似，但是我們兩人後來都實現了「美國夢」。我問他：「現在美國夢還有可能實現嗎？」他回答：「還是可能，但比我們那時難了。」（《商業周刊》提供）

2015年4月民進黨主席蔡英文以總統候選人身分展開「希望行腳」請益之旅，首站即到訪台積電。（聯合報系提供）

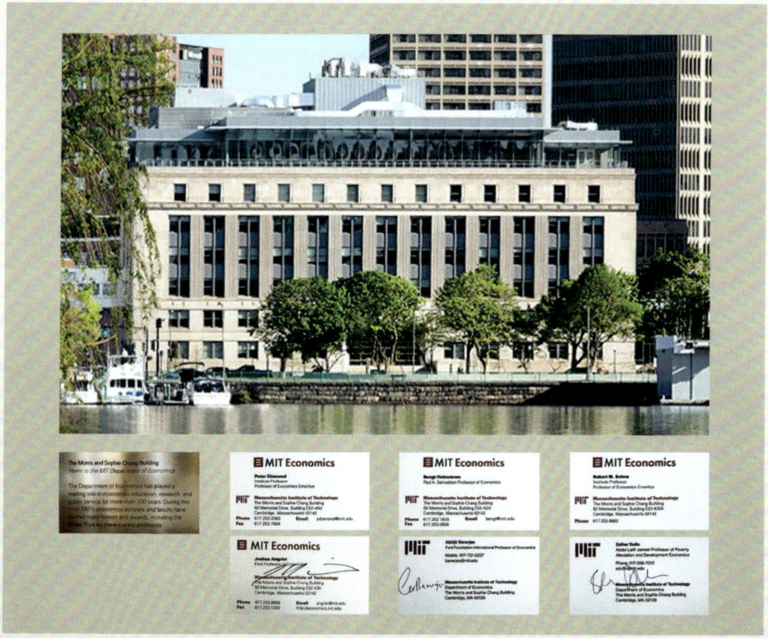

Sophie和我捐了這座大樓給MIT。Morris and Sophie Chang Building現在是MIT經濟系的家。經濟系很感激我，送我大樓照片，附六位得諾貝爾獎的現任教授的名片。MIT經濟系竟有六位現任教授曾獲諾貝爾經濟學獎，實為奇蹟！

2017年9月我在台積電南京廠進機典禮中，向當時江蘇省委書記李強（右二）介紹廠區整體規畫。次年10月南京廠順利量產，開啟了中國大陸16奈米半導體製程新紀元。

2017年10月我在公司舉行記者會，宣布將於次年6月股東大會後退休。屆時，台積電將由董事長劉德音（右）、總裁魏哲家（左）兩人平行領導。（《商業周刊》提供）

2017年10月「台積電三十週年慶」，我邀請客戶及合作夥伴一同探討半導體業的光明未來。在我身邊由右至左分別是輝達CEO黃仁勳、高通CEO莫倫科夫、亞德諾CEO羅希、安謀CEO塞格斯、博通CEO譚霍克、艾司摩爾CEO溫寧克、蘋果COO威廉斯。

一年一度的台積電運動會，都是我最興奮的一天。我看到台積人高昂的士氣、團隊精神和運動員精神，我就更為深深地相信，我們台積電一定會屢創奇蹟！ 2017年11月我主持了退休前的最後一次運動會，我向同仁們說台積電成立於1987年，當年底全公司只有258位同仁，令人珍惜的是三十年後仍有24位在職，其中一位就是我。我很高興頒發「三十年年資服務獎」給這些同仁。

2018年6月5日，是我退休前最後一次主持台積電股東會，謝謝股東、董事及同仁們給我的掌聲與祝福，我永遠不會忘記！

圖為2007年台積電全體董事的合影，其中獨立董事有四位與我一起站在前排，包括前英國電信總裁邦菲爵士（右二）、麻省理工學院梭羅教授（右一）、宏碁集團創辦人暨榮譽董事長施振榮（左一）、前惠普董事長暨總裁菲奧莉娜（左二）。此外，前工研院院長史欽泰在後排右一。

2018年6月我退休前夕與台積電董事合影。後排站立的四位皆為獨立董事，由左至右依序是前應用材料董事長史賓林特、前英國電信總裁邦菲爵士、前國家表演藝術中心董事長及前台積電資深副總暨法務長陳國慈、宏碁集團創辦人暨榮譽董事長施振榮。另一位獨立董事前德州儀器董事長延吉布斯因以視訊方式參加那次董事會而未能入鏡。

2018年11月APEC經濟領袖會議在巴布亞紐幾內亞莫士比港舉行。

2018年APEC，我們夫婦倆與新加坡總理李顯龍在他下榻的飯店茶敘。

2018年APEC，我與美國副總統彭斯會面。

2018年APEC，我與日本
安倍首相雙邊會談。

HAPPY

2021年7月，台積電為我舉辦90歲生日宴會，邀請各界好友共同參與。

受到COVID-19影響，APEC經濟領袖會議於睽違四年後，2022年11月在泰國曼谷恢復實體舉行。我與美國副總統賀錦麗雙邊會議。

克里斯．米勒的著作《晶片戰爭》於2022年出版，廣受各界矚目，他在書中說我的人生故事反映了整個半導體產業的發展。2023年3月我與米勒（左）在台對談，我說自己是征戰半導體的沙場老兵。閱讀《晶片戰爭》無異是一場懷舊之旅，書中的主要戰士我都認得。（中央社提供）

2023 年 10 月，我回到母校麻省理工，以「半導體晶片製造生涯——從美國德州到台灣」為題發表演講。

2023年11月APEC經濟領袖會議於美國舊金山舉行，這是我連續第六度代表蔡英文總統、第七度代表台灣與會。（中央社提供）

2023年APEC，Sophie和我與東道主美國總統拜登伉儷合影。

2023 年 APEC，雞尾酒會中我與美國國務卿布林肯傾談。

2023 年 APEC，我帶領台灣代表團與美國白宮首席經濟顧問布蘭納德（左三）進行長桌對談。

1972年，30歲的喬・拜登首次當選美國聯邦參議員，28歲的Sophie曾為他助選，兩人在德拉瓦州威明頓市同影。五十年後，拜登已是美國總統，Sophie亦已遷居台灣，兩人在台積電亞利桑那廠裝機典禮重逢，Sophie請拜登在舊照片上留言，拜登寫：Sophie, It has been a long time, but you are still gracious and lovely. Joe 12.6.22，並攝影（下張照片），這次多了一個我。

TSMC Tool-In
Ceremony
December 6th,
2022
Phoenix,
Arizona

2011 年獲馬英九總統頒贈「二等景星勳章」。

2018 年獲蔡英文總統頒贈「一等卿雲勳章」。

2024年獲蔡英文總統頒贈「中山勳章」。

Sophie的另一個身分是畫家，她在2008年畫了這幅「執子之手，與子偕老」送給我當生日禮物，之後就一直懸掛在我倆辦事處的入門處。

台積電營運成長對數圖

（一九八七—二〇二二年）

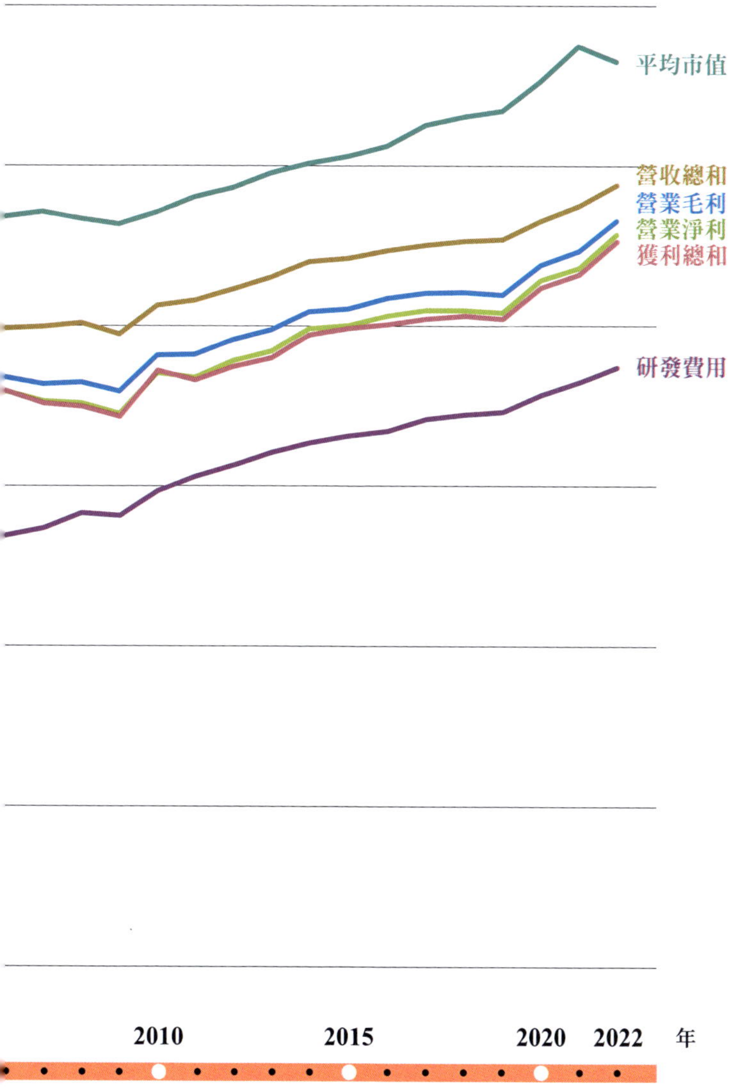

張忠謀自傳（下冊）

一九六四——二〇一八

張忠謀 著

獻給

Sophie

以及

台積電前前後後的同仁

目錄 CONTENTS

德儀篇

一九五八—一九八三年，二十七至五十二歲

台積電篇──與命運的約會

一九八五──一九九〇年，五十四至五十九歲

第十四章

我與台灣的淵源

（一九六二──一九八五年，三十至五十四歲）

來自台灣的史丹佛同學／德儀台灣終於實現／工研院IC計畫的開始／一九七六年近代工程技術討論會／一九八一年應邀參觀台灣電子工業並做建議／一九八二年孫運璿院長的聘僱及我的婉謝／徐賢修「三顧茅廬」（一九八五年，五十四歲）

台積電篇二 咆哮九〇年代

一九九一—二〇〇〇年，六十至六十九歲

台積電篇三 滾滾新世紀

二〇〇一—二〇一八年，七十至八十七歲

出版者的話

全球化與地緣政治交織下的「三贏」

——張忠謀、護國神山、台灣貢獻

高希均

（一）十七年前手訂「邁向世界級的九條鐵律」

半導體功臣張忠謀的一生（一九三一—），是一場二十一世紀人人可以置身其中的科技與智慧盛宴。

《晶片戰爭》作者克里斯・米勒（Chris Miller）曾在二〇二三年三月十六日與張忠謀對

談時表示：「如果只選一個人代表半導體，那就是張忠謀。他的人生故事是整個半導體產業的縮影。」

《華爾街日報》專欄作家柯恩（Ben Cohen）於二〇二四年三月二十九日刊文指出：「張忠謀專業晶圓代工的創新商業模式改變了產業結構，是推動全球最重要技術發展的重要人物。」

這些讚詞的根源，實質上證實了二〇〇七年張忠謀在上海發表的演講。他提出了要想成為「世界級」企業，就要做到「九個」條件。

回想十七年前十一月二十三日，全球華人企業家聚集在上海浦東，參加《遠見雜誌》主辦的第五屆「全球華人企業領袖峰會」。時任台積電董事長的張忠謀，在當時兩岸直航未通前，一清早從台北獨自出發，香港轉機，傍晚才趕到，剛好趕上大會頒贈他的「終身成就獎」，會後他要獨自在黃浦江沉思散步，回憶一家人曾在上海團聚的情景（上冊圖片頁第四頁）。這裡也是他父親事業發展之地。

次日上午，張董事長以「打造世界級企業」為題，面對擠滿的來賓發表重要演說。我作為主持人，小他五歲，童年也在上海長大，聽完了演講，禁不住有了淚影與共鳴。

我曾多次在以後的文章中引述那篇條理清晰、充滿前瞻性的講詞。隨著時間及台積電領導地位的突出，不斷傳播，已被形容為是張忠謀手訂的台積電「九條鐵律」。「世界級的企業」應當是：

(1)一個推動世界產業、思潮主流的公司。
(2)一個不斷創新的公司。
(3)一個持續成長的公司。
(4)領導級公司中的前三名。
(5)至少要有一〇%到一五%的股東報酬率。
(6)必須尊重智慧財產權的公司。
(7)一個學習型的公司。
(8)一個全球發展的公司。
(9)有世界性影響力，超越地域的公司。

在本書第二十一章〈台積電的經營理念及九〇年代的策略〉中，有更詳盡的討論，值得細讀。這就是「開放社會」展現示範的魅力，人人有「後來居上」的可能。

認識張董事長的人，都能感受到他做人做事的這些特質：「直話直說」、「說到做到」、「嚴格執行」、「以身作則」。在現實世界中，那些著名的企業家，也難以做到。他還可以進一步坦率地在書中引述別人對他的批評。

（二）開創專業晶圓代工的新商業模式

出生在動盪的中國大陸，十八歲之前張忠謀曾多次轉校，並在六個城市生活過，甚至親身經歷廣州與重慶的日軍轟炸。然後在一九四八年隨著家人離開上海遷至香港，短暫停留後移居美國。幼少年的逃難經驗，使他體認雙親對這位獨子的呵護，雙親為了他的教育，都安排了最好的學校：重慶的南開中學、上海的南洋模範中學。他的聰慧使他深知：往後一切得靠自己，也就格外珍惜赴美求學的機會。

一九四九年去美第一年，他即進入美國頂尖學府——哈佛大學，隔年又進入麻省理工學院，一九五三年取得碩士學位，學到了可以在美國立足的本領。後來在德州儀器的贊助下，再進入史丹佛，於一九六四年取得博士學位。擁有全美頂尖三大學府學歷的他，再回到德儀。

《張忠謀自傳：上冊 一九三一——一九六四》，寫他的青春、半導體的青春，和一個大時代從蒼涼到繁盛的軌跡。看到戰亂中的文藝少年在文科與工科中徘徊抉擇、壯志青年在美國職場現實中練就了堅強和進退，擁有一身本領的科技人，無法在機會面前猶豫。美國新大陸晴天中偶有風雨的前半生，已展現出他進退得失的身影。

此刻出版的《張忠謀自傳：下冊　一九六四——二〇一八》，他自己承認：由於董事長的工作愈做愈愉快，後來簡直欲罷不能，一直做到八十七歲才退休。退休後再以七年時間，精心撰述近二十萬字的「下冊」。

一九八六年競爭劇烈的科技世界中，出現了一個以「台灣」為名的「台灣積體電路製造股份有限公司」。董事長張忠謀，就是這位創辦者，他已經擁有深厚的美國高科技工作經驗，當時在李國鼎等政府首長邀請支持下，決定要在台灣開創專業晶圓代工的新商業模式。

次年台積電開始營運，從華路藍縷的孤寂到大放異彩的歷程，正是他意志力旺盛的年代。他深思每一個策略，布局每一次戰役，以誠信為盾，技術為劍，帶領台積電的精銳團隊，締造了咆哮的九〇年代和絢爛的二十一世紀。

進入二十一世紀，台積電已逐年被推崇為一個世界級的企業，近年在台灣它已富裕了七萬個員工家庭，也改變了全球幾億人的生活方式。

這上下兩冊回憶錄，在地域上跨越了中國大陸、美國、台灣，不只是作者的專業選擇，更是一場全球化潮流下，技術與智慧的凝聚與擴展。可是面對當前地緣政治的衝擊，目前除了台灣，也已在中國大陸、美國、日本、德國等地設廠。台積電還要費心設計周密它的應對之道。

（三）事業的成功就是半導體產業的縮影

比爾．蓋茲是十九歲創辦微軟；賈伯斯是二十一歲創辦蘋果公司；黃仁勳則是三十歲創辦輝達。這些當今世上知名科技公司的創辦人，都是在年輕時創建了一流企業，但台積電這家處處得到稱讚的公司，卻是張忠謀在他五十六歲時才創立。創辦初期，那是一九八〇年中後期，台灣在很多方面，人才、技術、資金等都是欠缺的。

《張忠謀自傳：下冊 一九六四——二〇一八》，第一部分寫他回到德州儀器公司生涯（一九五八—一九八三），一路攀峰登頂，做到當時華人在美最高位階的集團副總裁，但是此一職服務至一九八三年，已「債還、緣盡」，就是無法升到一步之遙的「總裁」，終於提出辭呈分手（下冊圖片頁第五頁）。在德儀工作二十五年的經驗，使他累積了對半導體業的專業洞見，專業晶圓代工的創新模式也在他胸中逐漸醞釀成形，以後的歲月證明了德儀之

「失」，創造了台灣之「得」。

四年後（一九八七）台積電在台灣創立。對許多人來說可能正在盤算著退休，他之所以接受這項挑戰，正是因為他前半生，投身於美國半導體業，才有信心來籌組他心中所想的「台積電計畫」。用當前流行的解釋，張忠謀的忍耐正反映出東方人的韌性。

新書中三分之二的篇幅（從十四章起）有條不紊地談及台積電在台灣三十餘年奮鬥的經歷，其中有些決策影響台灣及國外，有些影響當前及未來。

作者十分細心地在詞彙中記述那些中外重要人名及職稱。台積電相關的中文人物在書中依次列舉十位：李國鼎、孫運璿、方賢齊、潘文淵、徐賢修、俞國華、陳履安、胡定華、史欽泰、曾繁城，此外，有三位外籍總經理。另有一些重要的參與者，如蔡力行、劉德音、魏哲家等等的貢獻，讀者就必須在書中尋找解答。

回想一九八五年，台灣在各種條件缺乏之下，居然能邀請到美國大企業中極高職位的華人科技專家來台工作。台美之間不僅有物質條件、生活水準的差異，更包括法令規定、工作態度、技術水準、人情世故等等的適應。

幸有先接任工研院院長的安排（一九八五—一九八八），逐漸適應台灣的工作方式及職場文化，接著就是緊湊的一九八五年籌辦台積電，一九八七年台積電開始營運，並擔任董事長。

一旦主持台積電，張董事長的專業才華立刻顯現：優先次序一清二楚要奠定三塊基石：技術領先、製造優越、客戶信任。相關人事安排，國內外市場情勢的判斷，同業間的競爭等等，都能在「無私」的大原則逐一釐清，或做成決定，或適當的擱置，等待更恰當的時機。

正如他書中所寫：「台積電並非一帆風順，我也經歷了不少酸甜苦辣。」

（四）首位聞名全球在台灣創業的高科技企業家

張忠謀曾經說過「沒有李國鼎，就沒有台積電」，自一九八五年前後受到多位首長力邀，決定來台後，持續得到李國鼎、孫運璿等首長多方面協助，三十多年以台積電在國際上的表現，已使台灣得到豐富的回饋。他甚至謙虛地說：「我必須承認，沒有政府的投資和協助，我辦不起來台積電。」如今他已是九三高齡，仍為台灣在全球化中爭取更多的國際支持與能見度。

「六十歲以前的十年，我從三個職位上辭職——德儀、通用、工研院。辭職就是認輸！三次辭職後，我認為已經退無可退，而必須堅強自己的鬥志。其實我六十至八十五歲這時段的困難和阻力也不少，但我不再認輸，不再放棄。」（「下冊」第十九章〈華路藍縷〉）

當張忠謀已被公認地尊稱為「半導體教父」時，他一字一句親筆撰述的自傳，海內外讀者都會從他的中文文采、豐富難得的經歷，以及坦率直言的態度，得到借鏡與啟發。

他一生在事業所展現的，就是他那歷練出的遠見、決策果斷的自信、從不間斷的學習，以及與生俱來追求頂尖的潛能。

在他的思維裡，不只是要「追求」第一，而是要切實地「獲得」第一，以及「保持」第一。從一九八七年創立台積電，至二〇一八年退休，三十年來營收成長八千五百四十八倍；創立第二年即開始獲利，至二〇一八年營業淨利成長兩千五百四十二倍。在二〇二〇年他九十大壽宴會的致詞中，大意是說：「台積電的專業技術，已經超過九十分，但還要再進步，使別人永遠趕不上。」二〇二二年台積電的營收總額已突破七百五十八億美元、淨利總額將近三百七十六億美元、全球員工人數也來到七萬三千人，目前股票市值更是高達全球第八名。

在大事年表中所列舉史丹佛電機工程博士、八項榮譽博士、七次代表總統參加APEC會議，及各種專業獎項、講座、畢業典禮等致詞，更是為數眾多。張忠謀變成了台灣、美國、大陸三地共同的驕傲！

（五）更有「愛情的歸宿」

他曾說：「我自美國來台灣，赴了『與命運的約會』，」那麼我們要補加另外出現了一個重大的收穫：在創辦台積電的同時也得到了「愛情的歸宿」。二〇〇一年一月Morris與Sophie在加州，兩位結成終身伴侶，變成了彼此最大的精神支柱。

Sophie除了自己是一位出色的作家，其中深受歡迎的兩本書是：《真心》（二〇〇二）、《畫架上的進行式》（二〇一〇）；也是一位出色的畫家（曾在香港蘇富比義賣），更是熱心公益，是台積電慈善及志工事業的負責人。

記得二〇〇二年四月《張忠謀自傳：上冊 一九三一──一九六四》在北京簡體字出版，他與夫人應邀赴北大出席新書發表會，下午一場是對經濟學家，晚上是對北大管理學院師生們。七時許演講廳已擠滿了學生，當我介紹今天主講者張忠謀博士，宣布一個現場觀想不到的題目：「終身學習」，下面一片驚訝之聲。他們也許都在想一定會是討論當今世界上最進步的科技。四十分鐘的演講，深深地感動了年輕的北大學生，使他們感受到讀書與知識的重要，以及它的貢獻及造福人類。講後第一位站起來發言的是夫人Sophie，我邀請她走到前面講話，她說：「我的先生不喜歡應酬，喜歡下班後在家裡用簡單清爽的晚餐。餐後他就去到他的書房逗留兩、三個小時，這是他一天輕鬆愉快的時刻。他閱讀，他聽音樂，他寫文章，如果他看到陌生的中文字或英文字，他會查字典……他擁有科技腦，他也擁有人文心。」她的解釋贏得了滿場掌聲。

一個偉大的企業家，最大的貢獻，不是令人聯想到他巨大的財富，而是他能謹慎思考，做出勇敢的改革，尤其是在事業波折中所展現的堅持與原則。

江浙的文風孕育了少年張忠謀對文學的嚮往；美國名校的洗禮與一流企業的競爭，鼓舞他要做「人上人」；一九八〇年中來到相對陌生的台灣，投入半導體，奮身一搏，終於石破天驚，稱雄世界。

在全球化浪潮失勢、地緣政治抬頭中，大家看到了融合東西方的人文與科技的新三贏：張忠謀．護國神山．台灣貢獻。

（本文作者為遠見．天下文化事業群創辦人）

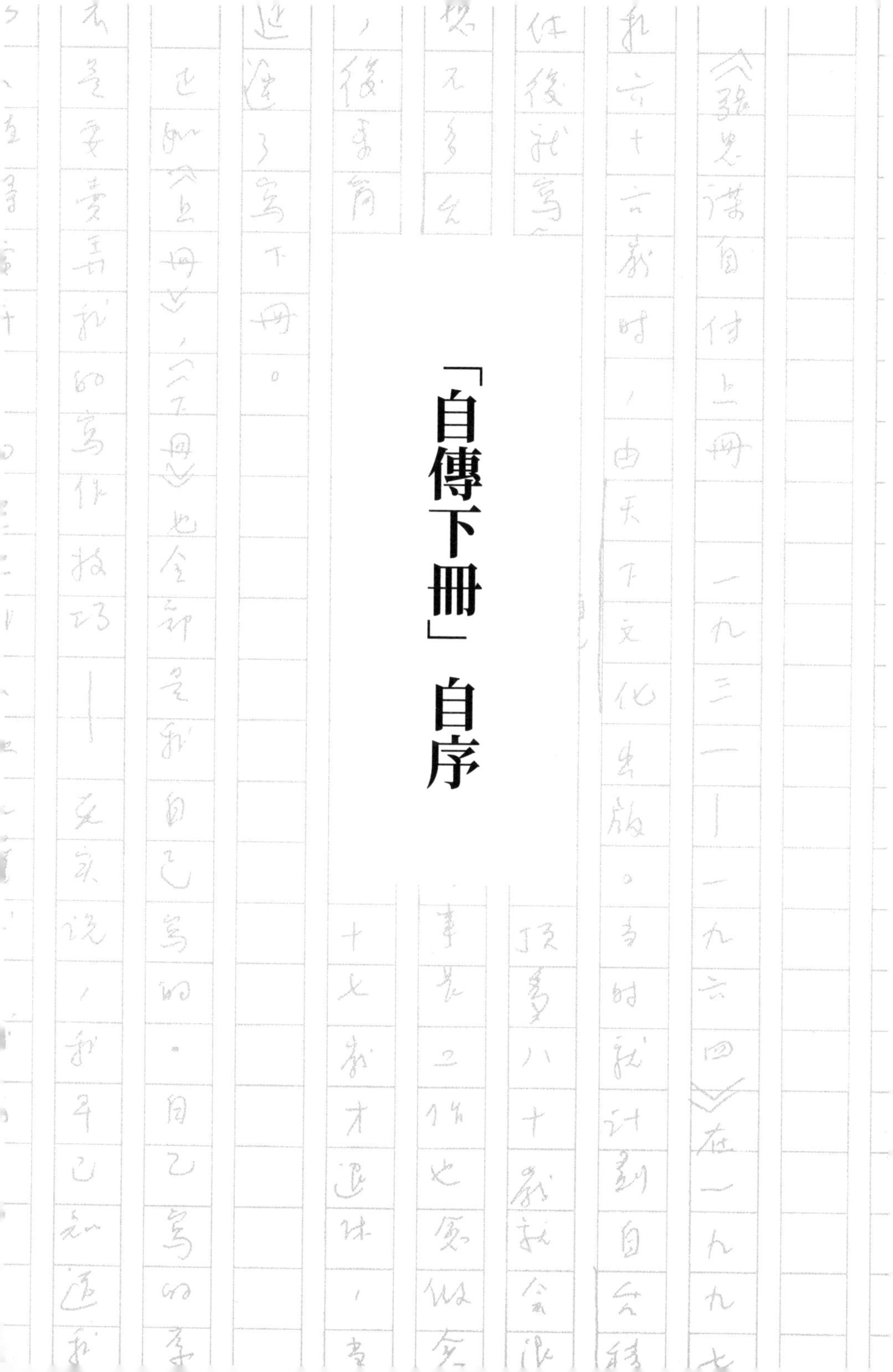

「自傳下冊」自序

《張忠謀自傳：上冊 一九三一——一九六四》在一九九八年，我六十七歲時，由天下文化出版。當時打算自台積電退休後就寫「下冊」，也以為自己七十幾歲、頂多八十歲就會退休，想不到台積電愈做愈成功，我的董事長工作也愈做愈愉快，後來簡直欲罷不能，一直做到八十七歲才退休，當然也延遲了寫「下冊」。

正如「上冊」一般，「下冊」也全部是我自己寫的。自己寫的原因倒不是要賣弄我的寫作技巧——老實說，我並不覺得我的寫作技巧值得賣弄，而是要真實地表達我的感情。我是美國文豪海明威忠實的信徒，他對年輕作者的勸告是：「簡單的字句，真實的感情。」兩者我都有。

「下冊」的第一篇「德儀篇」占全書三分之一篇幅，敘述我自三十七歲至五十二歲黃金年齡的崛起及衰退。德儀時期也是我最為熱情澎湃的年代。德儀讓我「獨上高樓，望盡天涯路」；為此，我無比地感激。但是，它對我的培植也激發了我要登上德儀顛峰的雄心。但是，這雄心是無法實現的；不說別的，只看一九七〇年代美國德克薩斯州的客觀環境，就可斷定我的雄心很難很難實現。但是我的痴心，居然使我「明知不可為」的情況下，還在德儀多滯留了五、六年，後來連婚姻都賠上了。現在回想，那五、六年是多麼絕望的五、六年！

台積電成功後，常常浮現在我心頭的是：假使我在一九七〇年代真的登上德儀的顛峰，我會怎樣？半導體業又會怎樣？我想我會自德儀退休，現在會是德克薩斯州老人（請參考本書第一章）。至於半導體業呢？美國歷史學者及暢銷書《晶片戰爭》作者克里斯．米勒在二〇二三年訪問台灣與我對談時，說台積電恐怕會變成德（儀）積電，如果真的這樣，那可是要影響地緣政治的。

「下冊」的其餘三分之二當然是台積電，我一生最重要也最成功的工作。讀者，尤其台灣讀者，我想相當知道台積電。但是讀者們知道的台積電可能是「一帆風順」的台積電。其實，台積電並非「一帆風順」。我也經歷了不少「酸甜苦辣」。這些，都讓讀者自己去發掘吧。

最後，我必須說明此書是我的自傳，不是台積電歷史。書中表達的觀點，是我的觀點。我非常慶幸在一九八五年，我自美國來台灣，赴了「與命運的約會」，我也非常慶幸，這約會讓我創造了台積電（請參閱第十六章），而且做了三十一年（包括公司登記後、營業前的一年）董事長。但是台積電的成功，是由許多（約十六萬人）前前後後同仁的貢獻所造成的。我對他們致敬！

詞彙

年分

書中所有年分都是公元年分，例：七五年是一九七五年；六〇年代指一九六〇年代。

公司

德州儀器公司（Texas Instruments Inc.）

簡稱德儀，是美國一家大型科技企業，總部位在德克薩斯州達拉斯市。在五〇至八〇年代，是全世界最大半導體公司。作者於一九五八至八三年在此服務二十五年。

通用器材公司（General Instrument Corporation）

簡稱通用，是美國一家多元化科技公司，總部在紐約市，分部遍設全球各地及台灣。作者於一九八四至八五年在此任總經理暨營運長。

德儀相關人物

呂斯（James Reese）

自一九六二至六七年，為德儀助理副總裁（Assistant VP），也是作者的上司；在本書中，作者稱他是「最好的上司」。

道森（Cecil Dotson, 1923-2010）

一九六二至六七年，為德儀集團副總裁（Group VP）暨半導體集團總經理，也是作者當時上司（呂斯）的上司。

彪希（J. Fred Bucy, 1928-2021）

一九六七年至八三年作者辭職，一直是作者在德儀的頂頭上司，歷任集團副總裁暨半導體集團總經理、執行副總裁、營運長、總經理、總裁，直到一九八五年被革職。

夏伯特（Mark Shepherd, 1923-2009）

一九六一年任德儀執行副總裁暨營運長，其後歷任總經理、總裁、董事長，直到一九八八年退休。

海格底（Patrick Haggerty, 1914-1980）

在一九六〇、七〇年代，是德儀全盛時代的董事長，很賞識作者。

基比（Jack Kilby, 1923-2005）

一九五八年與作者幾乎同時加入德儀，幾個月後就發明了積體電路，並因此於二〇〇〇年獲得諾貝爾物理學獎。在六〇年代的德儀，他儼然是半導體技術研究教主，有一槌定案的權威。

通用相關人物

歐基（Frank G. Hickey, 1927-2006）

一九七四到九〇年任通用器材公司董事長暨總裁。作者於一九八四到八五年任通用器材總經理暨營運長時，他是頂頭上司。

台積電相關人物

李國鼎（1910-2001）

一九五八至六九年歷任美援會祕書長、經合會祕書長與副主委、經濟部長。一九六九至七六年任財政部長。之後，任行政院政務委員，成立資訊工業策進會，也支持台積電的成立，協助台灣科技發展直到一九八八年退休。

孫運璿（1913-2006）

一九六二到六七年先後任台灣電力公司、奈及利亞電力公司總經理。六七年任交通部長，六九年轉任經濟部長，除促成工業技術研究院的誕生，也支持自美引進積體電路技術。七八年任行政院院長，任內帶領台灣度過中美斷交危機，在八四年因腦溢血辭卸院長職務。

方賢齊（1912-2015）

一九六九到七八年任電信總局局長，支持自美引進積體電路技術。一九七八年轉任工研院第二任院長直到一九八五年退休，期間還參與籌設資訊工業策進會，並於一九七九到八一年出任第一屆執行長。

潘文淵（1912-1995）

一九七四年提議「加速台灣電子產業成長，應自美引進積體電路技術」，隨後在美國召集海外學人組成美洲技術顧問團（TAC），促成工研院自美引進CMOS半導體製程技術。

徐賢修（1912-2001）

一九七〇到七五年任國立清華大學校長，一九七三到八一年兼任國科會主委，並籌設「單一服務窗口」的新竹科學工業園區。一九七八年任工研院董事長直到八八年退休。

俞國華（1914-2000）

一九六七到八九年間，歷任財政部長、中央銀行總裁、經建會主委、行政院院長等職。一九八五年在行政院院長任內，支持作者籌設台積電，但前提是必須找到一家有半導體技術的跨國公司作為第二大股東。

陳履安（1937-）

一九七八到九五年，歷任教育部次長、國科會主委、經濟部長、國防部長、監察院長等職。

胡定華（1943-2019）

一九七九到八四年任工研院電子所第一任所長，負責自美國RCA（Radio Corporation of America，美國無線電公司）公司引進CMOS半導體製程技術。一九八四到八八年任工研院副院長，是作者的重要副手，並協助作者籌設台積電。

史欽泰（1946-）

一九八四到二〇〇三年，歷任工研院電子所所長、工研院副院長、院長等職。在電子所所長任內，曾協助作者籌設台積電；之後在工研院院長任內又推動「次微米計畫」，最終衍生成為世界先進積體電路股份有限公司。

曾繁城（1944-）

是作者創辦台積電時自工研院電子所移轉過來的「核心團隊」隊長，歷任台積電營運副總、總經理、副董事長等職，亦曾短期出任世界先進總經理。

戴克斯（James Dykes, 1938-2013）

一九八七到八八年，任台積電第一任總經理。一九八九到九三年任荷蘭飛利浦旗下半導體公司 Signetics 的總經理。

魏謀（Klaus Wiemer, 1937-2014）

一九八八到九一年，任台積電第二任總經理。一九九一到九三年任新加坡特許半導體（Chartered Semiconductor Manufacturing, CSM）總經理。

布魯克（Donald Brooks, 1939-2013）

一九六〇到八〇年代，曾是作者在德州儀器公司的舊屬；一九九一年任台積電第三任總經理，直到一九九七年辭職。

克里斯・米勒（Chris Miller）

美國當代歷史家，特別專長美國與俄國歷史。二〇二二年出版《晶片戰爭》（*CHIP WAR: The Fight for the World's Most Critical Technology*），以歷史家的觀點細數全球半導體產業的發展。

半導體名詞

雙極（Bipolar）

亦即雙極性，是一九五二至七〇年間重要的半導體技術。

MOS

由金屬、氧化層、半導體所堆疊而成的半導體技術，自一九七〇年後變得相當重要。

記憶體（Memory）

重要電子元件，其記憶容量通常以「位元」（bit）數字表達。十六K代表「十六千位元」，四M代表「四百萬位元」。

SRAM、EPROM

分別為不同種類的記憶體。SRAM只要保持通電，儲存的資料就可以恆常保持；而EPROM可以經由電子方式多次複寫。

摩爾定律（Moore's Law）

為英特爾創辦人之一的摩爾（Gordon Moore）於一九六五年提出。他預期積體電路上可容納的電晶體數目，約每隔一年半至兩年便會增加一倍，而後全球半導體業大致按照此定律發展了半個多世紀。

微處理器（Microprocessor）

重要電子元件，將一部電腦的主要功能整合到一顆積體電路上。

積體電路（Integrated Circuit, IC）

重要電子元件，是在一個微小的晶粒上，聚集許多電晶體、電阻、電容器，以及連接線而成。

「光阻」線

半導體製程中一個重要步驟。先在矽晶圓上塗佈一層光阻液，再經過曝光、顯影、蝕刻等步驟，將光罩上的圖形轉移到矽晶圓上。

電晶體（Transistor）

重要電子元件，在一九四八年為美國貝爾實驗室三位物理學家蕭克利（William Shockley）、布律登（Walter Brattain）和巴丁（John Bardeen）發明，具有放大和開關電訊號的功能。

奈米

長度單位，一奈米代表十億分之一公尺，相當於一微米的一千分之一。

微米

長度單位，一微米代表一百萬分之一公尺。人的頭髮粗細約為一百微米。

DRAM

主要的記憶體，常被用來當作電腦中主要的儲存器。

鍺（Germanium, Ge）

原子序為32的化學元素，是五〇到六〇年代的重要半導體材料。

矽（Silicon, Si）

原子序為14的化學元素，是六〇年代中後期迄今主流的半導體材料。大陸譯為硅。

德儀篇

一九五八——一九八三年，二十七至五十二歲

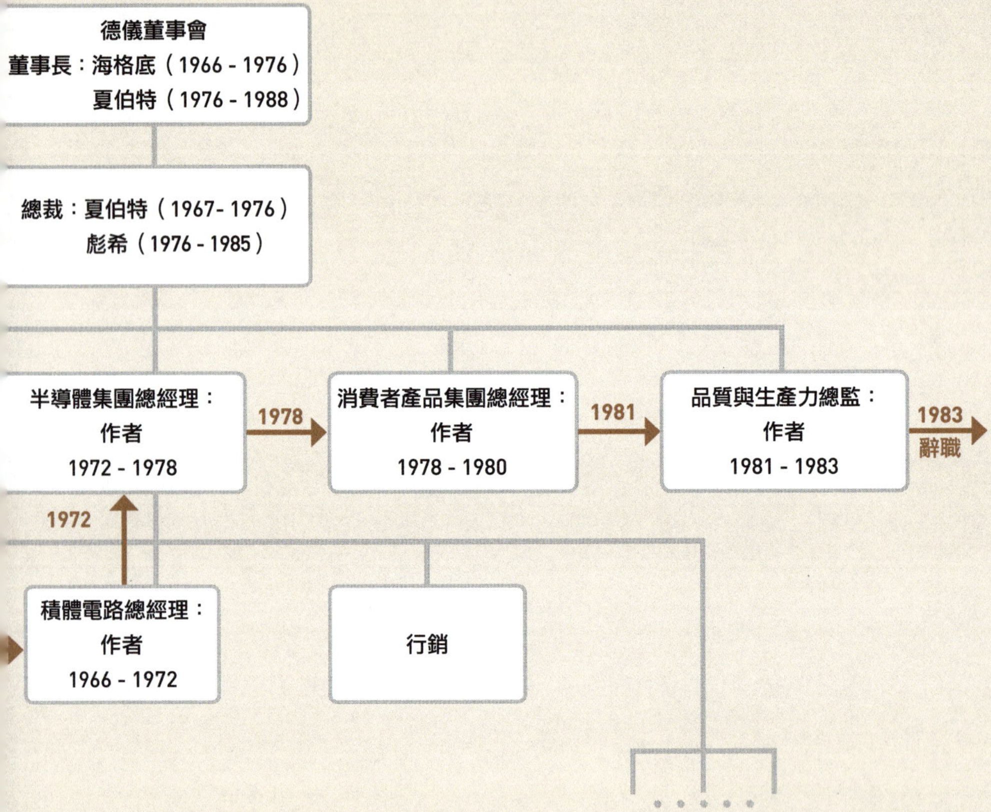
德儀董事會
董事長：海格底（1966 - 1976）
夏伯特（1976 - 1988）
總裁：夏伯特（1967- 1976）
彪希（1976 - 1985）
半導體集團總經理：
作者
1972 - 1978
1978
消費者產品集團總經理：
作者
1978 - 1980
1981
品質與生產力總監：
作者
1981 - 1983
1983
辭職
1972
積體電路總經理：
作者
1966 - 1972
行銷

我在德儀 25 年（1958-1983）旅程

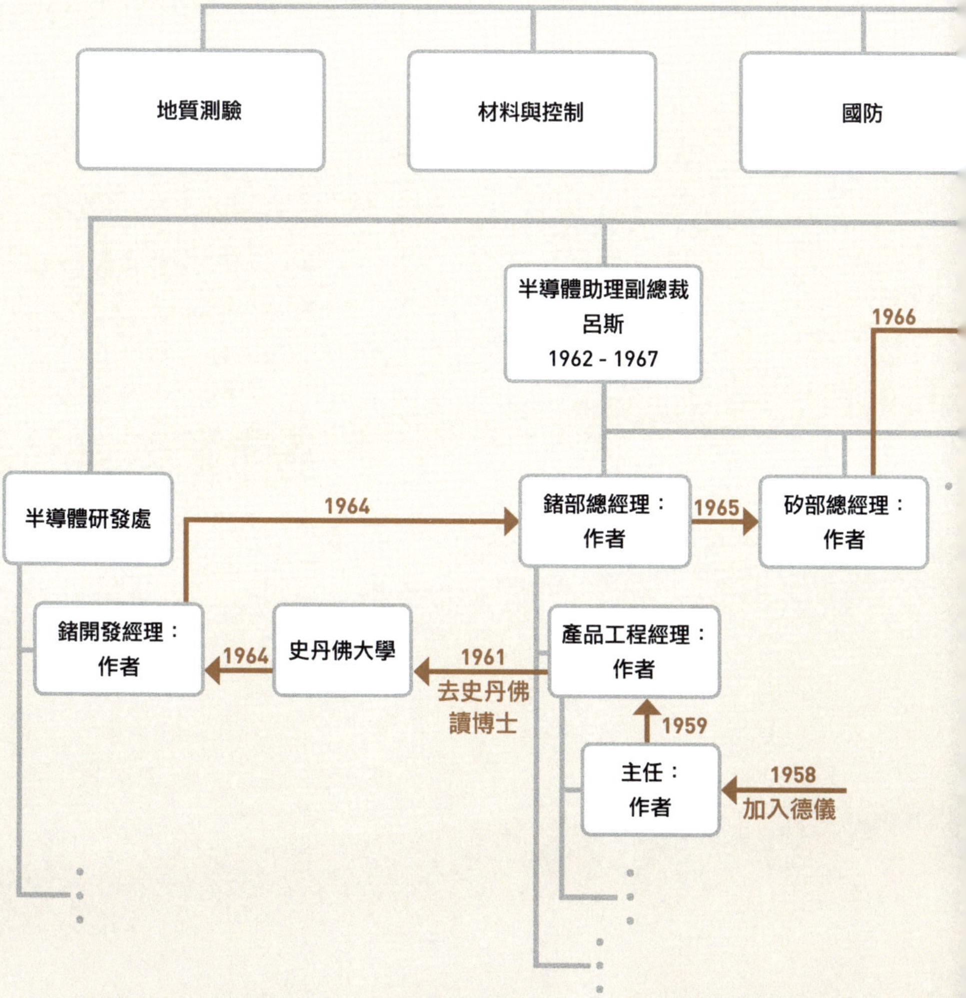

第一章

布希總統：「你什麼時候回來德克薩斯？」

——二〇〇六年 APEC 領袖會議

七十五歲

我愣了。

就像傳言中一個垂死人的最後一刻知覺，他的整個人生在他腦海中出現，當布希（注1）問我這問題的一剎那時，德州和德儀（注2）的二十五年也都在我腦海中出現。

在那二十五年，我認自己為德州人，也認自己為終身的德儀人。

在那二十五年，我愛上了德州，也愛上了德儀。

我愛德州廣闊的平原，波浪似的山丘，黃金般的田野，四通八達的高速公路，在那高速公路上開車，幾分鐘只看到相對方向幾部車輛。

我愛德州人的友善、直爽、豪邁，稍帶野氣的「牛仔」文化。

我愛德儀的誠信正直，但也積極進取的企業文化。

我愛德儀人對公司的忠誠，對工作的投入。

德儀讓我在半導體業內，「獨上高樓，望盡天涯路」。

在德州，德儀，我實現了我的「美國夢」。

那麼，我為什麼離開德州？為什麼離開德儀？

為什麼，這許多年，我都沒有想要回德州？為什麼，現在布希總統問了，我覺得這麼難回答？

兩秒鐘後，我回答了：

「我在台灣還有沒完成的工作，等我把這工作完成後，也許就回德克薩斯去退休了。」多麼軟弱笨拙的回答！在回答時我就自己想踢自己！沒有一個德克薩斯州的前州長（注3）會歡迎一個老人不回德州貢獻，而回德州退休的！

布希似乎有點失望，但他仍用友善的眼光看我：

「德州是很好的地方，不是嗎？」

這次我十分肯定地說：「是。」

◆

二〇〇六年十一月，我以「Chinese Taipei」領袖代表身分，參加 APEC 在越南河內市舉行的領袖會議。在兩天的會議中，我有相當多機會與美國布希總統、中國胡錦濤主席單獨談話，我也充分利用了那些機會。胡主席對我很友善；布希總統則更超過友善地親切。布希在赴會前，已知道我的德州背景，所以第一次見面時他就拍拍我的肩膀說：「我知道你是誰。」後來當我們會見美國商界代表時，他介紹我為「德州同鄉」。

布希生長於德州，在德州當了兩任德州州長後，於二〇〇〇年當選美國總統。當然，美國總統要住在華盛頓的白宮裡，但他一有機會，仍儘量回到他的德州農場度假。當我在APEC領袖會議遇見他時，他已當了接近六年總統，已受盡了許多美國國內以及全世界對他政策的批評（尤其是伊拉克戰爭），而且剛輸了一場期中的國會選舉，在我遇見他時，他雖然還是很積極地面對他剩下兩年任期內要面對的問題，但也不免有「德州是很好的地方」的「不如歸去」之感了。

至於我呢？

我的二十五年德州、德儀生涯，也許可以用邱吉爾的語言形容（注4）：

黃金般的晨潮，
黃銅般的午潮，
鉛一般的黃昏。
但是，

每一個材料都結實，
而且我都盡力擦亮，
使得它熠熠地發出它特有的光彩。

二十五年的美好生涯，結果還是走到黃昏。雖然我還是盡力擦亮似鉛一般的黃昏，而且使它發出它特有的光彩。但是我決定再找回黃金。德儀不再給我黃金了，我去別處找！

現在讓我細道這二十五年的過程。

【注釋】

1：二〇〇一至二〇〇九年美國總統「小布希」。
2：德州儀器公司。
3：一九九五至二〇〇〇年在布希競選總統前，任德州州長。
4：英國前首相邱吉爾在他的《同代人》（*Great Contemporaries*）論集中如此形容他的同代政治家 George Nathaniel Curzon。原文是：The morning had been golden; the noontide was bronze; and the evening lead. But all were solid, and each was polished till it shone after its fashion.

第二章

工程師一躍爲總經理

一九六四年，三十三歲

返舊職

德儀生涯，在「自傳上冊」第四章〈初試啼聲〉就開始。一九五八年我在加入德儀幾個月內建立相當大的功勞，三年後，德儀以「全薪、全費」送我去史丹佛大學攻讀電機博士。「自傳上冊」第五章〈重拎書包〉就是我在史丹佛的故事。雖然在史丹佛的兩年半，我不為德儀工作，但我仍自視為德儀人，何況在我接受德儀給我讀博士的機會時，也承諾在獲得博士學位後，至少為德儀工作五年。總之，我一直視在史丹佛讀博士的兩年半，為我德儀生涯的一部分。「自傳上冊」也以我完成以及成功地「辯護」博士論文，告別教授和同學，啟程返達拉斯和德儀結束。現在我把「自傳上冊」的最後一段，作為這章的開始：

那時我三十二歲，已讀了二十一年書，做了六年事，在美國也已十五年。我在希凡尼亞失去青年人特有的天真，但就業經驗使我多一分堅強、多一分智慧。我擁有世界著名學府的最高學位，也受到世界最大半導體公司高級主管的信任和賞識。自加州至達拉斯途中，我抱著滿懷的希望和期待。未來的天地如同德州一望無際的大平原，無限寬廣。

一九六四年三月下旬，我獨自開車，從史丹佛回達拉斯，妻與四歲半的女兒也在幾天後回來。

我在史丹佛的兩年半內，德儀人事已有巨大的變化。原來主管半導體部門的副總裁夏伯特，現在已是總公司執行副總裁，管理德儀公司所有業務（升大大的一級）。新的半導體副總裁，卻是給我第一個花紅的營運經理道森（升一級）。我的好同事、好友呂斯，在我在史丹佛的兩年半已升了兩級，成為半導體最重要的「助理副總裁」（Assistant Vice President），管理四個「業務單位」，他的最大兩個業務單位是「鍺電晶體」和「矽電晶體」。每一個業務單位都由一個總經理負責，這些總經理多半都是最近兩年半升上去的。

令我吃驚的，我初到德儀時屬下的一個工程師，現在已是矽電晶體的總經理（升了三級）！

從史丹佛回來前，我就已被告知：我回到公司後第一個任務就是恢復原職：鍺電晶體研發經理。

三年多前，我被告知公司要送我去讀博士學位時的心情，在「自傳上冊」有如下的記載：

這樣慷慨的給予，怎能拒絕？如果拒絕，難道不被認為沒有志氣？我毫不猶豫地接受了。

六年前中斷的博士夢，現在又有機會圓夢了。神情稍定後，我告訴幾位較熟的同事。他們都贊成我回去讀博士，大半還表示羨慕。唯一的異音來自呂斯──NPN擴散型戰役的戰友。他搖搖頭：「博士有什麼好讀的。你的前途在管理，不在研究。去讀博士，你將錯過未來幾年的升遷機會。」

呂斯知我。但公司給予我的，正如後來美國暢銷小說《教父》中所謂，是一個「無法拒絕的機會」。

呂斯的讖語已成真，我的確錯過了這兩年半的升遷機會。許多人都升了一級、兩級，甚至三級，而我卻一級未升！但是三十二歲的我倒並不氣餒，來日方長！史丹佛的兩年半不是白費的。我更了解半導體物理，我在任何半導體技術討論場合，也更有自信心。我也相信我對技術問題判斷力增強了不少。

何況，當初賞識我的人，現在都在高位。總裁海格底當初決定全薪、全費送我去讀博士（當時德儀還只是一個中小型公司，只有總裁才能做這樣「空前絕後」的決定），現在我成功得到博士學位回來，他一定會繼續賞識我。

我相信我不會被埋沒。

「新案」

我恢復了我的舊職：鍺電晶體研發經理。一、兩星期後，呂斯跑到我小小的辦公室說：IBM一年多前就要一顆「高性能NPN擴散型電晶體」（以下簡稱「新案」），呂斯要求研發處長（我的上司）及鍺電晶體總經理（呂斯的下屬）開發這「新案」，兩個人都說「我們會去做，但是很難、很難」，一年多了，毫無成果，只在拖延。現在我回來了，他希望我能突破。

我立功的機會又來了。立刻，找來一位去史丹佛前僱入德儀的年輕工程師，他很有能力，但不知為什麼，沒有被派在「新案」上。現在我自己主導「新案」，要他做我的主要助手。

「鍺電晶體開發組」的規模與我離開時差不多，大約有十幾個工程師，加上十幾、二十個技工及作業員，其中一大半都是我去史丹佛前的舊部屬。在我回來後的幾個星期內，我加強了「新案」，也調整了別的案子的人事。整個組的士氣起來了。雖然鍺電晶體的前途不及矽電晶體或積體電路，但是老長官拿了博士學位回來，似乎想有作為，整個組都有活力了。

「新案」在我自己和得力助手主導下，進展很快，不到兩個月，我們已達到ＩＢＭ要求的性能，而且在實驗線上有不錯的良率，已經可以談量產了。

升任「鍺部」總經理

一九六四年五月，我回來不到兩個月，呂斯就宣布我為鍺電晶體業務單位（以下簡稱「鍺部」）總經理。

我升了一大級，這是大驚喜！也是大挑戰！

在我接任「鍺部」總經理時，「鍺部」每月營收略低於四百萬美元，毛利率大約四〇%，營利率大約三〇%，員工三千名。為什麼會要那麼多員工？一九六四年時，德儀半導體的生產，包括封裝及測試，通通都自己在達拉斯做，德儀還沒有開始在世界上低工資區域設立封裝測試廠。

「鍺部」的前程不如「矽部」或「積體電路部」，因為在那個時候的半導體產業中，鍺已漸被矽代替，而「電晶體」也將被「積體電路」代替。雖然如此，在六〇年代中期，「鍺部」仍是德儀全公司營收最高、獲利最多、員工也最多的業務單位。

至於為什麼呂斯這麼快就把我升到這個重要職位呢？我想，主要還是他與我同事時期對我的認識，當然，「新案」的突破也是一個因素；還有，也許更重要的因素：德儀快速成長時期急需人才，呂斯自己，還有我幾年前下屬工程師，不也是很快地升上來的嗎？

五月下旬的一天早上，我的新任宣布後，我立刻召集「鍺部」的主要經理和主管，大約幾十個人，我用很流利而且稍具文學氣質的英語，對他們談話，大意是：

> 我抱著又自信、又謙虛的心情，接受這個新的任務。自信，因為我對「鍺部」的產品開發、生產線運作以及生產工程，已有相當經驗和了解；謙虛，因為我還有許多事情要學習和體驗。總之，有你們的幫助，我相信我們可以一起把「鍺部」的業務做得有聲有色。

這一段話的效果相當不錯，它釋解了不少先前不認識我的下屬的驚疑。怎麼一個中國人工程師（我那時在美國已住了十五年，而且已正式成為美國公民，但許多同事仍視我為「中國人」。我的「中國人」色彩在此後二十年才逐漸淡化），忽然就變成業務部門總經理，而且是他們的上司！

此後十幾年內，我在德儀有好幾次的升遷。當然，後來更多人認識我，也知道我的成績，但每次升遷或調換職位，我都會在第一時間召集新任下的同仁談話，而「又自信、又謙虛」也成為我這類談話的主題。

「新案」的成功

如前述，「新案」在我接任「鍺部」總經理時，已達到可以量產的地步，我接任總經理後，立刻與ＩＢＭ鎖定產品規格及ＩＢＭ需要的數量，並議定了價格。我在剛入德儀，為ＩＢＭ生產「ＮＰＮ擴散型電晶體」時代，已與ＩＢＭ建立了相當不錯的互信關係，所以「新案」的洽談非常順利，在我接任兩、三個月後，我就對呂斯和半導體副總裁道森報告：我們可以接受ＩＢＭ「新案」的訂單了，對德儀，「新案」會帶來每月約一百萬（美元）營收，五十萬毛利，四十五萬營業利益。

我的報告使道森和呂斯大喜過望。當場道森就說：「一百萬新營收，四十五萬新營業利益！哇，這樣生意，你趕快多做！」

道森的讚賞給我很大的鼓勵，我相信道森對他的上司（夏伯特和海格底）做報告時，他的上司一定也會激賞。一九六四年德儀全公司的營收為三億兩千萬美元（平均每月兩千七百萬美元），稅後淨利一千七百萬美元（平均每月一百四十萬美元左右）。「新案」帶來的每月四十五萬美元新的營業利益，絕對是重大的加分。

除了「新案」的加分，「鍺部」在別的業務上也有進步。整個「鍺部」在我接任總經理一年後，每月營收已自四百萬美元成長到五百萬美元，毛利及營利率也各自從四〇％及三〇％提升到四五％及三五％。

第三章

總經理的學習

一九六四—一九七二年，三十三至四十一歲

德儀業務單位

一九六〇年代以及七〇年代初期，德儀的「業務單位」組織給了一些有志經營企業的年輕人一個很好學習做經理人，而且發揮自己經營能力的機會。

我就是一個受惠者。

一九六四年被任命為「鍺部」總經理時，正如我就職時對主要下屬的談話，我對「鍺部」的研發、工程、生產部門都已相當熟悉，但對領導、行銷、客戶、市場、訂價、會計，還有許多要學習。這以後幾年，我全力投入學習如何做「總經理」。

學行銷、市場

首先學習的是行銷，賣不出貨，哪來利潤？德儀半導體部門有「總行銷部」，為半導體部門所有「業務單位」共用，但是各「業務單位」，例如「鍺部」，有它自己的「市場司」，「市場司」規畫新產品，幫助「總行銷部」的行銷工程師爭取訂單，而且還有一個很重要的權力：訂價。

行銷工程師是對客戶的最前線，六〇年代中期，德儀半導體大約有兩百名左右行銷工程師，分派在美國十幾個「行銷區」，每行銷區有一個「區長」。行銷工程師常常怕失去訂單，每當他們擔憂「掉單」時，他們就找「區長」向總部求救，而「區長」求救的對象千篇一律地是各「業務單位」的「市場司」。

「鍺部」有一位很好的「市場司」長，但我的前任「鍺部」總經理不大願意參與行銷工作。他的理論是：只要我們有好的產品，客戶一定登門來求；什麼行銷？都是白費力氣。

當然，現實世界並不像我前任所想的那麼單純。我在接「鍺部」的頭一天，就對我的「市場司」長表示：我視行銷和訂價為我重要責任；我在接「鍺部」第一個月，就和所有「行銷區長」通過電話，有些不只一次，而且在第一、二個禮拜，就已親自參與那時幾宗吃緊的生意了。

在我當「鍺部」總經理時，鍺電晶體已逐漸被矽電晶體替代，每年成長率也已很低，鍺電晶體已是冷門產品。大部分行銷工程師都想賣熱門產品，他們也把大部分時間花在推銷熱門產品上。行銷工程師這種心理，對「鍺部」當然是一個困擾，我就和我的「市場司」長，想出一個辦法獎勵「鍺電晶體」的行銷。當時美國雜貨連鎖店發行「綠郵票」，在該連鎖店購物時可當現金使用。「鍺部」就買了不少「綠郵票」，發給獲得鍺電晶體訂單的行銷工程師。講穿了，這是送給賣鍺電晶體行銷工程師的一個「紅包」，但只是一個小紅包，因為即使爭取到幾百萬美元的訂單，也不過拿到幾十美元的「綠郵票」（當然，六〇年代中期，幾十美元可以買一家三口一星期的伙食了）。但「紅包」雖小，卻是一個采頭。很多行銷工程師都很喜歡拿到「綠郵票」，如果見到我，還以誇耀他們拿到多少「綠郵票」，表示他們對「鍺部」的熱情。

於是，別的「業務單位」吃醋了，對道森抗議了，怎麼能讓「鍺部」「賄賂」行銷工程師，使他們為「鍺部」多出力？道森倒一笑置之，他說：「鍺部的毛利率最高，多拿一元鍺部訂單比多拿一元別的訂單更賺錢，這有什麼不好？」大家也沒話可說了。

在一九六四至一九七一這八年中，我歷任「鍺部」、「矽部」、「積體電路部」總經理，這時期是我最勤跑客戶的時期。通常跑客戶的動機，是因為行銷工程師怕丟單求救，但我很願意當救兵，因為我發現要知道自己的弱點（無論是產品性能、價格，或客戶服務），最好的辦法就是聽客戶批評，如果只在內部檢討，聽到的總是我們如何如何好，一切行銷問題都是行銷部不知道如何行銷，或客戶不識貨。

那時我只有三十幾歲，不怕亞利桑那的炎夏（攝氏四十度），不怕明尼蘇達的嚴冬（攝氏零下十度），也不怕公路塞車，機場枯候。我儘量把對內的工作：研發、生產、工程、品質管理等，交給我手下的專業經理。畢竟，這些工作都是專業經理人應該有能力做，假使某一個經理不能有效地帶領他的部隊，那我應該撤換他，而不是待在達拉斯替他做他的工作。

總經理（對上延伸到公司總裁）的責任，應該是：把外面世界帶進到他的業務單位裡，動員他擁有的資源，應對他帶進來的挑戰！

與客戶的頻繁接觸，也增進了我對我當時負責的產品市場（鍺、矽電晶體、積體電路）的了解。六〇年代美國的《電子新聞》（*Electronics News*）已每週出版，幾個半導體顧問公司也經常為他們客戶寫特別報告，股票分析師報告的精闢度也有長進。勤閱這些刊物和報告，也讓我更為了解半導體市場。

學訂價

在學習行銷時，我同時累積訂價的經驗。德儀半導體的業務，部分是「標準式商品」，部分是「客製品」。「標準式商品」賣給許多客戶，也有不少競爭者，所以價格往往是市場訂。供應商往往只能決定在某價格，要不要這訂單？但是，供應商也不是完全無戲可唱，因為在二十世紀，半導體的生產良率以及品質和可靠度都不很穩定，而且在那半導體「春秋戰國」時代，「誠信」成為難得的美德。假使一個經營者建立一個「可信任」的名譽，他在議價他的「商品」時，就享有某種優勢。當然這優勢到底多強，完全看他的競爭者的強弱。

在一九六四至一九七八年時期，我逐漸在半導體客戶群建立我的信譽。總之，我要求我的下屬不輕易承諾，但一旦承諾，必定不計成本實踐我們的承諾。建立了這個信譽後，我們的訂價大約可比市價略高。

「客製品」只為特一客戶所製，規格往往是客戶定的，上章所述的「鍺部」、「新案」就是一個典型的「客製品」。「客製品」通常利潤較高，但在爭取訂單，與客戶議價，以及售後服務，都要非常講究，而且必須與客戶建立密切互信關係。我又發現在「客製品」的議價上，要得到好的價錢，總經理必須自己出馬，而且他必須了解客戶需求的真真假假，競爭者優勢劣勢，以及他自己的成本會計。

學會計、財務

在學習行銷、市場、訂價的同時，我也學習會計和財務。我的父親是商人，所以我從小的家教，已有相當濃的商業氣味，而且我有工程師的背景，非常熟悉數字，所以會計對我不難，但我也借我做總經理的機會，不但熟悉了損益表，也熟悉了資產負債表，及現金流量的概念。至於德儀的公司財務，還不在我的責任範圍內，所以在德儀時，我雖常在報紙、雜誌讀關於財務的新聞，真正學習財務，還是等到通用器材公司，以及天使投資時期。

掌握技術

接著，要談技術了。我認為半導體業總經理，一定要深懂半導體技術。我在德儀從「鍺部」總經理，做到「矽部」總經理、「積體電路」總經理、「全球半導體」總經理，而且半導體技術又是與日俱進；所以，掌握技術進步絕對是我總經理任務的重項。在這重項上，我擁有過去半導體工程師的經驗，又加上史丹佛的博士教育，再加上在每一總經理任內，我至少每星期有兩、三小時與技術人員會談，我不懂必問，對他們的計畫有疑慮也必質疑，有時也會做技術專家們沒有想到的建議。在這樣的環境中，我相信我這個總經理追趕上了半導體技術。當然，德儀總經理追趕上技術不一定等於德儀技術領先，這一點在本書第九章：〈半導體集團總經理的奮鬥及掙扎〉再有說明。

學習領導

三十三歲當「鍺部」總經理時，我第一次領導一個人數眾多（三千人）的組織，此後幾十年中，除了幾個短時期外，我領導的人數從幾千人到幾萬人。當然每個時刻，經常只有十來個人對我直接報告，但是我總認出他們下面一層，甚至再下面一層裡積極做事、能力不錯的人員，所以我日常接觸幾十個人。當時我只憑我的直覺領導，五十幾年後的現在分析領導能力，覺得領導力有兩部分：第一部分是凝聚團隊，第二部分是帶領團隊朝對的方向走。而領導是否成功，卻只有一個標準：你的團隊有沒有在贏？

如何凝聚團隊？我的做法是嚴格要求但公平對待。我相當嚴格地為每一個單位主管設目標，我也賞罰分明。在德儀，賞、罰的幅度相當大，賞可以加薪、賞股票承購權，或升級；罰除在經濟收入上，美國以及德儀的企業文化不但允許，甚至鼓勵主管把不適任的下屬調職、降職，甚至解僱。

我也以誠懇態度對待部下：不說假話，但也保持相當距離，很少與部下交際。德儀常有團體同事餐會，大家都攜眷參加，我當然也攜眷參加；此外，新下屬（我每次升遷總有不少新下屬）常請我和妻到他家晚餐，我也儘量應邀，因為這是禮貌之事，但一次單獨邀請，認識家眷後，以後也只有團體活動才見面。我認為這樣的保持距離，可以使我更客觀。

在德儀多次升遷中，我唯一帶到新職的人，只有我的祕書。

怎麼使每一個同仁投入他（或她）的工作，而且對公司忠心？我的答案是：要他做他能做，而且喜歡做的工作，給他好的待遇，以及公平的環境。

領導者不只要凝聚他的團隊，還要帶領他們「贏」，而這路程往往崎嶇。這就靠領導者的專業智慧、策略，和勇氣。團隊期盼的是一個能帶領他們「贏」的領袖，而不是一個好好先生。

策略

自從我接任「鍺部」總經理後，我一直認為「策略」（Strategy）非常重要，我也開始自費訂閱《哈佛商業評論》（*Harvard Business Review*），對於有關策略的論文尤感興趣。在「鍺部」、「矽部」、「積體電路部」，我也想出，而且實施不少策略，但是這些策略都是我自己土製的，我從未讀過商學院，也沒有學過策略理論。

直到韓德生（Bruce Henderson）和貝因（William Bain）出現。

時間大約是一九七〇、七一年，韓德生剛創辦波士頓顧問集團（Boston Consulting Group）不久。他有一套「學習曲線」（The Experience Curve）理論，認為可以應用在半導體上。那時，德儀是世界最大的半導體公司，韓德生就打了一個電話給夏伯特，推銷他的「學習曲線」。夏伯特約他來德儀面談，並且也約了彪希和我，一起在彪希的會議室見面。

韓德生帶了他的年輕「徒弟」貝因同來，看起來韓德生已五十出頭，貝因才三十左右。這場會議非常成功，韓德生用他傑出的口才，對我們闡述他的學習曲線理論，以及為什麼可以應用在半導體上。而且，如果德儀成功地應用他的理論，很可能獲得一點競爭優勢。當然，要確保德儀成功應用他的理論，波士頓顧問集團需要許多實際數據資料，而且需要德儀指定一個高級經理人與波士頓顧問集團合作；在他方面，他可以派遣貝因長期駐在德儀，以便取得需要的數據，並且隨時與聯絡人討論研究結果。

夏伯特深為韓德生說辭所動，在這場會議後，就指定我為德儀代表人，幾個星期內，就與波士頓顧問集團敲定合作細節：費用、人員、鐘點、保密條款等等。

自此展開了我一生最有用的顧問公司合作案。此案之前，我也有若干與顧問公司合作經驗，此案以後，我有更多大大、小小僱用顧問公司的案件，大部分結果都相當失望。只有這個「學習曲線」研究案，大大地增加了我對半導體業的洞察，而且為我過去想出來的策略提供了一個理論基礎；更重要的，為我未來（未來還有幾乎五十年之久！）要想出來的策略提供了理論基礎。

我與貝因密切合作了一年多。我派給他一個接近我自己辦公室的小辦公室，他大約每星期一、二就來達拉斯，星期四、五回波士頓。他需要的數據資料（例如出產數量、成本、售價等）都先由我核准給他後，再由有關單位給他。除了向我討資料，他常常看到我沒訪客時，到我辦公室與我討論他的疑難；在他認為得到有用結論時，又興奮地對我報告他的結論。

終於有一天，貝因告訴我：他要離開波士頓顧問集團了，而且，我是第一個集團之外的人被告知的。我詫異，我問：「為什麼你要離開？韓德生不是對你很好嗎？」他回答：「我們都有成長的必要（growth imperative），不是嗎？」這是我生平第一次聽見「成長」和「必要」連在一起，至今還記得當時新穎的感覺。

「學習曲線」理論的兩個基本理念是：（一）先發制人；（二）市場占有率非常重要。這兩個理念以及衍生出來的理論，例如「成長、市占率矩陣」現在已成為工商界普通知識，但是在一九七〇年代，的確相當創新。德儀首先運用，也獲得不少競爭優勢。

韓德生和貝因都有顯赫的成就。今日，韓德生已被公認為「商業策略」鼻祖之一。記得今日策略大師麥可・波特（Michael Porter）二十年前首次受《天下雜誌》邀訪台灣時，做了一次演講，演講後與我與另兩位台灣企業家對談，在對談時顯有看不起台灣這個落後地區的神態。對談後我與波特個別聊天，提起我在七〇年代與韓德生合作事。波特的眼睛突然亮了：「啊，你和韓德生合作過？」接著又問了我許多與韓德生合作往事。事實上，我與波特的這段談話，也開啟了後來波特寫台積電的第一件「個案研究」（case study），以及我聘波特為台積電監察人。

貝因呢？他創辦了很成功的貝因顧問公司（Bain & Company），後來又創辦了很成功的貝因投資公司（Bain Capital）。我和他還有一段後話。二〇一〇年，我想找一家顧問公司對台積電高級經理人講價格理論，找了三家顧問公司來面試。貝因顧問公司是三家之一，可惜應徵的代表，已不能與四十年前的韓德生或貝因相比，所以我們沒有用貝因公司。我又想到了貝因本人，就設法與他聯絡並約他在我去波士頓時同進午餐。兩人都赴約了。四十年前我們曾密切合作一年多，四十年後重逢，假如在路上相遇，一定不認識了。故人談往事，我們有一個愉快的午餐。

第四章

一帆風順

一九六四—一九七二年，三十三至四十一歲

「鍺部」總經理只做了一年，但留下輝煌的業績。營收、獲利、市占率在一年中有顯著的增加，而且這業績的背景，是「鍺」正在很快地被「矽」取代，「鍺」市場已開始萎縮的時期。一九六五年夏，也就是我任「鍺部」總經理一年後，我被調任為「矽電晶體部」（簡稱「矽部」）總經理。

任「矽部」總經理

當時德儀「矽部」無論營收、員工人數、獲利都較「鍺部」低；但是，「鍺部」的營收在我做總經理之前或之後，都只有微幅成長或甚至萎縮，而「矽部」營收卻每年以一五％至二〇％的速度成長；所以「矽部」總經理的職階比「鍺部」高，對我來說，調任「矽部」是升級。

在「矽部」總經理職位上，我繼續學習半導體經營。「矽部」的客戶只有部分與「鍺部」重疊，所以我認識了不少新客戶，尤其在國防工業領域上。「矽部」產品不少用在武器上，客戶非常重視產品的品質和可靠度，價格倒在其次。經過德儀代我申請，我也獲得了美國政府的 Secret Clearance（授權閱讀機密文件），後來我擔任德儀全球半導體總經理，我的

Secret Clearance 更進階為 Top Secret Clearance（授權閱讀最高機密文件）。

德儀是第一個開發「矽電晶體」的公司，在五〇年代領先同業，但六〇年代中期，「快捷」公司（Fairchild Semiconductor）已是一個厲害的競爭者。在我任「矽部」總經理一年半內的研發案中，最重要的是把消費者產品（例如電視、收音機的電晶體）改為塑膠包裝。塑膠包裝的製造成本較原來的金屬包裝為低，減低的成本就可以減低售價，進而擴展市場；但是問題是塑膠包裝的可靠性。我們的挑戰是又要減低成本，又要符合高的可靠性規格。我在「矽部」成立了一個新的「塑膠包裝」處，任命了一位年輕、富有進取心的比利時籍工程師為處長。這個案子做得很成功，幫助了「矽部」的市占率、營收及獲利。這位比利時籍處長也在兩年後（一九六七年）成為德儀的助理副總裁。

另一值得記憶的故事是在加拿大設立封裝測試廠。原由是英國提高從美國輸入的半導體關稅，但如從加拿大輸入，就可以免稅。因此德儀決定在加拿大設封裝廠。在幕僚做了若干考察後，我親自到幕僚推薦的地點做最後決定。地點在加拿大首都渥太華附近城市赫爾（Hull），時間是一九六五年嚴冬，我在赫爾過了兩夜一天，氣溫是華氏十度（約攝氏零下十二度）！雖然我去前準備了禦寒的衣服：長袖衛生內衣、長衛生褲、厚絨西裝、毛衣、厚絨大衣、圍巾、耳罩、帽子等等。但這麼冷的天氣，而且有許多時間在戶外視察廠址，至今仍難忘卻。後來我挑了一位剛從哈佛商學院畢業不久的年輕人做赫爾廠的第一任廠長。赫爾廠也是一個成功故事，這位年輕廠長在若干年後，也成為德儀的副總裁。

加拿大封裝廠是我為德儀在美國國外設立的第一座新廠；此後，我到日本建立封裝測試廠（一九六八年）及晶圓廠（一九七一年），到新加坡（一九六八年）、馬來西亞（一九七二年）設立封裝廠。前前後後，為德儀在美國境外建立了五、六個廠。在攝氏零下十二度視察廠址的加拿大廠，算是一個開始。

任「積體電路部」總經理

一九六〇和七〇年代德儀的最重要「業務單位」，無疑是「積體電路」。德儀與「快捷半導體」公司在一九五八年分別但幾乎同時發明積體電路，十年後，積體電路已是所有半導體公司的重要業務，而且這業務繼續奇速成長。在一九六六年，德儀的「積體電路部」總經理雖然還沒有副總裁頭銜，但這職位已被視為公司最重要職位之一。

一九六六年，誰是德儀積體電路總經理？原來他就是我在本書第二章已提到，在我初進德儀時下屬一位工程師。此人名為史厥特（Stratt），甚聰明，有強烈的企圖心及進取心，又善於操縱他人，是一個不折不扣的「公司政客」。他與我幾乎同時加入德儀，起先是我下屬兩位工程師之一；一年後我升了一級，我也升了他一級；後來我去史丹佛兩年半，在那兩年半內，史厥特足足升了三級！我自史丹佛回來，他已是「矽部」總經理，在我做「鍺部」總經理時，他又調升為「積體電路部」總經理。

在一九五〇、六〇年代，也就是半導體的早期，德儀的確有過許多「獵富武士」（Soldiers of Fortune）。這些「武士」們不少擁有高學位、高能力，而且強烈的企圖心。可惜他們的企圖心並不是要與大家共同建立大企業，而只是為自己發一筆財。當他們在德儀賺了一票錢，或發現發不了財，就立刻去別處找機會了。我從史丹佛回德儀時，就發現以前許多高職位的人都已走了。

史厥特恐怕是德儀最後的「獵富武士」。一九六六年秋，他的期限也到了。德儀積體電路競爭者（如摩托羅拉、快捷等）都成長得很好，而德儀積體電路業務卻萎靡不振。對這個原始發明積體電路的公司，「是可忍，孰不可忍」。於是，道森決定撤換史厥特，把這個重要職位交給我。這是一九六六年十一月，我三十五歲的事。

當時「積體電路部」的責任，只限於「雙極」，並不包括幾年後就會開始取代雙極的MOS的研發。德儀低估了MOS的潛力，在MOS開始，也是最關鍵的時期，沒有放足夠資源在MOS研發上，也沒有找對人領導研發，這是德儀的大失足，容我在第六章再談吧。

一九六六年聖誕節及新年，父母親來達拉斯與我們一起過節過年，那時女兒剛七歲，正是可愛的年齡，我們樹立了聖誕樹，掛了不少彩燈，樹下放了不少禮物，我還在起居室的火爐生了火，一家五人，溫馨地圍爐過節過年，雖然父親對我在年底仍要到公司趕出貨，不無微詞，但他也知道我剛得到一個重要職位，必須要有好的表現，所以也沒有太批評。在我一生為事業忙碌的過程中，一九六六年底的十天與父母親的圍爐團聚，是我常常懷念的時刻。

一九六七年．人事巨變．我當副總裁

撤換史厥特並沒消除道森身上的壓力。明顯地，夏伯特對他已不滿到一個要撤換他的時刻了。終於，在一九六七年春的一個早上，夏伯特親自來到半導體部大樓，對半導體部的主要經理人（包括我在內）宣布新人事：道森被調到公司總部管理「行政」（總公司人事、新工程、庶務，如員工餐廳等等），這是一個明顯的貶職；更重要的，當時經營「國防系統」的副總裁佛來德．彪希調任為半導體副總裁。在夏伯特宣布這個更動時，道森、彪希都不在場，這是顧到道森的面子，而且夏伯特也希望借這個機會，鼓勵一下道森屬下的同仁。果然，他解釋他與道森同事多年（道森是他的第二把手十幾年之久），此舉實屬無奈等等。短短十五分鐘，我留下對夏伯特的印象是他的決斷力和他的無情。

這一切是原先都安排好的，現在只是照劇本演出：夏伯特離開時囑大家留在會議室裡。果然，十分鐘後，相當矮小的彪希威風凜凜地來臨致詞。只是他的致詞，與我每次就新任的致詞不很一樣。我致詞的主題（第二章）是「又自信、又謙虛」，而彪希卻只重「自信」，絕不提「謙虛」。此後十幾年，彪希在德儀叱吒風雲，他的「自信」，也為他定了調。此後十幾年，我是他的直屬部下，甚至是他最重要的直屬部下，我也深信當他只說「自信」，不說「謙虛」時，他是在表達真意思，在講真話。

當天道森就打包，第二天彪希就遷入他的辦公室，此後幾星期是彪希密集召見部下單獨會談的時期，我被召見許多次，每次對積體電路業務都有實質的討論。

一個月後，又有新的人事及組織宣布了：

半導體部（Division）晉級為半導體集團（Group），彪希晉級為「集團副總裁」（Group Vice President）。

彪希從他的舊組織（國防系統）帶過來三個新人。最重要的一位接管半導體行銷、研發

（包括MOS研發），以及策略。原來的行銷主管（一位助理副總裁）被免職，也無別的職務給他，等於是要他走人，他也完全了解這訊息，也立刻辭職。

我的積體電路部（Department）晉級為Division，我成為公司副總裁，直接對彪希負責，我的上司呂斯被架空，也沒有新職務給他。彪希對我說：「呂斯是一個好人君子，但是我要直接管理重要業務單位，他對我沒有用。」呂斯本來是「助理副總裁」，沒有拿掉他的頭銜，但他的原來下屬——我，現在已是副總裁，頭銜超越他，這又是等於要他走路的信號，呂斯當然也了解這信號，於是在一個月內也辭職了。

還有一個震撼：半導體集團內除了積體電路外，還有幾個業務單位（例如「鍺部」、「矽部」等），現在把它們全交給一個新升上來的助理副總裁管。這個新升上來的是誰？他就是我從前「矽部」下屬，比利時籍「塑膠包裝」處長！在我離「矽部」後，比利時人仍留任原職，對新任的「矽部」總經理報告。現在他一躍為他原來上司的上司，對他原來的上司來說，當然難堪。但難堪歸難堪，原來上司到底仍保留了原職，公司並沒對他表示不信任，他本著「留得青山在，不怕沒柴燒」的理念，仍在公司待下去了。這是一個明智的決定，因為兩、三年後，比利時人就因為表現不佳而免職，而這位一時難堪的「矽部」總經理，在此後幾十年中在德儀繼續發展，最後在副總裁職位上光榮退休。

一九六七年德儀半導體集團的人事大變動，「幾家歡樂幾家愁」，的確是大震撼。但當時德儀半導體組織相當健康，所以這震撼也很快地過去了。大家很快地各就其位，努力做他崗位上的事。對我來說，我得了幾位新同事，最重要的就是彪希帶來的那位監管行銷、MOS研發，以及策略的副總。還有，我得了新上司：彪希。那時我不知道的：彪希居然成了我此後在德儀長期的、也是最後的上司（一九六七至一九八三年）。

第五章

四個上司

有過上司的人，沒有人會否認上司對你的職業生涯很重要吧？在我的情形，我的上司影響了我每天的工作情緒（好的方向或壞的方向都有）、我的成績（好的或壞的方向都有），最後也影響了我的去留。同時我也從上司學到很多，正面和負面都有。正面的：我學他的做法。負面的：我不喜歡他的做法，所以刻意避免他的做法。

呂斯

在我加入德儀初期（一九五八至六一年）我有過好幾個上司，但他們都是暫時的，而且在我從史丹佛回德儀時（一九六四年），他們幾乎都已離開公司。我在德儀真正的直接上司，其實只有兩個：呂斯和彪希。

呂斯是我德儀初期的知己同事，他比我大一年，在麻省理工得到電機學士學位後，直接到哈佛管理學院得管理碩士，這是一個黃金組合的學歷！呂斯的志願，其實與我相似——以工程入門，轉到管理，而且做到最高的管理階層。

呂斯給我第一個「業務單位總經理」職位，他也是我一生最欣賞的上司。這個上司與我的接觸，幾乎完全是非正式、一對一、建設性的。他很少召開幕僚會，但常常到我的辦公室找我，我也常常到他辦公室找他。那時我們的辦公室牆壁都是玻璃，而且相隔不遠，所以只要走出自己的辦公室幾步路，就可以看到對方是否獨自在他的辦公室。我們找對方，從來不是要瞎聊，總有或大或小問題，要找對方談談。這樣近便的接觸，使得我們之間從來沒有誤會；即使最後決定是他的而不是我最喜歡的，我也會了解他的理由，而且全力執行他的決定。

有這樣好的上司，可惜只有三年（一九六四至六七年）。彪希一到半導體部，呂斯就被罷黜。一直到我離開德儀（一九八三年）我仍偶然與呂斯聯絡。呂斯離開德儀後的事業生涯並不順暢，他接到了一個小公司CEO的職位，呂斯也沒有把這小公司做大。他五十幾歲就退休了，回到達拉斯住，我與他吃了幾頓飯，感受到他的鬱鬱不得志心情。他的「德儀後」職業生涯，與他在德儀時的節節上升（直到被罷黜）截然不同。

「機會」與「運氣」，與「成功」緊不可分！

彪希

呂斯以後，彪希為我上司十六年（一九六七至八三年），一直到我辭職。彪希的上司作風，與呂斯截然不同；如上文所說，呂斯與我的接觸絕大部分都是非正式性，而彪希對我，絕大部分的接觸都是正式性；呂斯與我經常一對一，而彪希對我，很少一對一；呂斯與我的討論，幾乎全部建設性，彪希的話大約只有七、八成建設性，其餘兩、三成負面的批判性。

彪希不喜歡與下屬單獨談話。有很長的時間，我是他最重要的下屬，但是我和他單獨談話的機會少之又少。他喜歡集體開會；道森和呂斯主持半導體業務時，我們很少集體會議，彪希帶來了每星期一開大半天經理人會議的習慣。其實，這不是壞習慣，重要的事情有一個固定的場合可以提出；從公司總部來的指示，也可以在經理人會議傳達並且充分討論。但是，對重要的下屬，一對一討論還是有必要，而彪希很少與我有一對一的討論。

除了大會議外，彪希也喜歡書面報告。他要求每一個直接下屬每星期給他書面報告，久而久之，他的下屬包括我在內，當然也投其所好，把很重要的事情，照我的自然傾向應該當面報告的，都放在書面報告裡，甚至把有關的文件，都以「附件」方式塞在每週的書面報告裡。彪希每天都提了滿滿的公事包回家，但是，他到底讀了多少、了解了多少報告卻是另一回事。我多次發現他並沒有看懂我一、兩星期以前給他的報告。

在彪希當半導體集團總經理前，他沒有半導體經驗，他已三十九歲。在這年紀要學一個新的科技行業並不容易，彪希也沒有刻意努力學半導體業。正好在這時期（一九六七至七二年），我是他手下的積體電路總經理。我把積體電路救回來了，而積體電路又是半導體的最重要部分，當然彪希也享受了這個大功。在一九七二年，總裁夏伯特決定進軍「消費者產品」市場。彪希和我同時被升。彪希被升為執行副總，兼管半導體及消費者產品。我則替代彪希的舊職。

一九七五年後，彪希升為德儀總裁，仍為我的上司，直到我辭職（一九八三年十月底）。

我辭職不到兩年後（一九八五年），彪希就被革職，我也來到台灣。此後許多年每逢聖誕，我總收到他的聖誕卡，尤其在台積電稍有成就後，彪希總會在卡上加上幾句驚奇而又羨慕的話，我每年都回他的「卡」，但從未回他的「話」，我想：為他直接下屬十六年，我從三十幾歲風華，做到五十幾歲憔悴，滋味並不好，還是讓往事停留為往事吧。回「卡」是基本禮貌，回「話」卻不必了。

不回「話」的結果是後來連「卡」都沒有了，彪希也漸漸在我記憶中淡出，但是幾年前（二〇一三年）我忽然從一個德儀老同事聽到，彪希出自傳了！我買了一本看，他主要想澄清他在德儀最後幾年，也就是我認為他與夏伯特非常「一致」的時期，他與夏伯特的關係。照彪希現在的說法，那時他和夏伯特並不完全「一致」。看起來，事過三十幾年後，他已不想為當時德儀衰退負責。但是，為什麼等那麼久才出書？尤其，為什麼等到夏伯特已過世，已經「死無對證」，才出書？

關於我，彪希的自傳也提到了。我是「全世界最佳半導體經營者」。這句話假使我在任半導體總經理的後期聽到，我會受鼓勵。四十年後在台灣聽到，太晚了。

海格底和夏伯特

講完彪希，我不得不提海格底和夏伯特。我從來沒有直接對海或夏報告，但海格底影響了我早、中期在德儀的「升」，而夏伯特影響了我中、後期的「升」和「降」。

海格底聰穎過人，而且非常有創新力，他工程出身，有工程學士學位，二次大戰時他年三十左右，在美國海軍部做採購，當時，德儀的前身地質測驗公司（GSI）是海軍部的小供應商。採購與小供應商互相賞識，戰後不久，德儀就聘僱海格底為總經理。幾年後美國電話電訊公司（AT&T，電晶體發明者）公開授權電晶體製造，許多大公司例如RCA、奇異（GE）都去買「專利授權」以及「技術移轉」；與他們比，德儀只是一個小蝦米，但在這關鍵時刻，海格底顯示了他的遠見和勇氣，德儀不但勇敢地付出兩萬五千美元授權金，而且全力投入半導體的製造與後續研發，不到十年，德儀已在半導體領域擊敗當時與它一起獲得授權的大公司。我第一個工作的希凡尼亞就是敗將之一。德儀半導體霸主地位，足足維持了三十多年，海格底是創始功臣。

我加入德儀幾個月後立了功，海格底就認識我。在德儀的黃金時期，上下溝通，即使隔好幾個階層也相當順暢；在好幾個非正式場合，海格底與我有簡短的談話。事實上，簡短的談話往往可以發現對方對一個問題的了解多深？對方的思路多清晰？我自己做了總經理、董事長後，也常常以簡短的談話對下屬做初步的評估。

總之，幾年後送我去史丹佛是海格底的決定。我想他原來的意思，是要我走技術主管的路線，但後來呂斯把我放在經營管理位置上，而且我做得很好，所以他也不堅持了。

對我，海格底極其照顧。我主掌全球半導體集團後不久，海格底在總部成立了「成長委員會」，任我為主席，而彪希和夏伯特都是委員。老實說，在當時德儀體制及企業文化下，要我主持我上司及我上司的上司都出席的會議，我並不舒服，但還是盡力而為，也算是報答海格底知遇之恩吧。

海格底一生健康，但選擇在六十三歲（一九七六年）退休，我在德儀的「黃金晨潮」也大約在此時結束。海格底的退休與我德儀黃金時期的結束，我想有點關係。

海格底六十七歲（一九八〇年）突然發現胰臟癌，兩、三個月後就過世了。紀念典禮中，達拉斯交響樂隊演奏貝多芬第三號交響曲第二樂章的〈葬禮進行曲〉，好幾個政治及企業聞人致悼詞，可謂備極哀榮。紀念典禮後我去他家，他的女兒特地找我、告訴我：「爸爸一直非常重視你，你知道嗎？」一九八〇年時，我在德儀的地位，已無可挽救地向下滑，對這位美麗女士這句話，雖然有萬千感慨，也只好只回答「我當然知道」。

海格底退休時選擇夏伯特為他的繼承董事長，事後看來是海格底一生稀有的敗筆，但當時（一九七六年）看來，卻是當然的事。夏伯特在二十五歲加入德儀（一九四八年）後，就追隨海格底。當海格底把全公司賭在半導體業上時（一九五二年），夏伯特主管半導體部；夏伯特與海格底一同把德儀推上半導體霸主寶座，此後，夏伯特的事業一帆風順，升到執行副總裁暨營運長，再CEO，到一九七六年，繼承海格底的董事長職位已是水到渠成。

夏伯特正直、直爽、相當聰明，但也有大缺點：他剛愎自用，有了成見後就不再聽別人的意見。在一九七二年他決定進入「消費者產品」（計算機、電子錶、教育玩具、家庭電腦等）後，雖然在幾年內就開始虧本，幾位董事及他的下屬（包括我）開始勸他退出，但他仍堅持撐下去，一直撐到幾乎拖垮整個公司。

還有，他與半導體技術脫節，在「自傳上冊」，我有如下的敘述：

當公司漸漸龐大，領導高層的內務、外務逐漸增加，但大半與技術無關。為了「日理萬機」，自己倒與快速進步的技術脫節了。以夏伯特為例，五〇年代他是半導體行家；六〇年代擢升為主管全公司業務的執行副總，開始與半導體逐漸脫節；到了七〇年代，他已成了半導體外行。更可悲的是，他自己還不知道已脫節，仍以為七〇年代的半導體業與二十年前一樣。

一九七〇年代德儀半導體部的兩個最大技術挑戰是：如何追上（日本及美國）競爭者的MOS記憶體，以及如何追上英特爾的微處理器。這兩個挑戰都是技術問題，當我與這兩個技術問題掙扎時，夏伯特始終不了解我的需要，他不但不給我資源，反而為公司設立了新焦點──消費者產品（計算機、電子錶、「家庭電腦」等），把公司的資源都給了新焦點，德儀自此失焦迷途。

除了這兩個缺點外，夏伯特還有一個迷思：他認為一個好的經理人可以經營任何行業。在一九七二年，雖然德儀沒有任何擁有消費者產品經驗的經理人，夏伯特認為別的行業的經理人也可以成功經營消費者產品事業。

第六章

實現「美國夢」

一九六六—一九七二年，三十五至四十一歲

德儀積體電路部

積體電路的發展，先自「雙極」積體電路開始，再從「雙極」走到「MOS」。我在一九六六年秋接管「積體電路部」時，正值「雙極」積體電路盛世，市場上的積體電路幾乎全是「雙極」，「MOS」積體電路還在實驗室內，而德儀的「MOS」研發設計也不在我轄下。但是，雖然「雙極」積體電路市場成長神速，德儀的「雙極」積體電路業務卻萎靡不振。

我被賦予的使命就是要重振德儀威風。

我第一發現的是：我的前任史厥特（已在第四章介紹）在他任內最後一年深受壓力（一部分是他上司道森給他的，另一部分是他好強性格自我產生），已把這壓力放大後全部轉移到他的屬下身上。在我接任時，他的屬下（現在變成我的屬下了）已到「民不聊生」地步。我立刻放鬆壓迫，與屬下單位個別討論並設定每一單位合理的目標。這個舉動，在幾星期內就見效，士氣提升了！我在十一月接任，十二月底聖誕節前後，我上司呂斯就滿臉笑容來看我，說他剛與幾位同事（我的屬下）談話，他們都帶著已半年看不到的笑容。呂斯問我：「你施了什麼魔術？」

我的雙極積體電路策略（一）

當然，光是提振部下士氣，不足以重振德儀積體電路威風。就如我在第三章〈總經理的學習〉裡所說，一個好的領袖一定要有人跟，而且要帶領他的團隊贏。

提振士氣表示我的團隊開始跟我。

怎麼贏？這就是策略了。

我的策略的第一部分是「技術」。當時簡單的積體電路只含幾個電晶體，這類積體電路在市場上已是「標準式商品」——競爭激烈，價格及利潤均低。但是德儀頗有技術實力，可以做得出含一百多個電晶體的積體電路（我們稱此類積體電路為「中程整合」（Medium Scale Integration）或ＭＳＩ），此類積體電路沒有什麼競爭，但是我們必須開闢客戶，如果能找到可以充分利用ＭＳＩ價值的客戶，我們應該可以開出利潤較高的價格。

明眼讀者讀至此，也許可以依稀看到二十年後台積電的前兆。把上段最後幾句換幾個名詞，變成：「專業晶圓代工沒有什麼競爭，但是我們要開闢客戶，如果能找到可以充分利用台積電價值的客戶，我們應該可以開出利潤較高的價格。」——這就是台積電成立時的策略。

回到一九六七年的德儀。為了增加ＭＳＩ新產品，我大幅增加了ＩＣ設計工程師（大約自二、三十人增至四、五十人）。這個策略在兩、三年內就奏效，德儀的MSI種類之多，性能之優異，沒有競爭者可與比擬。在這樣產品優勢下，德儀自我起，整個組織都努力找能夠利用MSI價值的客戶，我接管積體電路部門兩、三年後，MSI已成為整體業務的重要部分，也是利潤最高的部分。

這是MSI成功的一面，但它也有令人感傷的一面。在我大力增強MSI設計時，兩位「設計明星」也應時而出，他們是兩兄弟，在一九六六至一九七二年我任積體電路部總經理年代，我視這兩兄弟設計工程師為明星，在那幾年內，那兩兄弟也獲得不少職階晉升及加薪。但是，幾年後MOS發展遠較雙極體為快，我也在一九七二年接管整個半導體集團，當然也包括MOS，我在苦於找MOS設計人才時，問起這兩位雙極體的設計明星，得到的回答是：這兩位不會設計MOS，只能守在市場逐漸衰退的雙極體部門。二十幾年後有一次我重訪德儀，偶然問起這兩兄弟，發現他們早已沒沒無聞。「過時」真是所有工程師最可怕的敵人。

我的雙極積體電路策略（二）

擴張高技術產品（ＭＳＩ）是我策略的一部分，另一部分是減低生產成本。在一九六〇年代後期，積體電路良率大約在二〇％之下。這樣低的良率，的確有不少改善空間，升高良率更是降低生產成本最有效的辦法。但是在我接管後的一年半內（一九六六年秋至一九六八年夏），良率進步很少，一九六八年夏，大災難發生！良率忽然從一五％至一七％掉到一〇％。這時正值景氣不錯，客戶需求很高，但我們交不出貨。客戶的壓力，先是對我，再延伸到對彪希，再延伸到對夏伯特，甚至延伸到對海格底，大家都慌張了。

一〇％低良率持續了一個多月，在這一個多月中我每天早上開技術會議，有時彪希也來參加，但他可說完全不懂半導體技術，所以在我們會議「加忙」遠過於「幫忙」。技術會議總要開一、兩小時，每天剩下來的時間，大部分都要處理客戶，還要答覆上級的質詢。一九六八年夏天的這一個多月，的確不好過。

一個多月，成千成萬「工程師人時」後，終於找到低良率的主因，原來是在幾十個製程步驟中，有一步做錯了。當然，找到原因後，立刻把這製程步驟復原到災難以前的情形。良率又很快回到一五％至一七％，大家都鬆了一口氣。

一個危機，兩個英雄

一九六八年的「良率之災」直接、間接地產生了兩個英雄：直接產生的英雄是工廠總工程師，他發現錯誤製程而把它矯正。當然，原來讓步驟走歪也是他的責任，但是在德儀欣欣向榮的時代，論過寬，計功易，所以在良率回復正常時，他變成了英雄。此人名布魯克，十年後他得到德儀副總裁頭銜，再過幾年他離開德儀，成為另一家半導體公司——「快捷」公司的CEO。一九九一年我聘他為台積電的總經理，一直做到一九九七年。

另一個英雄是間接產生的。雖然「良率之災」過了，但我對於一五％至一七％良率仍很不滿意。每次我進達拉斯晶圓工廠視察，總覺得亂糟糟缺乏秩序。恰巧那時有一位名叫史坦（Alfred Stein）的經理，具有晶圓製造背景，在幾年前被派到德儀英國子公司當副總經理，與當地英籍總經理合作不佳，正在此時鎩羽被調回美國。又正在此時，德儀在德州休士頓市另闢新廠址做擴充之用，我就出了個新主意，何不讓史坦在休士頓建一個新晶圓廠，直接對我負責，在良率和生產成本上與達拉斯晶圓廠競爭，「兄弟登山，各自努力」。我與史坦討論此事，他正在前途茫茫時，當然立刻熱心接受了我的邀請，此後我讓史坦在新廠人事、作業上都享有充分自由。一年多後新廠開始運作，一下子良率就在四〇％之上，超出達拉斯廠一倍！單位成本、品質等各項指標也遠比達拉斯廠為佳。於是史坦又成為一個英雄，幾年後他也獲得德儀副總裁頭銜，再許多年後，他離開德儀，成為另一家半導體公司的CEO，在一九九〇年代，這家公司還是台積電的一個重要客戶。

讀者也許要問，史坦成為英雄了，布魯克是否氣炸了？的確，布魯克氣炸了，但是，達拉斯廠也發憤圖強了。一陣子後，達拉斯廠的良率也有明顯的進步。

有競爭才有進步，這是商場的真理。無論內部或外來的競爭，都是進步的好機會。

我的雙極積體電路策略（三）

我在第三章〈總經理的學習〉說過，半導體產品可分為兩類：「標準式商品」和「客製品」，「標準式商品」賣給許多客戶，競爭者也多，利潤往往不高。「客製品」只為特定客戶而製，規格往往由客戶定，競爭者少或沒有，利潤通常較高。

我任「鍺」、「矽」部總經理時，就有過許多「客製品」，而且「鍺」、「矽」部的利潤也深受「客製品」之惠，現在到了「積體電路部」，當然也竭力爭取「客製品」。在六〇年代後期及七〇年代早期，德儀「積體電路部」有三個大「客製品」客戶。兩個是我爭取的。

其中之一是IBM，當年IBM在資訊界的地位，比今日蘋果在消費者的地位還高。我爭取到的客製品每年銷售金額也在幾千萬美元之譜，利潤也不錯，我尤其記得，一九七〇年積體電路市場蕭條，但這個「客製品」的需求沒有大波動，為我們一九七〇年的業績增色不少。

另一個原來就有的大客戶是國防商北美航空（North American Aviation），我們的「客製品」為國防部所用，非常重視品質及可靠度。

第三個「客製品」客戶是拍立得相機公司（Polaroid），也是我爭取到，我們的「客製品」專為拍立得最先進相機SX70設計。在數位相機還相當遙遠的七〇年代，拍立得「即刻洗出照片」的技術深受社會大眾歡迎，新的SX70尤有重要創新。為了這個「客製品」計畫，我多次去波士頓拍立得總部與他們協商，深深感受到拍立得全體員工對SX70的興奮和期待，也藉此機會認識拍立得董事長蘭德（Edwin Land），一位當代的科技怪傑。

這幾個「客製品」都為德儀帶來不少營收和超於「標準式商品」的獲利率。更重要的，它們賦予德儀同仁一種特別的使命感，因為這幾個「客製品」的終端產品——IBM的新電腦、北美航空的飛彈、拍立得的SX70，都是當時社會聞名的產品。每次在報紙、雜誌看到這些產品的報導，我們「與有榮焉」！

我的雙極積體電路策略（四）

在本書第三章〈總經理的學習〉的「策略」節，我已敘述我與貝因合作把「學習曲線」理論應用在積體電路上。最具衝擊力的應用是德儀在一九七二年公開宣布的雙極積體電路「定期每季減價」政策。

德儀於一九七二年在雙極積體電路的市場占有率已領先所有競爭者，我相信我們的製造成本也是同業中最低。在這情況下，公開「定期減價」的時機已經成熟。想想我們競爭者的反應！他們眼前與德儀競爭，已因為他們成本較德儀為高而疲於奔命；德儀的「定期減價」更使他們連將來都沒有指望，他們唯一的出路是退出這市場。

「定期減價」是德儀雙極積體電路很成功的策略，我們施行了好幾年，即使在「供不應求」情況下還是繼續施行。我保存了一份一九七四年《電子新聞》的報導，附錄在本書的照片欄裡（見圖片頁第四頁）。報導的大致內容是「市場已供不應求，莫理士・張仍宣布德儀繼續定期減價」；我的照片是我一臉凶悍的樣子。

一九七〇年代積體電路市場的實際發展是：MOS逐漸取代雙極。雖然雙極積體電路市場逐漸縮小，但德儀的高市占率及高獲利率著實為德儀爭取了時間，讓德儀有機會在

MOS奮鬥；這是本書第九章的故事。

一九七〇年裁員

一九六〇年代，世界半導體市場快速成長，這從以下數字可以看得出來：一九六四年，也就是我初任業務單位總經理的一年，世界半導體市場為十億美元，到一九六九年，市場已成長到二十三億美元，五年中成長了二・三倍，平均年複合成長率為一八%。

但一九七〇年市場僅有微幅成長（二%）。針對習慣於高速成長的半導體業，二%成長率是一個大災難，因為這行業一直快速添員工和產能，一旦成長停頓，立刻就有產能過剩，員工過多的問題。一九七〇和七一年，大部分半導體公司都虧損，繼而裁員，有些公司的裁員幅度高達全部員工的三〇、四〇%，許多半導體公司的CEO都被撤換，許多副總級人員都被裁；基層員工被裁，更是稀鬆平常的事。記得我在那時期有一次德儀董事會上，以「廢立的皇帝（指被撤換的CEO）、蒙羞的將軍（指被撤裁的副總）、屠殺的兵士（指被裁員的基層人員）」為題，報告競爭者的狀況，深為董事會欣賞，一位德儀共同創辦人還要了一份複印本，說要給他朋友看。

我經營的德儀積體電路部門，倒是這次景氣蕭條的佼佼者，我們受惠於高技術（MSI）、低成本（休士頓新晶圓廠），以及客製產品，所以在業界一片哀號聲中，還能每季賺不少錢，這一切當然歸功於我們戰略的成功，以及高士氣同仁團隊的執行。

雖然積體電路部門不需要裁員，但我們的同僚——鍺、矽以及別的電晶體及其他零件部門卻相當淒慘——他們前幾年擴充得太快了！於是，夏伯特和彪希決定：所有半導體部門一致裁員，幅度大約十分之一。一致裁員的結果會是電晶體等部門還是人太多，而積體電路部門卻是人太少。夏伯特和彪希的簡單補救辦法就是：調電晶體部門多餘的人給積體電路部門。這當然只是一個算術式、紙上談兵的補救辦法。真正的問題是：積體電路裁了有積體電路經驗的員工，卻以沒有積體電路經驗的員工來彌補，簡直是一個鬧劇！但為了「一致行動」團隊精神，我們還是這樣做了。

裁員的幅度可以讓會計、財務計算——算出來大約一〇%左右；但是，裁誰？這問題，在彪希的經理人會議裡眾議紛紛，滿多經理人主張應以考績為準——最低考績的員工被裁。在這點上，我採取了堅定的立場。德儀沒有工會，也絕對不要工會，所以裁員標準，一定要公平且具有公信力才行。以考績為準，不會公平，因為每個員工的考績，是他（或她）上司打的。每個上司打考績標準都不一樣，即使同一個上司、同一個員工，在不同時間的考績也不一樣，依考績裁員，實在是自找麻煩。

唯一不容質疑的公平裁員標準，是年資。最後進來的員工最先被裁，所有職階都如此。當然，這又產生另一趣劇：幾個月前才被告知公司很需要他（她）的新員工，忽然就要走路，公司忽然不需要他（她）了。基本上，這只能怪高階經理人（業務單位總經理及以上），他們僱人太快！

七〇、七一年，雖然景氣不振，又有裁員陰影，但我的心情相當愉快，畢竟我經營的事業繼續賺錢，遠勝同業。在那淒慘的年度，很少同事拿到公司股票承購權，但我拿到不少，從各種跡象看來，我在公司前途一片光明。

承接MOS

新任命開始發生。一九七一年，MOS積體電路歸我管。

MOS的任命有一個相當複雜的背景，讓我解釋。

一直到一九六〇年代後期，幾乎所有的積體電路都是雙極體，MOS只是實驗室的一個研究案。理論上，MOS的密度可以較雙極體高，但它的速度較雙極體低，而且它的製造技術比雙極體更不穩定。六〇年代的一般認知，MOS在密度上的優點，抵不過它在速度及製造技術上的缺點，所以，一直到一九六〇年代晚期，MOS都不被看好。

不看好MOS的人士包括傑克．基比，積體電路發明人以及當時德儀半導體技術「教主」。在當時德儀半導體技術研究領域，基比有「一槌定案」的權威。在一九六〇年代中期及晚期，基比「一槌定案」的方向不是MOS，而是另一個雙極體、後來沒有成功的方向。

在「自傳上冊」，我已說基比是「我所認識人中最富有想像力和創意者之一」，但是在評估MOS潛力上面，他錯了。他低估MOS的潛力，使得德儀只有一個八名工程師的小團隊從事MOS研發，而且這八個工程師相當苦悶，因為他們覺得公司不重視他們的工作，他們也不在我帶領的士氣高昂的積體電路部門，而是在被冷落的研究單位裡。

終於，他們的苦悶爆發了，一九六八年，這八個工程師——德儀唯一的MOS團隊，集體辭職！導火線是彪希要求他們搬到休士頓去，實際原因是他們認為自己不受公司重視，而且，更重要的，他們已在外面獲得支持，要到外面自開公司了！

彪希本來很想留他們，但發現他們要自開公司後，雷霆大怒，勒令這八個工程師繳出公物，即日離開，不得再返（注1）。

這八個工程師出去後在達拉斯近郊成立了Mostek，專攻MOS記憶體，幾年後成為德儀很厲害的競爭者。

舊的MOS研發團隊出走後，德儀新建MOS研發團隊，而且開始重視MOS，這倒不是對MOS技術有新的洞察，而是忽然有客戶找上門來了。客戶要的不是舊MOS團隊茲茲在念的記憶體，而是一個新花樣：計算機IC。

五十年後的今日，計算機已是一個非常普通的工具，幾乎每人在書桌抽屜裡就有一具，有些人還在皮包、公事包裡帶著計算機走。工程師和科學家在他們工作上也早不用算尺，而用「科學」計算機。簡單（加、減、乘、除）計算機的價格也早已掉到十美元左右。但是在七〇年代初期，計算機剛剛出來，可是很珍貴的新產品，零售價在一百美元以上！其實，計算機的重要元件只是幾個（幾年後進步到一個）積體電路、顯示器和鍵盤，那時的成本大約二、三十美元，計算機商人只要裝上塑膠外殼，就可賣一百多美元，多麼好的生意！許多商人成立計算機公司，大家都瘋了，急著要買計算機必需的IC。

德儀的新MOS團隊，非常樂意應付計算機IC生意，因為計算機IC的設計和製造，都較記憶體簡單。舊團隊在一九六八年前辛苦耕耘的記憶體，早已被新團隊拋在腦後，新團隊現在的工作是為公司立刻賺錢的工作！

就在這環境下，一九七一年我接管MOS。過去我雖有積體電路總經理的頭銜，但事實上只有雙極積體電路，沒有MOS。現在齊全了，名符其實了。我接手的MOS團隊，現在已擴充到二、三十名工程師，而且因為計算機IC的成功，都處在得意洋洋的狀態中。

嚴峻的挑戰即將來臨，得意洋洋的笑容也即將關閉。

任集團副總裁暨半導體集團總經理

一九七二年五月的一個上午，我應召到彪希辦公室。「好消息，」彪希說，接著他就告訴我：公司要我接他的職位——負責全球半導體業務，我的頭銜是「集團副總裁」（Group Vice President），他又說：「這是公司在董事長、總裁和我以下最重要的職位，海格底、夏伯特和我對你都很有信心，希望你好自為之。」

他做什麼呢？他成為「執行副總裁」，管理德儀所有業務。一九七二年春時，德儀有四塊業務：半導體最大、國防系統其次、材料與控制再其次、地質測驗最小。我不知道的，是德儀即將進入第五塊業務：消費者產品（計算機、電子錶、電子教育器具、家庭電腦等等）。這第五塊業務，後來成為德儀的自殺武器。

對我，這是一個大升級，我進入德儀後，有過許多次小升級，但只有兩次大升級。第一次是此書第二章所述的〈工程師一躍為總經理〉，這次是第二次。在一九七二年，德儀的半導體集團是全球半導體業的領袖，市占率百分之十幾；營收三億美元左右，是半導體業最高；營業利潤一八%左右，較大部分同業為優；員工共四萬人左右，分布全球。

那天是很高興的一天，假使有任何隱憂，恐怕也只是MOS技術實力吧。計算機IC的成功，遮掩了我們MOS別的產品的弱點。在記憶體上，我們才從去年（一九七一年）我接管MOS後，再開始努力，而我知道英特爾的「一一〇三」記憶體是市場的熱門貨，甚至我們「叛將」組成的Mostek，也已推出新記憶體產品。在邏輯產品方面，英特爾已發明了微處理器，而我們根本連影子都沒有。

讓我明天再想吧，今天且盡情慶祝。

實現「美國夢」

「美國夢」這名詞，在我長住美國時期（一九四九至一九八五年）相當普遍。我稍加研究後，發現這名詞大約來自十九世紀末、二十世紀初歐洲到美國的移民。他們到美國時大部分貧窮（不記得自由女神的呼籲嗎？「給我：你的疲勞、貧窮、畏懼的人民……」）（注2），他們的夢想，也就是他們的「美國夢」，要在美國至少做到中產階級，假使他們自己做不到，也要子女做到，而實現「美國夢」的途徑，往往是高等教育。

剛到美國時，我是一個窮外國學生，也與幾十年前從歐洲移民到美國的窮人一樣，同有「美國夢」。假使「美國夢」的終點只是中產階級的收入，那我在希凡尼亞開始工作時，就已實現「美國夢」。

現在，一九七二年，更不一樣了，以收入和財富言，我已在美國頂尖一%內；以事業地位言，我掌管數萬員工，是全球半導體業的領袖；以社會地位言，我和妻也在達拉斯上流社會內。

有了一點錢的一個好處，就是可以幫助父母親。父母親於一九五〇年到美國，起初父親還到哥倫比亞大學商學院讀了一個管理碩士，以為有了這個學位，可以找到適宜的工作，但得到學位後求職的結果，只得到兩個邀僱，薪水都很低。他決定不接受，一直到一九五五年，父親看到積蓄殆盡，急著在紐約百老匯住家附近頂了一家禮物、雜貨小店。父母親兩人親自打工，開店的回收等於是賺自己的工資，如此維持生計十幾年。

其實我自進入德儀後，賺的錢除維持自己一家三口外，已有餘力幫助雙親，但父母親那時身體相當健壯，一直不想倚靠我（父親還說：「我希望身後有遺產給你。」）而且也體諒我雖有「餘力」幫助他們，但「餘力」並不很大，所以他們在六〇年代中、晚期，總是婉拒了我的幫助。

一直到一九七一年，父親已六十五歲，母親也六十一歲。父親整年在小店應付外界，母親整年在小店招呼顧客，雙親已有疲態。而我在一九七一年首次擁有價值一百萬美元的德儀股票，我決定贈與父母親十分之一我的德儀股票。以那時的生活水準，十萬美元足夠他們好幾年的用途，何況他們還有一點自己的積蓄，以及社會福利等等，再何況我再三對他們說我絕對保證他們過舒服生活無虞。在這樣重重安全網下，雙親決定退休，就在一九七二年出頂小店，以後父親過了九年，母親過了二十幾年健康、自由、舒適的生活，一直到父親在一九八一年中風，母親在二〇〇〇年代漸漸失記憶力。

一九七二年是我人生的一個重要瞻前顧後點。我已實現了我的「美國夢」，前途看起來一片光明，下一步應該是德儀公司總裁的職位。

【注釋】

1：這整個事件在彪希自傳：*Dodging Elephants: The Autobiography of J. Fred Bucy*, by J. Fred Bucy, 2013 有相當詳細的敘述。

2：「自傳上冊」第二章。

第七章

德儀東南亞廠

一九六八—一九六九年，三十七至三十八歲

成立德儀日本

在一九六〇、七〇年代，日本市場是積體電路重要市場。六〇年代初期，德儀的日本客戶就開始要求德儀在日本設廠，但日本政府一直堅持外國公司必須與日本公司以五十．五十方式合資，才能在日本設廠，德儀為了保護智慧財產，不接受合資方式，談判僵持了好幾年，最後德儀以不授「基比積體電路專利權」為談判武器；也就是說，如果日本政府不讓德儀在日本獨資設廠，日本積體電路廠就得不到德儀專利權的授權，也就不能向美國輸出他們製造的積體電路，甚至他們的客戶製造的器具，因為含有未經授權的積體電路，也不能輸入美國。

這記反擊果然有效，一九六八年，德儀終於與日本政府達成協議：德儀還是名義上要合資成立德儀日本，德儀日本可在日本設廠，但是合資夥伴同意不參加經營，也不參與德儀智慧財產，而且三年後，德儀可全部買回他的股權。合資夥伴也定為新力公司（SONY）（注1）。德儀董事長海格底素與新力創辦人盛田昭夫熟悉，而且有互信關係。

對德儀，這協議是進軍日本市場的突破。別的外國公司都不能在日本獨資設廠，德儀實際上可以！我那時已做了一年半的積體電路總經理，當然立刻去東京籌備設廠，並會晤合資夥伴新力共同創辦人盛田昭夫。

我們選擇了一個現成的四萬平方英尺廠房作為我們的封裝測試廠址，此廠房位在距離東京一小時車程的鳩谷（Hatogaya），做了這個決定後，僱員工，裝修廠房，買生產設備等工作都快速進行，不到一年後，此廠就開始生產。

與盛田昭夫會晤，也是一個愉快的經驗。一九六八年時，盛田昭夫已是一個傳奇人物。他在一九四五年二次大戰剛結束，東京還一片廢墟時，與一位工程師朋友——井深大，共同創辦新力公司。盛田昭夫本人是一個出色的行銷人。新力是一個消費者電子產品公司，也是一個以「創新」立足的公司。在五〇、六〇年代，美國市場是世界最大的市場，盛田昭夫以一個戰敗國不太受歡迎也不太會講英語的商人身分，鼓足勇氣長駐紐約，把美國市場的喜好，傳達給在東京的工程師井深大，井深大把產品做出來，盛田昭夫又在美國行銷，同時，盛田昭夫在長駐紐約時，也練出一口好英語，成為一個「美國通」。

在一九六八年我會晤盛田昭夫時，新力已是很成功的大公司，盛田昭夫也早已回到日本。他非常友善地以英語與我談了近兩小時，重申新力不參與德儀日本經營，而且三年後賣回股權的諾言。新力有很具規模的半導體研發、生產部門，主要目的是供應他們自己電視、收音機、錄影機等等部門的半導體需求，所以盛田昭夫也很熟悉半導體業，我們聊了不少半導體的話，至今我還記得他對我說的一句話：「你會驚喜日本半導體廠的良率！」

此後十幾年，我與德儀逐漸認同盛田昭夫預言的準確。鳩谷封裝測試廠成績良好，一九七二年在我任半導體集團總經理任內，德儀又在日本九州日出（Hiji）建了一個封裝廠。更重要的，鳩谷開始製造晶圓。一九八〇年，德儀在美浦（Miho）的大規模晶圓廠開始生產，其良率竟比生產同樣晶圓的德克薩斯廠高一倍！

為什麼一九八〇年代，美國和日本廠的良率有那麼大的差異？這又是另一個故事，請讀者等我在第十一章〈最後的吶喊——品質！〉再說。

總之，一九六八年德儀認為德儀日本是對日本市場的突破，後來德儀日本成為德儀生產良率的良師。

成立德儀台灣、新加坡

一九六二、六三年時期，正是我在史丹佛讀博士時，美國半導體業就開始在東南亞（當時最吸引美國廠的地點是香港）設封裝測試廠。那時東南亞工資只有美國的十分或二十分之一（日本工資也很低，但如前節已說明，日本政府那時不允許外國公司獨資），而且封裝測試技術不高，東南亞工程人才足可應付，所以在東南亞設封裝測試廠，聽起來是很合理的降低製造成本的機會。我在一九六四年自史丹佛返德儀工作時，我的上司呂斯就曾對我說，德儀可能會去東南亞設廠，因為我少年時在中國，可能會聽聽我的意見，但幾星期後，呂斯又對我說，去東南亞建封裝測試廠的計畫已暫擱置，因為董事長海格底認為自動化才是降低成本的治本辦法，德儀不應該往低工資地區跑，何況低工資地區的工資也會上漲，難道過幾年德儀就要再找新的更低工資地區？

海格底是理想主義者，他似乎沒有想到：自動化是很慢的過程，而低工資區的封裝測試廠卻可以立刻降低成本。來到一九六八年，幾乎所有德儀競爭者都已在東南亞設封裝測試廠，只有德儀還沒有。夏伯特和彪希急了，認為德儀在競爭上吃一個不應該吃的虧。他們聯袂說服海格底，自動化繼續進行，但也讓我們去東南亞設廠，海格底終於勉強同意了。

彪希立刻高興地找我，彪希問我：「香港是否有適宜的廠址？」我自六歲至十一歲住在香港，十八歲去美國前又在香港住了八個月，對香港有美好的回憶，但我總覺得香港是一個商業城市，即使香港普通人民也都像小生意人而不像工廠工人；我沒去過台灣，但在史丹佛時認識了幾位從台灣去的同學；在兩年半相處期間，他們給我的台灣印象是：台灣富有勤勞刻苦的工程師和技工。我建議彪希：我們應該去台灣。彪希讓我說服夏伯特，我也相當容易地說服夏伯特。夏伯特和彪希都是德克薩斯人，在一九六八年時，對歐洲、日本已有相當認識，但對亞洲其他地方可說一無所知，他們很高興有一個來自中國的副總裁。同意我的台灣建議後，也立刻要我親自籌備在台灣建廠。

我一面指示德儀長駐香港的代表去台灣考察可能廠址，同時與台灣政府建立關係。此人名為艾莫力（Joe Emery），是德儀的「東亞通」。

另一方面，我在達拉斯組成未來德儀台灣經營團隊，共五、六人，廠長是富有半導體生產經驗的美國人，總工程師來自台灣，在美國讀博士後進入德儀，已在達拉斯工作幾年；別的會計、製造經理都是美國人。這個團隊組成後，在達拉斯待命。

艾莫力不久後回報：已在台北縣中和找到適宜廠址，也已與台灣經濟部取得聯絡。萬事具備，只待東風，只要德儀高層親自到台灣與經濟部部長李國鼎接洽，應該就可以開始建廠了。

夏伯特一直認為到國外設廠是一件重要的事，一定要他親自主持，所以他決定和我一起去台灣訪問李部長。在一九六八年夏天，我們飛到台北，艾莫力已先到，一同乘計程車去圓山大飯店憩息。

這是我第一次來到台灣，一到機場就聽到播放的流行歌曲，竟和我二十年前常在上海聽到的一樣，馬上就起了親切感。

對夏伯特，台北卻毫不親切，夏伯特是一個又高又壯的人。台灣的計程車又小，他要花不少力氣把自己塞進車內，圓山大飯店的床也不夠長（後來德儀在遠東廣設工廠及辦事處後，每次夏伯特到遠東視察，總特別替他租較舒服的汽車，而且與旅館交涉，為夏伯特準備特別的床），到了圓山大飯店晚餐，夏伯特點牛排，牛排當然做得出來，但隨著牛排送出來的卻有一碟醬油，這又使夏伯特不快，認為中國人不懂怎麼吃牛排。次晨，我們同用早餐，夏伯特用他宏亮、半個餐廳都可以聽到的聲音問艾莫力：「蔣介石死了後，台灣會怎麼樣？」艾莫力大為緊張，馬上把眼光掃視全廳，看有沒有人注意夏伯特的話，看到好像沒有人注意後，才輕聲請夏伯特不要在大眾場合講這種敏感的話。

這些都還是小事，但是在見李部長時，大問題出現了。

夏伯特提出兩個要求，第一，台灣政府必須保護德儀的智慧財產權；第二，德儀已看中位在中和的一塊廠址，請政府核准我們在那廠址建廠。

對這兩項要求，李部長面有難色。對於智慧財產，李部長認為帝國主義者常利用智慧財產，作為欺凌開發中國家的武器（李部長言此時，夏伯特冷笑），所以他要進一步了解德儀的「智慧財產」，才能回答夏伯特的要求（的確當時台灣市場充斥不被取締的盜版英文書及冒牌名貴手錶等）。對中和廠址的要求，李部長回答：政府已在桃園準備了一個「園區」，RCA已同意入駐，德儀何不也去？對此，夏伯特說：德儀一直不願與競爭者為鄰，仍堅持去中和。李部長就說，他要與省、縣政府協商，才能答應此事。

總之，德儀的兩個要求，李部長都需要時間考慮或協調後才能回答。會議結束，並無結論，雙方只留下接觸人名、電話、通訊地址而已。

這是相當失望的一天。夏伯特和我抱了黯淡的心情各回自己的房間。

次晨，我赴餐廳與夏伯特共進早餐。忽然，夏伯特興奮地進來了，沒坐下就對我說：「莫理士（我的英文名字），昨晚瑪麗（夏伯特在達拉斯的祕書）打電話給我，說新加坡政府已打聽到我們在台灣，要我們也去新加坡一趟，聽聽他們的建議，」接著：「我們不馬上回達拉斯，去新加坡轉一圈吧！」

就這樣，我和夏伯特去了新加坡。

現在，我已在台灣住了三十幾年，也已深愛台灣，台灣在過去三十幾年也有很大的改變，但是在回憶一九六八年那次台北及新加坡行，我必須說：新加坡給我們多麼強烈與台灣的對比！在台北我們感受到死氣沉沉，在新加坡我們感受到活潑；在台北我們感受到保守和關閉，在新加坡我們感受到開放。對夏伯特來說，台北與新加坡的對比尤其強烈，因為在台北他還有語言的障礙，而新加坡官員的英語非常流利，甚至幽默感也與他的契合。

問新加坡官員：保護智慧財產權？回答：沒問題。廠址？他們已建了現成廠房，應該很適宜於積體電路封裝測試廠，請我們去看。旁邊有沒有競爭者？回答：如果我們來，他們可以不讓競爭者來。

我們去看了現成的新廠房，簡直像是為ＩＣ封裝測試所建（其實當時新加坡政府已列積體電路為他們產業政策的重要目標）。當天晚上，夏伯特與我簡單討論後，決定因為我們相當迫切需要新的封裝測試廠，而台灣計畫看來要拖延一段時期，還是立刻先來新加坡吧。第二天我們告訴新加坡官員我們的決定，當然他們大喜。

德儀一九六八年的積體電路封裝測試廠，是新加坡第一個積體電路廠，此後，德儀又在新加坡建了晶圓廠，新加坡政府自己也成立了半導體公司（特許半導體公司）。但是，多年後，新加坡官員仍視一九六八年的德儀廠為一個新加坡產業政策的重大突破。這突破本來應該是由台灣享受的，但因為保守，台灣沒有享受這突破；一直到七年後（一九七五年）台灣才開始注意半導體。

夏伯特和我都以愉快心情飛離新加坡；他回達拉斯，我轉香港，在香港停留一個週末後去歐洲視察德儀在歐洲各地的子公司，十天後回到達拉斯，召集在達拉斯整裝待命預備去台灣的團隊，告訴他們不去台灣，而去新加坡。他們稍有驚訝，但除了那位來自台灣的總工程師外，並不在乎。夏伯特和彪希都曾告訴我：「莫理士，你在中國出生，所以知道台灣與新加坡的差別。對我們德克薩斯人來說，台灣和新加坡都是遙遠的落後地區，沒有什麼差別。」

台灣那面呢？幾乎一年後，李國鼎部長轉折告訴我，德儀提的兩個要求：保護智慧財產及中和廠址，都已不是問題，德儀可以來了！一九六九年正是世界半導體市場奇強的一年（成長率三五％，當年不知道次年的成長率只有二％）。我就立刻組一個新團隊到台灣中和設廠，那位已在新加坡的台灣人總工程師，也調到台灣，他終於如願回到台灣就職。

【注釋】

1：新力公司在二〇〇九年全球統一中文名稱為索尼。

第八章

德儀迷途

一九七二年起

一九七二年一片光明

在我晉升為德儀全球半導體集團總經理時（一九七二年春），全公司正在興奮和慶祝心情中。一九七〇至七一年的美國經濟不景氣，看起來已過去；德儀所有業務都看好。董事長海格底在一九六〇年為公司定的長期營收目標——十億美元，看來在一九七二或七三年就可達成，現在已在醞釀新目標——三十億美元，預備在十年內達成。隨著自己定的目標即將達成，海格底抱著「功成身退，讓下一代年輕人接棒」的態度，已告訴董事會他預備六十二歲（一九七五年）退休，交棒予夏伯特（注1）。

我接管半導體業務，不過是全部人事布局的一部分；夏伯特在三年後就要接董事長位，他要在三年內訓練彪希成為總裁；那麼，我就順理成章地接了彪希的職務。

夏伯特的野心

夏伯特追隨海格底多年，深感海格底的貢獻在於為德儀開闢新事業。的確，當海格底進入德儀前身「地質測驗公司」時（一九四五年），德儀的生意只有地質測驗一小塊，此後二十幾年內，海格底先後把德儀介入國防系統、半導體、材料與控制。現在這些新事業，尤其半導體的規模，都已遠遠超過德儀起家的地質測驗。

這些是海格底的「大有為」，現在，夏伯特認為他的「大有為」的時間和機會到了，夏伯特怎麼「大有為」？

長久潛伏德儀的「消費者產品」的誘惑，在這時間點上，與夏伯特的「大有為」野心，做了一個（對德儀）致命的交集。

消費者產品的誘惑

「消費者產品」是銷售給社會大眾的產品：食品、衣服、汽車、自行車、機車、收音機、電視機、個人電腦、手機等等都是「消費者產品」。一直到七〇年代初期，德儀不做「消費者產品」，但是在電晶體開發初期，海格底曾與一家小型「袖珍收音機」公司密切合作，藉以推廣電晶體市場，這是一場很成功的合作，參與這合作的德儀高層經理人，包括夏伯特，都感受到消費者市場規模的威力。後來，積體電路功能快速進步，成為許多電子「消費者產品」的核心，甚至許多「消費者產品」只把若干積體電路及其他零件包裝而已。見到這種「消費者產品」，有些人不禁要想：「為什麼要讓包裝商賺這麼多錢？最重要的元件是我們做的積體電路，我們只要買些別的零件，再把整個東西包裝起來，就可以多賺很多錢。」

這種思想，在一九七一、七二年期間，計算機剛開發時，達到顛峰。計算機只有三個重要元件：積體電路、顯示器和鍵盤，德儀通通生產。有了這三個元件後，剩下來的工作只是用塑膠殼包裝而已。德儀賣積體電路、顯示器和鍵盤予計算機公司的售價約幾十美元，而計算機在百貨商店的零售價在七〇年代初期高達兩百多美元！為什麼德儀只賺幾十美元，不賺兩百多美元的錢？

當然，當德儀真的一股腦投入計算機生意時，馬上就發現「消費者產品」生意與德儀習慣的國防及半導體生意完全不同，而且並不那麼容易做。更糟的是，兩百多美元零售價只是一個泡沫，很快地跌到幾十美元，後來跌到十幾美元。三十多年後的今天，一般計算機的零售價仍在十幾美元左右（「科學計算機」售價較高，但市場很小，與六、七十年前的「算尺」市場差不多）。

野心與誘惑的致命交集

一九七二年，幾乎與我接任半導體集團總經理同時，夏伯特「大有為」的野心，與在德儀潛伏多年的「消費者產品」誘惑，做了一個致命的交集，夏伯特宣布德儀進入「消費者產品」事業，先以普通計算機開始，接下來會有「科學計算機」、電子錶、家庭電腦等；他同時宣布，德儀要利用它在半導體的優勢，全力支援消費者產品的發展。

一九五〇年代以成功經營半導體事業崛起的夏伯特，在一九七二年已與半導體業脫節。他並不充分了解一九六五年提出的「摩爾定律」，也不了解半導體還有許多年快速成長。事實上，從一九七二到二〇〇〇年，世界半導體市場每年平均成長率一五％，德儀只要專心做半導體，保持它的半導體市占率（一〇％），它的半導體集團就可以在公元二〇〇〇年達到兩百二十億美元營收，已遠遠超過全公司的二〇〇〇年營收目標：一百億美元。

夏伯特想「大有為」沒有錯，錯的是他的方向。他只要專心繼續耕耘半導體，德儀就可以超出他的長期目標，但他開闢了德儀不熟悉的新戰場。夏伯特不但分散了德儀的焦點，沒有給半導體足夠資源，他更分散了德儀半導體集團的焦點。本來德儀半導體集團的焦點是外部市場，現在，夏伯特卻欽定「服務內部客戶」為半導體集團首要任務；而且，他把半導體集團當作消費者產品集團的人才庫，調走了不少經理及技術人才。

一九七二年我的「大升級」，成為集團副總裁暨全球半導體集團總經理，只帶來暫時的興奮和喜悅，即將來臨的是六年的奮鬥，尤其是對公司內部環境的奮鬥。

【注釋】

1：後來一九七五年景氣不好，原定接班人夏伯特認為海格底如此顯赫功績，不應在景氣黯淡時退休，所以把海格底的退休以及他自己的接班延後了一年。

第九章

半導體集團總經理的奮鬥及掙扎

一九七二—一九七八年，四十一至四十七歲

英特爾崛起

一九六八年，在我任德儀積體電路總經理時，創業投資家阿瑟・洛克（Arthur Rock）邀請諾艾斯（Robert Noyce）和摩爾（Gordon Moore）創辦英特爾。這是當年科技界的大新聞。

我自五〇年代後期就認識諾艾斯和摩爾，那時我每年都參加十月在華盛頓召開的「國際電子元件會議」（International Electron Devices Meeting, IEDM），諾艾斯與摩爾都在快捷半導體任職，諾艾斯是總經理，摩爾是他的研發副總，他們兩人每年輪流參加此會，我與他們每次在會議中見面都有愉快的交談，有時還與別的會友一起出去喝酒、吃飯、在深秋夜晚唱歌回旅館，那時我們都年輕，三十左右，自以為已進入了一個前途無限的行業，自己也變成前途無限了；年輕人在他們的憧憬和希望裡，享受無窮的樂趣。

摩爾長我兩歲半，諾艾斯長我三歲半，我們幾乎同時進入半導體業。他們的學歷遠勝過當時的我，諾艾斯是麻省理工的物理博士，在博士論文上就已研究半導體物理；摩爾是加州理工學院博士。他們兩位都在得了博士學位後才進入半導體業；而我進入半導體業時只有一個與半導體無關的機械碩士學位，我的半導體知識，在初期完全靠自修，直到進入半導體業六年後才有機會到史丹佛讀半導體博士。

在快捷，諾艾斯和摩爾就企圖以技術取勝，也常成功；例如：諾艾斯本人就是積體電路共同發明人，而快捷的「平面化」技術也是積體電路實際化的主要原因。快捷吸引了不少技術人才，包括諾艾斯和摩爾的「背叛八人」（指他們背叛蕭克利離開蕭克利實驗室）就有七人有技術專長，後來快捷又僱了剛從匈牙利逃難到美國入大學讀博士的安迪・葛洛夫（Andy Grove）。

諾艾斯和摩爾在快捷任職十年，為快捷打造出一個像模像樣的半導體部門，但他們自己並沒有致富，而且他們認為半導體部門賺的錢，都被總公司拿去，不讓他們全力發展半導體部門。就在這時間點，創投家洛克邀請諾艾斯和摩爾創辦自己的公司。洛克的誘餌是新公司的股票。洛克先問諾艾斯和摩爾：「你們每人有多少流動財產（不要計入你們的房子、汽車的價值）？告訴我。」諾艾斯和摩爾的流動財產都是二十幾萬美元，洛克要了他們每人的二十四萬五千美元，賣給他們每人一二・二五％英特爾股票（注1）。

這是五十幾年以前的事，現在諾艾斯早已過世，但摩爾還在（注2）。二〇一八年《富比士》雜誌的財富調查：摩爾的財富八十五億美元——起源就是那一二・二五％英特爾股票。諾艾斯、摩爾創辦英特爾後，僱進的第一號員工就是在快捷追隨摩爾的安迪・葛洛夫。

以後的三十幾年，諾艾斯、摩爾和葛洛夫相繼為英特爾的總裁和董事長。這三人組合是一個黃金組合，三人均有傑出的技術背景，諾艾斯又是一個富有魅力的領導者，也是精明的商人；摩爾有敏銳觀察力（摩爾定律就是他觀察力的明證），也是腳踏實地的領導者。葛洛夫與摩爾共事最久，與摩爾有互補功能。摩爾比較溫和，而葛洛夫是嚴格的紀律執行者。

我接掌德儀半導體集團時（一九七二年），英特爾已是強勁的德儀競爭對手，以後六年（一九七二至一九七八年）我任半導體集團總經理的主要競爭對手，就是英特爾。

德儀的人才問題

面對以技術取勝的強勁競爭對手，我最大的挑戰就是要找技術人才。現在先回憶一下當時（一九七二年）德儀的人才情況。

我在「自傳上冊」提過，當我初加入德儀時（一九五八年），德儀員工幾乎都是德州人，我和基比是極少數的「外省人」（我來自麻省的波士頓，基比來自俄亥俄），我們也因此建立了一層「外省情感」；在接受外省、甚至外國人這點上，德儀在一九五八至一九七二這十幾年內，有很大的進步，一九七二年的德儀已非德州人的天下，德儀已是世界級的公司，吸引全世界的人才。

一九七二年，德儀半導體絕大部分員工都在達拉斯、休士頓兩城市。這兩個城市都相當適宜居住。

德儀並不缺乏生產部門的技術人才，也不缺基層技術人才的來源，德州大學奧斯汀分校是一個相當優秀的學校，每年供應足夠科技學士和碩士。德儀缺的是高階、有創意、有五年以上經驗的MOS研發人才。這個缺口有它的歷史淵源。如第六章所述：一直到一九六八年，MOS不被德儀重視，導致那年全部MOS研發人員出走，此後德儀重起MOS爐灶，又被比較容易做的計算機IC吸引，而忽略了市場極大、但比較難做的記憶體，直到一九七一年，MOS積體電路歸我管，才把部分注意力放還到記憶體上。

在德儀轉折過程中，英特爾倒是一心一意地發展MOS。他們開發了好幾種不同的記憶體；更重要的，他們在一九七一年發明了微處理器；他們實現了「以技術取勝」的策略。

當然，在我領導下的德儀半導體集團要急起直追了，但是在我接任初期，我就發現在吸引人才上，有兩個揮之不去的困難：

第一，英特爾是新創、尚未上市的公司，它可以給予優秀人才不少股票或股票承購權（兩位創辦人每人獲得一二．二五％股權就是一例），而這些股票或承購權往往被獲得者視為奇珍異寶，因為它們含的是未知價值（上市後的股價）。相反地，德儀是上市已久的成熟公司，股價波動不大，而且只有最高層或非常傑出的人員才獲得承購權。

第二，英特爾位處矽谷，很容易從競爭者那裡吸引人才。那時流行的一句話：「假使你在矽谷換公司，不必遷居，只要每天早上朝另一方向開車就可以了」；還有一點：矽谷流動率高，如果你覺得換錯公司了，儘可以再換一個公司。相反地，德儀獨處德州（注3），要一個人才帶家攜眷搬到德州，這人得做一個相當大的決定，尤其在一九七〇年代，夫婦兩人同時工作已是常態，要說服一個人到德儀來，還要說服他（或她）的配偶；更何況，雖然達拉斯和休士頓是很適宜居家的城市，但在氣候、文化、子女教育上，許多人還更喜歡矽谷。

總之，在吸引高階研發人才上，我任半導體總經理初期（一九七二至七四年）就有這兩點揮之不去的困難，但我還能增加研發經費，還能繼續找人；到了中後期（一九七五至七七年），德儀消費者產品集團開始經營困難，公司賺錢的責任幾乎都落在半導體集團身上，我增加研發經費的要求，屢被夏伯特、彪希駁回，我連僱新人的本錢都沒有了！

但是畢竟初期僱進來的新人，奠定了德儀此後二十餘年在記憶體的地位。

「記憶體」的奮鬥

「記憶體」在資訊世界用途極廣、市場極大，而七〇年代初期MOS技術的突飛猛進，正是最有利於記憶體的發展。我自一九七一年接掌MOS單位，七二年又接掌全部半導體業務後，一直把「深入記憶體市場」作為首要任務。

七〇年代初期，英特爾的一K記憶體（注4）是市場熱門貨，我在「自傳上冊」也曾提到，德儀電腦部門為了要英特爾的一K記憶體，託我找英特爾，我打電話給英特爾董事長諾艾斯，結果與他做了一個交易：他供應了記憶體給德儀電腦部門，而我供應了矽原料給英特爾。

不但英特爾，一九六九年背叛德儀的工程師（見本書第六章）組成的Mostek公司，也在生產一K記憶體，與英特爾一起享受這大好的市場。

德儀把大部分精力放在計算機IC上，做不出一K記憶體。

一九七一、七二年之際，我僱了不少新人，新人中包括幾位有經驗的「高手」，我把他們都放在記憶體上，與他們討論後我做了一個重要的策略決定：放棄一K，全力開發下一代記憶體：四K！

當時，的確還有一番到底下一代應該是二K或四K的討論。但我選擇了比較大膽的四K，我認為：我們的新一代記憶體應該把競爭者甩得遠一點。這個我在德儀的決定，倒是為世界記憶體業界開了一個先例：以後每一代都比前一代多四倍記憶粒（bits）。

四K計畫的主導工程師是華裔美籍 Clinton Kuo。他的團隊不負大家所望，兩年後（一九七四年）就把四K開發出來。我們立刻開始量產。一九七四至七六這三年，是德儀在記憶體上非常光輝的年代，德儀在四K的市占率超過五〇%。但是我們沒有把競爭者甩得很遠，Mostek 比德儀稍晚推出了他們的四K。他們的四K是另一個「技術標準」，而且性能較德儀稍優。

一九七四年四K研發團隊成功地完成了他們的開發，而且交棒給生產部門後，我立刻派他們開發十六K。同時，我也組新團隊，開發別的記憶體（如SRAM、EPROM等），它們市場較小，但也很重要。

在一九七五年全公司一年一度策略大會中，我宣布：「四K戰役已結束，我們大勝，十六K戰役即將開始。」

但是德儀十六K的開發，不如四K那麼順利。同一個研發團隊，在上一代技術成功，但在這一代技術就遲遲繳不出卷。反過來，Mostek 倒反而開發成功，開始量產了，而且用的

「技術標準」與他們的四K相同，而與我們的四K及我們開發中的十六K不同。

對我來說，十六K最大的失敗就是我們沒能保住我們的「技術標準」。我們在四K上樹立了自己的「技術標準」，享受最高的市占率，只留了兩條路給競爭者：一條是Mostek採取的，仍舊做自己的「技術標準」，雖然在四K上，他們的市占率很低，但增加了他們技術的本錢，說不定下一代有「東山再起」的機會；果然，Mostek在十六K上「東山再起」了。

另一條路就是摹仿既立的標準，那時（七〇年代）這種摹仿完全合法，只需要一個不必創新，但有相當基礎能力的工程團隊。在四K戰役內，好幾個競爭者就摹仿德儀，結果也不過是分食德儀吃不下（因產能不足，或價格太低）的殘羹。

一九七六年，我們的十六K「遲到」，大家都開始著急。我相當堅持我們不折不撓，繼續做我們的技術標準，但彪希和夏伯特認為有必要成立一個不對我報告的工程團隊，摹仿Mostek的十六K。

一九七七年，我的十六K團隊還是做不出來，摹仿團隊倒摹仿出來了。到此地步，我也不得不優雅地接受摹仿的產品，命令生產部門把它量產，而且命令我的十六K團隊放棄他們遲遲未完成的工作。

正如我早就預測，德儀十六K摹仿品銷售並不好；但它讓德儀在十六K占一席地，而且讓夏伯特與彪希感覺他們做了一件好事，他們彌補了我的錯誤！

也許我真的犯了一個錯誤，也許他們真的彌補了我的錯誤吧，但是他們大大地傷害了我在德儀的地位！他們的行為——另設一個不對我報告、不對我負責的單位，開發我的重要產品——明顯地表達了他們對我的輕視。德儀一直是一個威權統治的公司，現在最高層看不起我了，我的同事知道，我的下屬也知道，我又如何自容？

如果他們真的要幫助我，他們大可在另設單位前，對我說：「我們可以從總公司研究所暫調幾個有經驗的工程師給你，你趕快成立一個平行計畫，摹仿Mostek的十六K。萬一你現在的計畫做不成，這計畫可做後援。」如果他們這樣說，我絕對會欣然接受。我沒有成立平行計畫的主因是我沒有工程師可派到平行計畫去，如果他們調人給我，我絕對會把平行計畫設立起來。

在我指示十六K團隊放棄他們未完成工作的同時，我也指示他們加緊開發下一代記憶體——六十四K。一九七七年是我任半導體集團總經理最後一年，在這一年中，我去休士頓幾十次——幾乎每星期都去，大部分時間都花在六十四K的討論上，我和整個六十四K團隊都帶著十六K的恥辱，我們要在六十四K上雪恥！

團隊後來雪恥——六十四K非常成功，但對我來說，六十四K的成功來得太晚。第一批成功的樣品出來時，我已被調任消費者產品總經理，但我收到一封六十四K團隊連署的非常溫暖的信，告訴我第一批樣品已做出，全信語氣把我視為與他們同在一條陣線上的戰友，而不只是前任上司，這是最使我感動的一刻。

二〇〇五年，在我離開德儀二十二年後，德儀出版了官版歷史，對六十四K有如下的記載：

德儀在六十四K記憶體領先競爭者的地位，以及其創新做法，產生了許多強大專利權，這些專利權後來成為德儀的重要資產（注5）。

為什麼六十四K產生的專利權，後來成為德儀的重要資產？因為在八〇、九〇年代，德儀業務不振，財務困難時，德儀靠專利授權收入過活，而六十四K自主研發產品的專利權，正是德儀專利權資產中重要的一部分。

計算機 IC 的成功、波瑪案

我在德儀大部分年數中，海格底是董事長。他是一個很有遠見的企業家，也是一個有豐富想像力的工程師。在一九六〇年代，機械式桌上型計算機是相當笨重的機械。我還記得我在麻省理工念碩士時，為教授計算「熱力表」，成天到晚要扳機械式計算機的把柄。六〇年代的計算機仍與我在麻省理工用的相同，是相當笨重的機械。海格底在一九六六年有一天與基比（積體電路發明人）聊天時提起：如果我們能做出一個可以隨身攜帶的計算機，一定會有很大的市場。

那時我還在做我的矽電晶體單位總經理，還沒有資格過問這個「創意」，但基比召集了一個小團隊，把當時德儀已在生產的積體電路、熱力印表器、鍵盤等等，拼拼湊湊，居然在一年內，拼成了一個可運作的計算機模型，雖然以「隨身攜帶」而言還稍嫌笨重，但的確展現計算機的全新觀念和面目。只是，基比和他的團隊認為他們的模型離量產還很遠，就把這模型送給半導體集團總經理（那時是彪希），讓他放在辦公室裡的書架上，也許也帶有「啟發」的意思吧。

根據彪希自傳，一九六八年十月，他在辦公室接見日本佳能（Canon）公司總裁（佳能是德儀大客戶），讓這總裁看「隨身攜帶」計算機模型，總裁的「眼睛張得像盤子那麼大」，彪希立刻就與佳能總裁談成交易：佳能開發及行銷計算機，德儀獨家供應積體電路。

佳能的計算機在一九七〇年問世，同時，一家美國公司——波瑪（Bowmar）也推出相似的計算機，也用德儀的積體電路。一九七〇年佳能計算機的零售價是四百美元，波瑪零售價兩百五十美元，七〇年代初期正是計算機公司大好賺錢時光。

我在一九七一年接掌MOS業務單位時，正是該業務單位如火如荼做計算機積體電路時，生產方面供不應求；研發方面要減少每一部計算機的積體電路晶片，從四個晶片減到兩個晶片，再從兩個晶片減到一個晶片；在行銷方面，總是在回答客戶催貨或催研發。

那時MOS是我屬下的新單位，與我所有舊單位一同對我做季報。在季報中每單位主管報告他的業務。聽了MOS主管一、兩次季報後，一位舊單位主管（名歐尼爾）對我說：「MOS怎麼能做得好？」我問：「為什麼做不好？」他說：「他們每兩句話必有一個字：calculator（計算機），這樣單一產品市場的生意，怎麼能持久？」

歐尼爾早已逝世矣，但他的警語，常在此後四十幾年迴響。就講最近幾年吧，在某個時期，某些台積電經理人每兩句話必有「比特幣」，或「某客戶」，或「智慧手機」，在那些時刻，歐尼爾的話就迴響在我耳際：「這樣單一產品市場的生意，怎能持久？」

至少歐尼爾在一九七一年的德儀是對的。我花了九牛二虎之力，才排擠出資源放在記憶體和微處理器上──這兩項長期重要的項目。的確，計算機ＩＣ給了我們ＭＯＳ幾年的榮景，但嚴重問題在一九七二年就開始。

一九七二年，消費者產品市場的誘惑與夏伯特「大有為」的野心做了一個致命的交集──德儀推出自己的計算機，德儀半導體集團被欽命為德儀消費者產品集團的獨家供應商，德儀自此迷途。

佳能、波瑪，還有幾家別的小公司又困惑、又震怒。他們的獨家供應商和他們競爭了！但他們也無計可施。那時德儀是最大的計算機ＩＣ供應商，而且整個市場還在供不應求情況下。

在供不應求情況下，我們怎麼分配我們的產出？這是我們的問題，我不需要太加思索就達到以下的結論：無論在法律上，商業道德上，甚至現實商業利益上，我們必須平等對待所有客戶，當然也包括德儀自己的消費者集團。

董事會也擔心這問題，在一次會議中（我那時常列席董事會），海格底問我這問題。因為我已有結論，所以我用平常心態，報告我們的公平原則，以及我們已擬好的執行辦法。海格底和好幾個別的董事都表示滿意。那時已是董事的彪希也在座，但他不發一言。

想不到的，是我回到辦公室後的當天下午接到一封彪希的電郵（注6）：「無論董事會說什麼，你必須優先分配產出給消費者集團。」

我立刻感覺：這是一個荒誕的指示。它違背商業倫理，也違背董事會的意志。

我立刻決定：我不能服從這指示，我還是照我對董事會報告的公平辦法做。

默默地把彪希電郵紙本丟進我腳邊的「碎紙機」裡，也沒有告訴任何人彪希的荒誕指示，反正我們早已擬出來的公平分配辦法，現在既不改變，我也不必告訴任何人。

一年過去，一九七四年下半年美國經濟開始下滑，計算機市場萎縮，計算機價格崩潰，德儀消費者集團的業務大受影響，半導體集團的計算機IC生意也一蹶不振。雖然美國經濟在一九七六年復起，世界半導體市場也在七六年復甦，但計算機IC卻似一個破碎的泡沫，不能重圓了。

波瑪在一九七五年宣告破產，破產時發了一記回馬槍：控訴德儀不公平交易，要求巨額賠償。在美國，一有控訴時，法庭立刻禁止被告毀壞任何有關文件，不久後德儀辦公室就被搜索。居然在彪希辦公室的檔案裡，搜索到他當年發給我的指示：「無論董事會說什麼，你必須優先分配產出給消費者集團。」波瑪如獲至寶。

一九七六年法庭開庭，我算是一個重要證人，作證地點在達拉斯一個旅館房間，出席者除我外，只有法庭記錄員，波瑪律師及德儀律師，作證時間排了三至五個整天，事實上我被反覆盤問了整整三天。

大約在第一天的下午吧，波瑪律師出示彪希寄給我的電郵指示：「你見到過這個嗎？」

我略看了一下，照實回答：「見過。」

「那你在接到彪希指示後，有什麼行動？」

「我沒有遵照他的話。」

波瑪律師驚異了，接下去是一長段關於這指示的反覆盤問。但是在三天的作證中，我堅守了我的立場——我冒了不服從上司指示的危險，公平分配產出給所有客戶，包括德儀自己的消費者集團以及波瑪。我想波瑪一定也召喚了別的德儀證人，他們一定也證實了我的話。畢竟，事實站在我這邊。

總之，在許多證人作證了許多月，雙方律師都賺了不少錢後，看起來波瑪的控訴還是不能成立；這時法官希望雙方和解。德儀律師勸夏伯特不必賠償，但夏伯特為了避免麻煩，接受一個象徵性的賠償金額，波瑪很快同意，這案子就此結束。

為什麼在波瑪案上，我違反了上司的指示？也許這就是我從小從家教、學校教育、社會教育得來的價值觀吧。我沒有以此為傲，我只認為我選擇了當然要選擇的路。

我稍覺奇怪的倒是：夏伯特和彪希始終沒有對我提起我沒有服從彪希的指示，夏伯特一定知道這件事，因為波瑪案當時是德儀的大案子，夏伯特一定知道證人重要的證詞。夏伯特和彪希沒有讚賞我可能為德儀省了不少賠償費，但是，他們也沒有懲罰我違反上司的命令，至少在一九七六年還沒有。

也許他們認為我「功過相抵」？

微處理器的多頭馬車

正在德儀忙著做計算機ＩＣ時，英特爾在一九七一年發明了微處理器；發明微處理器後，英特爾放棄計算機ＩＣ，而專攻記憶體和微處理器。後來的市場發展，證明這是高明的策略，因為計算機ＩＣ幾年後就變成泡沫，微處理器市場卻逐漸擴大，而且成為英特爾幾乎獨霸的市場。幾十年來，它一直是英特爾的「麵包籃」。

我當然了解微處理器的重要，自一九七二年起就開始研發工作。但是，德儀消費者集團以及「利用德儀半導體優勢以發展內部客戶」的策略，立刻成為德儀微處理器的大障礙。內部客戶包括：電腦、消費者產品、國防系統部門。他們都需要微處理器，夏伯特和彪希對半導體部門的指示就是：「微處理器設計構想必須要內部客戶同意」，這樣一來，半導體集團連協調內部客戶都來不及，當然無暇顧及其實比內部客戶更重要的外部客戶了。

英特爾沒有內部客戶，他們微處理器工程師的使命非常簡單：做出最廣銷路的微處理器！德儀微處理器工程師卻要先滿足好幾個不同需求的內部客戶。

當然，身為微處理器發明者，英特爾更有它「先發制人」的優勢。在一九七一至一九七八這七個關鍵年頭，英特爾穩健地從四位元微處理器做到八位元，再做到十六位元。德儀開始就落後，但內部客戶需要十六位元，所以半導體部在尚未站穩四位元時，就立刻跌跌撞撞地跳到十六位元。

在許多工程師努力下，居然在一九七八年把十六位元微處理器趕出來了，剛巧那年，IBM決定投入個人電腦市場，而且不自己開發微處理器（IBM也有很強的半導體部門，有足夠能力開發微處理器，只是他們決定自己開發太慢，不如到外面採購）。IBM到三家半導體公司——德儀、英特爾和摩托羅拉——調查每家公司的微處理器能力。調查結果：決定向英特爾採購。

IBM個人電腦，肩負著IBM品牌——當時全世界資訊界最高價值的品牌——在一九八一年進入市場。它普遍化，也標準化了個人電腦。自此以後幾十年，個人電腦市場快速成長，而ＩＢＭ採用的硬體——英特爾微處理器，和軟體——微軟的作業系統，也成為此後個人電腦的「技術標準」，英特爾（和微軟）的命運，也隨波而起；相對地，德儀漸漸失色。

德儀微處理器不是有內部客戶嗎？他們到哪裡去了？的確，國防系統用了少量；電腦部門決定不用半導體部門的微處理器；倒是消費者產品部門決定用半導體部門的微處理器來開發「家庭電腦」。

「家庭電腦」在一九七九年問世，起初訂價太高，銷路不佳，撤回重新設計；一九八一年再問世，這次訂價甚低，銷路很好，但卻是賣一個虧一個；一九八三年競爭加劇，價格更低，虧本更嚴重，撐到一九八四年，家庭電腦的虧損已經到了要拖垮全公司地步；終於，夏伯特和彪希決定完全退出家庭電腦市場。

沒有外部客戶，只有內部家庭電腦這一個大客戶的德儀微處理器，也與德儀家庭電腦同歸於盡。

拉吧廠

更加深德儀在尋覓人才上的地理及沒有股票承購權劣勢，是彪希在七〇年代中期的決定：命令半導體集團在拉吧城（Lubbock）建尖端技術晶圓廠。

拉吧是位在德州西部，距達拉斯約五百公里的小城市（一九七五年人口約十五萬），與達拉斯有直接航線，飛行時間約一小時，所以交通尚稱便利，但絕對不在達拉斯「一日生活圈」內。對住慣大城市（達拉斯、休士頓、矽谷）的技術人才來說，拉吧絕對是他們不想去住的窮鄉僻野。那麼，為什麼彪希要在那裡建晶圓廠呢？

原來彪希是在離拉吧不遠的鄉下棉農家庭出生，對少年彪希，拉吧是一個繁華城市，後來他上拉吧的「德州技術學院」，在那邊獲得學士、碩士學位，當然與拉吧情感更深。

少年對一個地方的傾慕，往往成為一生回憶的資產。如我在小學時傾慕香港為「世外桃源」，在高中時傾慕上海為「東方巴黎」，儘管我後來到過許多比香港更美麗、更安詳，比上海更繁華的地方，但是每當我想起少年的香港和上海時，我仍有美好的緬懷。

不過，我沒有要德儀去上海或香港設廠。

彪希卻不同了，當他接執行副總裁時（一九七二年，與我接半導體總經理職同時），他就開始在拉吧建廠，命令新成立的消費者集團搬去，以拉吧為他們的總部。幾年後，彪希又命令半導體集團在拉吧建高科技ＭＯＳ晶圓廠。

讀者應該記得（本書第六章）：一九六八年德儀命令那時德儀僅有的ＭＯＳ研發小團隊從達拉斯搬去休士頓時，惹得全團隊辭職。現在，同樣的戲似乎大規模地重演了，而且從「適居」考量上，拉吧問題遠比休士頓嚴重。休士頓到底是一個比達拉斯還大的城市，而且也有它中上階級的住家地區；拉吧卻只是一個小城市，缺乏好的餐廳、大型的購物商場，沒有球隊，也沒有像樣的音樂表演或博物館。

對我這個總經理比較有利的倒是：時間。一九六八年休士頓決定是突然的，今天告訴ＭＯＳ團隊搬，幾個月後就真的要他們搬；拉吧晶圓廠的決定，卻有一、兩年的緩衝時間。在宣布晶圓廠時，廠還未開始建，等到建完要搬大批人，那是一、兩年後的事了。

但是，拉吧的確增加了我留人才、僱人才的困難。

自製生產設備的迷思

差不多有三十年光景（自一九五〇年至一九八〇年），德儀奉行「垂直整合」、「協力合作」原則。夏伯特命令國防系統、電腦、消費者產品等各部門採用半導體部門的ＩＣ（同時命令半導體部門的設計必須符合「內部客戶」的要求）。同時，半導體部門自己也「垂直整合」，自矽原料到ＩＣ生產設備，半導體部門儘可能自己開發及生產。在半導體發展初期，ＩＣ生產設備供應商不很成熟，規模亦小，所以德儀的確有「自己做」的道理；的確，在五〇、六〇年代，德儀自己開發了一些ＩＣ測試儀器以及自動接線機器，都較市面上的為優。這些儀器或機器的開發工程師，也成為公司的功臣。

問題也就出在這裡，這些五〇、六〇年代的功臣，都在年輕時就追隨夏伯特，到了七〇年代，他們已邁入中年，但仍想繼續為公司立功，但是他們的所長——生產設備機械工程，已被外面的設備供應商趕上，況且，外面的供應商可以服務整個半導體業，有一個大市場，而德儀生產設備部門，只有一個小市場——德儀半導體部門。

在我任半導體集團總經理的六年（一九七二至七八年），我很想讓我們研發部門自由選擇外面供應商的生產設備，而縮小德儀自己的生產設備部門。因此，我也成為過去「功臣」的敵人；他們資歷比我深，與夏伯特享受無拘束的友誼，有什麼問題可以直接去找夏伯特。不知道多少次，夏伯特來找我：「你自己不開發生產設備，怎麼能勝過競爭者？」

我的回答總是：「我們以優越ＩＣ設計及製程取勝，不管誰製造生產設備。」

但是在一九七〇年代，夏伯特已不懂設計和製程，所以在「生產設備由誰開發？」問題上，我全盤皆輸。最大的輸是整條「光阻」線，這是MOS IC製程中非常重要的一部分，價格相當昂貴，日本供應商可以供應此生產線，但德儀的生產設備團隊堅持由他們自行開發，我力爭，我認為隨著生產技術日新月異，生產設備也需要隨時進步，應該讓享有廣大市場的設備供應商負責，但是我輸了！不但沒有得到在外面買設備的自由，反而被夏伯特和彪希賞上「頑固」、「不夠靈活」的汙名。

這次輸局的唯一慰藉來自我卸任半導體總經理後的發展。一九八〇年，德儀日本美浦晶圓製造廠開工，忽然消息傳到總部，美浦廠的良率，在同一產品上，遠高於德克薩斯廠。夏伯特震驚了，要大家調查兩個廠的差異。調查的結論是我老早就可預測的：最大的差異來自工程師、領班、設備工程師，和作業員的素質及訓練；但另一個差異是：日本廠的光阻線設備是在市場上買現成的，德克薩斯廠用的卻是德儀花了許多經費自己開發出來的。這並不證明市場現成的比自己開發的好，但至少證明市場現成的也可以達到高良率。經過這事件，德儀的自製生產設備計畫壽終正寢。七、八年前我的「力爭」不但沒用，而且傷害了自己。現在，不用任何人力爭，已經沒有人敢要求公司出經費讓自己開發生產設備了。

「公司已不重視半導體？」

這問題在德儀投入消費者產品（計算機、電子錶、教育玩具、家庭電腦等）（一九七二年）前，從未出現過，半導體造就了德儀！半導體是德儀的靈魂！

在消費者產品初期（一九七二至七五年），這問題也稀少被問，在那時期，夏伯特和彪希對新成立的消費者產品事業抱著無限的憧憬，他們也視半導體事業集團為必須的夥伴，畢竟，所有的消費者產品關鍵零件都來自半導體。從半導體角度看，我們覺得內部客戶是一個很討厭的客戶，它影響了我們的研發和生產計畫，也阻礙了我們對外部客戶的發展，但它畢竟也是一個大客戶。

一九七五年計算機、電子錶市場崩潰，整個德儀營收倒退一三%，大部分因為消費者產品事業的崩潰。夏伯特和彪希對消費者產品的憧憬破滅，他們發現：原來消費者生意也不是那麼好做的，但他們距離「壯士斷腕」，放棄消費者事業還遠；同時，他們設法彌補消費者事業的虧損，這就要從公司中獲利最高的半導體事業集團身上動手了。一九七六、七七年是我任半導體集團總經理的最後兩年，在這兩年中，我幾乎每月都被要求增加營收和獲利，那時我們研發經費只占營收四．七%，這是在同業中非常低的研發對營收的比重，我想增加到五・五％，但通通被彪希駁回；可以「早交」的貨我們就「早交」，也不管這對公司有害，因為客戶付款不會因為我們「早交貨」而提早，反而他知道我們急了，所以下次議價時他會更強硬；行銷費用也要減，一切費用都要降到最低，一切人事都要縮到最小。

這一切都是為短期績效，對德儀的長期健康，絕對有害，那麼為什麼夏伯特和彪希要我這樣做？為什麼我也跟著他們走了兩年？說穿了，夏伯特拚命要半導體彌補消費者產品集團的虧損是為了他好強的個性，不肯承認他自海格底接手的最大決定——進入消費者產品——是一個大錯誤；彪希忠誠地執行了夏伯特的命令，是因為彪希要保持他是夏伯特繼承者的地位；我為什麼遵從了他們的命令，做我不喜歡做的事兩年之久？因為過去十八年德儀對我太好了！教我怎麼做總經理，怎麼從基礎建立一個企業，讓我實現了我的「美國夢」……如今忽然有一百八十度的轉變，我想：「這是暫時的吧？很快地，我們該又會回到過去理性、快樂的德儀吧？」

事實上，一直到我七年後離開德儀，德儀一直沒有回到過去理性、快樂的德儀，回不去了！甚至我離開後，到現在已經三十多年，據我所聽聞，德儀也從未回到黃金時代的德儀。六〇、七〇年代初期德儀，正如神話中的「卡美洛」（Camelot），只在一個短時期存在，而我恰恰與這時期碰上了。

但是在我一九七六、七七煎熬的兩年，「公司已不重視半導體的未來？」這問題就常被半導體集團的副總級人員問。問的對象當然是我，因為我是半導體總經理。當我細心解釋公司要倚賴我們在短期內多賺點錢，以彌補消費者產品的虧損時，他們不能接受這解釋，他們大部分沒有我的十八年美好回憶，他們對我的簡單回答是：「別的半導體公司，例如英特爾和摩托羅拉，非常重視半導體的未來。」

我屬下十幾位副總，兩位走了，一位去英特爾，一位去摩托羅拉。當然，德儀半導體的班底很強，走了兩個副總也很容易補上，但對我個人聲望，手下副總走人畢竟是一件壞事，我的日子更難過了。

彪希的怪誕與夏伯特的茫然

一九七七年是我任德儀半導體集團總經理職六年的最後一整年，那年半導體集團的營收七億美元，毛利率四〇%，營業利益（毛利減掉營業費用——包括研發、行銷及一般管理費用）一億一千兩百萬美元，為營收之一六%，研發僅占營收四．七%，資產報酬率（ROA）為二九．五%。德儀在全球半導體市場占有率持平於前一年（約一〇．五%），遙遙領先任何競爭者；雖然英特爾憑其MOS技術，已急起直追。

這些數字代表的業績，只不過是我在任六年的持續，在半導體「戰國時代」的當時，我們著實是業界之冠。

即使半導體集團業績優異，但我明顯地感受到在經營理念上，我與彪希、夏伯特已走上異途。我要大幅增加研發，他們卻要我擴大當前的盈餘；我認為外部市場是我們的主要市場，他們卻認為內部客戶才是半導體集團的最重要客戶；我要在外面買生產設備，他們卻要我自己開發生產設備……。彪希和夏伯特對我的態度也有明顯的改變。一直到一九七四、七五年，他們是我的支持者。現在，他們已變成為我的批判者，見面談的也變成有保留而且僵硬。

在一九七〇年代，彪希和夏伯特雖已貴為總裁及董事長，但仍親自主持或參加各業務集團的季報。半導體集團是公司最大的集團，所以我們的季報往往需要一整天，至少有十幾位副總級經理人輪流報告。我一向與下屬溝通無礙，也熟諳內部業務，所以不認為我需要聽季報，而認為季報主要為彪希與夏伯特所設。當然，幾乎每次季報我都奉陪出席，偶然也會問幾個問題，做一些評論，但如我有要事（例如訪問重要客戶），我也從不猶豫在季報時出差，而讓彪希主持該季報。

就在一九七七年，有一次我缺席時（好像是要去歐洲處理一個人事問題），彪希在聽了一整天報告後，跑上台去做了一個冗長的、強烈批判性的結論。他不但批判了好幾位報告人的業績，而且還說莫理士的領導不夠強力。據我下屬後來對我的報告，當彪希做結論時，夏伯特坐在第一排中間，頻頻頷首表示同意。

我的上司，這樣的在我不在時，對我的下屬批評我領導不力，還有他的上司頷首，當然是表示他們不要我做半導體總經理了，但是這齣歹劇，後來還拖了幾個月。一九七七年夏，我們已放棄自己開發十六K記憶體，而企圖複製競爭者的產品（本章「記憶體的奮鬥」一節），彪希忽然對我說：「你還是我們最好的製程工程師，你應該大部分時間都在休士頓，管理十六K的製造」；我抗議：「複製的十六K已開發完成，製造應該不是問題，我是半導體集團總經理，有許多事情要處理」，彪希還是堅持；受了十八年德儀恩惠的我也就聽他的命令，每星期花兩、三天在休士頓，住在休士頓一個汽車旅館裡。因為花這麼多時間在休士頓，我有時回達拉斯後在星期日召開會議，引起副總及下屬的不滿。記得一九六六年我剛上任積體電路總經理時，放鬆我前任對下屬的壓迫，大幅提升了士氣（第六章）；一九七七年的我，卻做了截然相反的事！

一九七七是多事的一年，還有好幾件事情發生，促使我最後自請調職。

在一九七六年，我們還在開發十六K記憶體時，我決定同時開始開發六十四K記憶體，我要德儀的六十四K最早到市場！後來自己設計的十六K失敗，採取了複製的十六K，但六十四K卻有穩健的進展。因為十六K的失敗，我對六十四K有更大的期望，也常常對夏伯特和彪希提起；有一天，夏伯特表示他要和我一起去休士頓，聽聽六十四K的進展，他甚至說：「你放心，我會坐在旁邊，一句話不說，只聽你們討論。」

我們去了。的確，夏伯特實踐了他的諾言：他坐在離我們會議桌一步的一張椅子上，一聲不響，靜坐了兩小時左右，聽我主持六十四K的討論。歸途中他也只講了幾句無關六十四K的話，我開始懷疑，他到底聽懂了多少我們的討論？

幾星期後，我的懷疑有解答了。在一個只有我們三個人（夏伯特、彪希和我）的場合，夏伯特忽然問我：「你們真的在做六十四K嗎？」

這問題令我驚駭莫名。在我多次對他報告六十四K，多次對他表達我對此新產品的高度期望，在他親自到休士頓聆聽工程師對此案的討論後，他居然還問：「你們真的在做嗎？」

這樣茫然的董事長，我的上司的上司，我還有指望嗎？

還有兩件不愉快的事情要發生，一九七七年才告結束。

第一件發生在秋天，就在我們規畫次年的營運計畫和資本支出之時，彪希忽然對我說：

「你必須規畫明年營收十億，而且足夠的資本支出應付十億營收。」

十億美元營收會是接近五〇%的成長。市場沒有成長得那麼快，我們也沒有那麼多新產品使我們成長得那麼快。我抗議，但是彪希完全不理會我的抗議，他對我簡單的命令：「去做。」

結果呢？我在次年（一九七八）一月就自請調職，我的繼任者接手了足夠應付十億美元營收的生產設備，但在一九七八年只做了八億美元營收，正好證明了他接了一個「爛攤子」。

這個「爛攤子」可不是我造成的。

第二件事發生在十一月，我已答應了當時最紅的半導體業分析師羅神（Ben Rosen）的邀請，參加他十二月在紐約舉行的半導體討論會。羅神在一九七五年就開始每年舉辦這會，他只請三個他認為最重要的半導體公司（德儀、摩托羅拉及英特爾）主管為貴賓，聽眾則來自華爾街投資界。一九七五、七六兩年我都參加此會，也相當高興與諾艾斯或摩爾（他們輪流代表英特爾）對談（摩托羅拉代表總是扮演不重要的角色）。

在這個失望又荒誕的一年結束前，我還在期待這個最低度的享受，但是，連這個最低度的享受彪希都不願給我了。十一月，當他知道我要赴此會時，他立刻取消了我的計畫，他的理由是：「你在這裡忙得很，沒有時間去這個會。」

自請調職

在一九七七年聖誕節至七八年新年的假期中，我檢討了我的工作處境：我在德儀已十九年半，頭十七、八年可說是一帆風順，最近兩、三年我的業績仍然亮麗，但是夏伯特和彪希，因為他們自己的錯誤決定──進入「消費者產品」事業，對我的態度已達到荒誕無理，甚至侮辱的程度。半導體總經理這個職務，我做不下去了。

也許連德儀都待不下去了？

但是當時我以為我無處可去。也許因為業界都認為德儀半導體集團總經理已是半導體業最高位置，我已好久沒有收到同業的挖角邀請，我也從未收到當時還在萌芽期創業投資家的邀約。先辭職，再找事，似乎是很大的風險。

一九七七年，我才四十六歲，退休還太早。

況且，我對德儀還抱了一絲希望；畢竟，德儀讓我發出了我的光芒；也許，今日的逆境只是暫時的、短期的，也許，我在德儀還能東山再起。

七〇年代的德儀經營委員會（以總裁彪希為主席，大約三、四個集團總經理組成）習慣在新年假後立刻舉行長達一星期的「排列」會議。「排列」會議的任務，是依績效優劣次序排列頭一百德儀人，並且決定這一百人每人的獎金及股票認購權。

就在這「排列」會議的會期中，有一天我在會後到彪希辦公室，自請調職。

聽了我的要求，彪希面無表情，甚至沒有問我為什麼要自請調職。我想，他早已規畫了過去半年對我的言語和態度，今天我的請求，只是他規畫的結果而已。他唯一的回答是：讓他考慮一下，而且要跟夏伯特談談。

一星期後，彪希的回答來了：准許我的請求，至於我的新職，我可在兩個職位中選擇一個：消費者產品集團總經理，或「公司成長」資深副總裁。

「公司成長」是一個幕僚職位，我不認為我適宜做幕僚，那麼唯一的選擇就是消費者產品集團總經理，這又是多麼諷刺性的給予！自從一九七二年後，我一直認為消費者產品集團是公司的「禍根」，第一，它分散了德儀對半導體的專注；第二，它變成半導體集團最大的「內部客戶」及最大的負擔，大大地削弱半導體集團對外發展的能力；第三，它的虧損倍增了夏伯特和彪希對半導體集團和對我的壓力……。

但是現在，夏伯特和彪希要我去經營這個「禍根」。

我在苦笑中同意了，我的德儀緣分還有五年多壽命。我幾乎爬到德儀顛峰，現在我開始下山，「消費者產品」總經理是我的「下山驛站」。

【注釋】

1：*The Man Behind the Microchip: Robert Noyce and the Invention of Silicon Valley* by Leslie Berlin, (Oxford University Press, 2005), p.158.

2：摩爾已在二〇二三年過世。此章在二〇一九年寫。

3：一九七〇年代，德州並無別的半導體公司。

4：K是「千」的數學代名。「一K記憶體」的意思是：含有一千個記憶粒的積體電路。

5：*Engineering the World, Stories from the First 75 Years of Texas Instruments* by Caleb Pirtle III, (Southern Methodist University Press), p.93。作者譯文。

6：七〇年代德儀內部已普遍使用電郵。

第十章

下山驛站——消費者產品集團總經理

一九七八—一九八〇年，四十七至四十九歲

消費者集團

仍抱一絲希望在德儀「東山再起」，我認真地開始消費者產品集團（以下簡稱消費者集團）總經理的工作。

消費者集團與半導體集團的商業模式截然不同。「商業模式」通常可以以客戶及附加價值來定義。半導體集團的客戶是把半導體元件裝在他們系統裡的系統公司（電腦公司、國防武器、其他電子設備公司等），消費者集團的客戶卻是零售商（百貨公司、電子產品連鎖店等）。

半導體集團的附加價值來自電晶體或積體電路的設計和製程創新及效率；消費者集團的附加價值來自滿足消費者實際需要的系統設計，以及取悅消費者的工業設計。

在我開始做總經理時（一九七八年二月），消費者集團有三宗主要產品：（一）消費者計算機（簡單加減乘除），這宗產品占集團營收最大，但平均價格已跌至十幾美元，是虧損生意；（二）科學計算機營收不大，但售價甚高，只有惠普（Hewlett Packard, HP）一個競爭者，是集團中唯一賺錢的生意；（三）電子錶，絕大部分是十幾美元一隻的廉價錶，但也有很小一部分高價錶（一百美元以上），整個電子錶部門呈虧損狀態。

除了這三宗現有產品，我們正在努力開發教育玩具和家庭電腦：從夏伯特到集團裡的工程師，我們一致希望這兩個新產品會賺錢，也會為德儀在消費者產品領域建立創新形象。

消費者計算機

消費者計算機的問題是成本。在日本及台灣廠商激烈競爭下，德儀已毫無訂價力，盈虧全靠成本。成本又分兩主類：元件（半導體和液晶顯示器），及封裝。元件都是德儀自己半導體集團供應的。供應消費者集團是我任半導體總經理時的大頭痛，我也知道在這宗生意上，半導體的利潤很低，現在我易位而處，無顏也無立場要他們再削價。

封裝成本呢？的確有機會。一九七八年我們已把大部分封裝工作外包給日本東芝公司，但東芝既是競爭者，而且為我們封裝的價格也不低。那麼為什麼不找一家更便宜的台灣廠商呢？

簡單的答案是：德儀不夠信任台灣廠商的品質。那時德儀台灣已封裝測試積體電路近十年，也獲得總部的信任，但那信任是老師（美國德儀）對徒弟（德儀台灣）的信任；在計算機封裝上，美國德儀既無資格做任何廠商的老師，也不輕易信任任何代工商。但德儀對日本廠商的一般品質相當佩服，所以就讓東芝代工。

假使海格底沒有在一九七六年退休，那麼計算機的封裝成本問題，恐怕在一九七八年就解決了。那一年，海格底（雖已從董事長職位退休，但仍為董事）受孫運璿院長、李國鼎政務委員之邀，來台灣訪問一週。孫、李給了他「紅地毯」待遇：每晚必宴，每演講必滿座；孫、李討教不盡，而且請海格底組織「行政院科技顧問團」，每年來台灣開會一週，為了提供幕僚支持給這「顧問團」，行政院還特設了「科技顧問室」，由李政委親自主持。

海格底回達拉斯後約我到他家晚餐，對台灣的經濟、科技發展稱讚不絕；給他印象最深刻的，卻是一家叫 Cal-Comp 的計算機公司，他對我說：「我們必須小心，別人已經追上來了。」

我在第六章曾提及，海格底相當反對德儀去低工資地區設廠，而認為基本解決方案是自動化。他原則上的反對，延遲了我們積體電路海外封裝測試廠的設立。現在，他對台灣及 Cal-Comp 稱讚不絕，我想假使他還是董事長，他會贊成計算機部門去台灣封裝，但他已退休，不做此類的指示或建議了。

數十年後，我發現 Cal-Comp 就是金寶，也認識了許勝雄和林百里：許勝雄當年在金寶工作，現在已是金寶的老闆；林百里當年也在金寶工作，後來創辦廣達；我對他們提起數十年前海格底的訪問，他們的眼睛都睜大了，他們兩位都記得海格底的訪問，但不知道他們給了海格底那麼美好的印象！

科學計算機

這是消費者集團唯一賺錢的部門，營收不如消費者計算機，但利潤不錯；它也及時開發新的機種，持續增加科學計算機的功能；因為功能逐漸增加，市場也更普遍化。

這部門的成功，當然與部門總經理有關。他是彼得．邦菲（Peter Bonfield），英國籍，工程師出身，但已是優秀的企業經理人。在我消費者集團總經理任內（一九七八年二月至八〇年十二月），我在拉吧找了一個公寓，週一至週五住拉吧。在那時期中，我也有時找邦菲和他太太吃飯，與他們結上了那時不知道，但後來變成很長期的友誼。

二十幾年後邦菲從英國大企業（英國電信公司，British Telecom）總裁位退休，而且已被英國女皇封為爵士，我又找上他了，邀聘他為台積電獨立董事，並主持審計委員會，他也欣然接受。邦菲至今還是台積電董事會審計委員會主席。我和邦菲的友誼是我在德儀消費者集團短短任內的一個獲得吧。

機器人之旅

在我們正為計算機裝配成本困擾，又不能決定是否繼續外包東芝時，忽然夏伯特引進一位「機器人專家」。此人來源我已記不清楚，但有兩、三年時間（正與我任消費者集團總經理時間重疊），他是德儀公司相當「紅」的人。夏伯特讓他成立了一個機器人開發組。公司高級主管，包括我，幾乎每月都被召去聽他的進展報告。老實說，當時我認為他的研發進度距離真正應用在計算機或電子錶的封裝上，至少十年、二十年（事實上，四十年後的現在，還沒有大規模的機器人封裝），但夏伯特似乎認為機器人的應用已近在眉睫。

在這位專家報告時，我坐在第二排——夏伯特和彪希的後面，常想打瞌睡。我最深的印象是，他常伸縮、彎曲他的左右手臂來模擬機器人。姿勢倒很好。

電子錶和巴黎行

德儀的電子錶業務以高價（兩百美元以上）的ＬＥＤ錶開始，後來發現高價錶需要「品牌」，而「德儀」品牌顯然不足。再後來，德儀開發了低成本的液晶顯示器（ＬＣＤ）

（注1），就開始進攻低價電子錶市場。在我接任消費者集團時，大部分電子錶營收已屬低價電子錶類，而低價電子錶又有東南亞廠商的激烈競爭——德儀的整個電子錶業務已在虧損狀態。

高價錶倒引起了董事會的興趣。我發現，幾乎每一位董事（都男性）都戴了一隻名牌手錶。董事會的興趣集中在手錶的圖形設計上，他們要求：每一新設計樣本都要先讓他們審視，結果，沒有一個設計能讓大家都喜歡。

多年戴中階Seiko手錶的我，一開始就被董事會認為是手錶外行人，並沒有與他們討論的資格。講到高價手錶需要「品牌」，有一位擁有法國葡萄園的德儀董事，運用了他在時尚界的關係，替我安排去巴黎與皮爾．卡登（Pierre Cardin）見面，卡登的名字就是名牌，我見他的目的，就是奉董事會命要求他授權德儀把他的名字放在我們高價錶上。

我如期赴約，巴黎原是我喜愛的城市，但這次去，卻有冷冷的感覺。我沒見到卡登，只見到了他的助理。我準備的德儀電子錶品質、設計、技術資料，他一概沒有興趣。他唯一有興趣的是權利金，我帶了他的要求回拉吧。

我已不記得後來的細節，總之，德儀的名貴錶一直沒有成功，虧本的低價錶倒是維持了好幾年。但是，訪問皮爾．卡登的巴黎行，是我職業生涯中最接近「時尚界」的一點，特在此記。

「發音與拼字母」及其引起的「公司政治」

「發音與拼字母」（Speak and Spell，讓我們簡稱它為 S&S 吧），是一個教育性玩具，對象是五至六歲兒童；這玩具會自動發音一個字，讓兒童拼這字的字母，如兒童拼對了，玩具會誇獎他（或她）；如兒童拼錯了，玩具鼓勵他再試。這一個玩具售價五十美元，雖稍嫌貴，但仍在中上階級重視兒童教育家庭的負擔能力內。事實上，在一九七八年秋，德儀把此玩具引入市場後，它的銷路相當好。

S&S 在我任消費者集團總經理第一年推出，不但是我任內，甚至可以說是德儀消費者集團整個歷史（約二十年）內推出最具創意的產品，大家應該高興才是。但想不到的，因為它，公司政治（應該說：夏伯特與彪希的關係）卻變得惡劣。

為什麼呢？在上章及這章，我已好幾處提到七〇年代中後期德儀的氛圍：對消費者集團的失望感、因為要彌補消費者集團虧損而與日俱增的對半導體集團的壓力、彪希的怪誕、夏伯特的「茫然」；現在我再摘要敘述一下：

德儀進入消費者市場的決定（一九七二年），並非基於慎密策略考量，而只是一個機會性的決定；那時夏伯特知道他要繼承海格底大位，彪希也知道他是「暫定」的夏伯特繼承人（彪希比夏伯特年輕六歲），兩人都想做些大事，恰巧德儀的計算機 IC 非常吃香，看起來計算機生意很容易做，他們就借這個機會，進入了計算機市場，後來也因為同樣的機會（德儀的電子錶 IC、LED 和 LCD），又進入了電子錶市場。

他們沒有看到的，就是計算機和電子錶的「入場障礙」不高。最重要的「入場障礙」就是計算機和電子錶的 IC，但德儀老早就公開銷售此類 IC 給其他計算機和電子錶的競爭者，何況別的 IC 公司也已銷售同類 IC。

但是現在，S&S 導入了一個新局面——「入場障礙」高！S&S 的心臟是一組「言語綜合」IC，這是一組甚具創意、設計難度高、競爭者複製不易的 IC，也是德儀半導體集團開發出來的。只要德儀限制這組 IC 給自己用，S&S 競爭者就不易入場了。

雖然 S&S 營收並不大（遠低於消費者計算機），但它在市場上的創新形象似乎為鬱悶中的德儀指點了一個新的消費者產品方向——創新。

彪希看到這點了，他本人也在鬱悶中。一九七五年，他被升為總裁，但沒有 CEO 頭銜。夏伯特保留了 CEO 頭銜和權力。現在，彪希想借 S&S 的成功，為德儀增添創新形象，同時也為自己增添領袖形象。

沒有與夏伯特商量，彪希邀請美國《商業週刊》來德儀訪問，不但自己與記者長談，而且讓記者訪問好幾位重要經理人，但並不包括夏伯特，也沒包括我，結果是美國《商業週刊》一九七八年九月十八日的封面故事，封面是德儀的S&S，封面的標題是〈德州儀器指導美國企業如何在一九八〇年代生存〉。

全篇報導長達十一頁，主角是彪希。彪希闡述德儀的策略：「德儀是高科技創新者，當然，如必要，我們也會運用我們強大的製造實力。」同時被訪問者也包括半導體集團的新人：這篇封面故事發生在我自請調職後七個月，科技界對我記憶猶新，所以這封面故事也不忘對我放了一記馬後炮：「莫理士・張有一個名譽：他用無懈可擊的邏輯，摧毀下屬的建議……他的下屬不易與他溝通。」

全篇報導稀少提到海格底和夏伯特，報導的訊息是：彪希在成功地主導德儀的高科技創新方向，同時也為別的美國企業樹立未來如何生存的楷模。

當時我讀了這報導後大為驚訝；第一，德儀當時士氣低落，創意缺乏，情形絕不如報導描述的那麼好；第二，對德儀內部人來說，夏伯特仍是最高長官，公司的方向與策略還輪不到彪希來闡述；至於對我的馬後炮，當然使我更為心冷一點。

幾天後，在一個集會遇到海格底，他把我拉到一邊，說那篇報導委屈了我，要我不要在意。

海格底沒有對我說的是：他和夏伯特都感覺到他們受了委屈！這個真相，要等彪希三十多年後在他的自傳暴露。在其自傳中，彪希敘述：「我（在那篇文內）有三張照片，他們（夏伯特和海格底）各只有一張。」看到報導後，海格底要他和夏伯特「談談」這事，但夏伯特拒絕與他談。一直到二〇一〇年，兩人都早已離開德儀，夏伯特也快要過世，他們才又提起這事。

這兩個倔強的德州佬！我可以想像他們心裡不開心，但為了各自的地位，又僵硬地合作了七年（注2）；我也可以想像，兩人各自的自尊和自大會因美國《商業週刊》的那篇封面故事而使兩人的關係變質。

家庭電腦

我任半導體總經理時，就知道夏伯特和彪希要求消費者集團開發家庭電腦，也要求半導體集團遵照消費者集團的規格，開發並提供特定用途微處理器及其他積體電路。一旦我任消費者總經理，我也視家庭電腦為我需要開發的最重要新產品。

事實上，家庭電腦只是夏伯特「到處都有計算」（Ubiquitous Computation）理念的一部分。夏伯特的理念中，家庭電腦用來算家庭帳、報個人所得稅、教育兒童、儲藏食譜等等……「商業電腦」放在辦公室，用來做專業工作。

夏伯特的理念很有遠見，但比現實世界至少早了十幾年！在現實世界裡，IBM在一九八一年推出「個人電腦」，把「個人電腦」正統化及普遍化，但八〇年代的「個人電腦」，還只是用在工作場合。一直到九〇年代，「個人電腦」才跑到家庭裡去，而且也還是叫做「個人電腦」，並無「家庭電腦」之名。當然，到了二〇〇七年，蘋果公司更革命性地推出iPhone，iPhone事實上是一個可以放在襯衫口袋的電腦；現在（二〇一九年），我們真正在一個「到處都有計算」、「到處都有電腦」的時代，但是「現在」是七〇年代的四十年後！

為什麼夏伯特與現實脫節？關鍵是積體電路的功能。積體電路的功能與成本在二十世紀一直遵守「摩爾定律」——每兩年一個「摩爾世代」。一直到九〇年代中期，積體電路才足夠低價，而低價積體電路的功能才足夠驅動電腦的家庭應用。在一九七八年要求有用而又合理價格的家庭電腦，至少早了六、七個「摩爾世代」，也就是十二至十四年。

上章我描述夏伯特對六十四K記憶體的「茫然」——聽了我們幾小時討論後，他還問：「你們真的在做嗎？」就是這對技術現實的茫然，加上他剛愎自用的性格，使他高估我們能開發出「家庭電腦」的應用。他要「家庭電腦」算家帳，我們的「家庭電腦」只會算簡單的家帳，而不會算他很在意的「現金流量」；他要「家庭電腦」報個人所得稅，我們的「家庭電腦」只能報最簡單的個人所得稅，而買得起我們「家庭電腦」（零售價一千一百五十美元）的個人，其所得稅沒那麼簡單；他要「家庭電腦」教育小孩，我們「家庭電腦」的教育遊戲不見得比售價五十美元的 S&S 高明……。

我在半導體總經理任內，總是在煩惱消費者集團種種（我認為）不合理的要求，並沒太注意所謂「家庭電腦」到底多麼有用？到了消費者集團，很快就發現正在如火如荼開發的家庭電腦，用途實在不大；而且限制它用途的因素相當基本：積體電路的功能還不夠成熟，成本也還太高。

怎麼辦？假使我那時（一九七八年）有我現在的勇氣，我會說：取消家庭電腦案！等積體電路和電腦軟體技術更成熟（也就是說：做出來的家庭電腦更有用）後再議。

但是我那時沒有這勇氣，事實上，即使我有勇氣對夏伯特及彪希建議取消家庭電腦，我也一定當場被嚴厲駁回。只要看後來家庭電腦纍纍失敗後，他們還堅持繼續做，一直到一九八三年；搞得整個德儀公司幾乎被拖垮，他們才停止家庭電腦業務就可以知道。

夏伯特早已宣告了他「到處都有計算」的理念，一九七八年九月美國《商業週刊》的封面故事，雖被彪希搶去了光芒，但在「高科技創新」理念方面，卻更固化夏伯特對「家庭電腦」的期待。

在我的崗位上，既沒有勇氣取消家庭電腦，還是盡力做吧！我把我手下最懂技術、最能幹的經理人──彼得．邦菲（原任科學計算機總經理），調任為家庭電腦總經理；我給他一切他要求的人力和經費；彼得的希望不見得比我的高，但我們同意，我們要幹一番！也許奇蹟會出現。

一九七九年六月，我們正式宣布德儀「家庭電腦」問世，零售價一千一百五十美元。宣布後兩、三個月內，彼得和我就知道奇蹟沒有出現，通路和初期買主的反應已紛紛進來：應用有限，售價太高。最具譏笑意義的評論來自當時最紅的半導體分析師羅神（他曾在一九七五、七六、七七，三年邀請我參加他舉辦的「三巨頭座談」）：

「巨山咆哮，出來的卻是一隻老鼠。」

母親寂寞的七十壽辰

一九七九年農曆正月，是母親農曆七十壽辰。那時我正在趕「家庭電腦」的開發，孤單地住在拉吧。母親壽辰前的幾個禮拜，我打電話給住在紐約的父母親，告訴他們我工作忙得很，不能去紐約慶祝母親的七十壽辰了。父母親說，那就讓他們到拉吧來過母親的七十歲生日吧，順便看看我在拉吧的生活情形。

我的拉吧公寓雖然夠大，但除了我臥室和客廳有幾座必要的傢俱外，沒有別的傢俱；所以我把父母親安頓在一個汽車旅館裡。父母親來了幾天，我還是每天照常上班；母親壽辰那天，我們三人去附近一家中國餐館點了幾道菜，算是慶祝母親壽辰。

我記得母親四十壽辰，是在香港過的，那時我們剛從上海逃難到香港，但在母親生日那天，還是擺了好幾桌麻將，晚上有好幾桌宴席；母親五十壽辰在紐約過，那時我在德儀已有初期的成功，我請假到紐約，買了一件貂皮短大衣送給母親，參加了母親熱鬧的壽宴；母親好高興，穿了新大衣赴宴，告訴朋友這是她兒子送給她的；六十壽辰，我剛升德儀副總裁不久，請父母同去邁阿密及牙買加度幾天愉快的假期。

現在母親七十壽辰，我在德儀的下山路上；父母親知道，也痛惜我在下山路上。在陳舊的中餐廳用了晚餐後，三人在冷寂的拉吧街道上，暗淡欲熄的路燈下，無言步回父母親的旅館，母親在餐館裡強顏為笑，但在路燈下已淒然欲泣了。

至今我仍不能原諒我那年的不孝。為什麼我不能去紐約，熱熱鬧鬧地與父母親的朋友們慶祝母親的生日？為什麼我還緊緊抱著其實已不值一錢的一線「東山再起」希望，留在拉吧趕做即將失敗的「家庭電腦」？而讓父母親到遙遠的、沒有朋友的拉吧，寂寞度過母親的七十歲生日？

這是我最後一次機會，趁雙親都還健康，慶祝他們的大生日。兩年後父親就中風，後來一直沒完全康復。母親八十壽辰，我在紐約設宴慶賀，但那時父親已中風多年，大家心情遠不如昔，母親九十壽辰我也為她在紐約設宴慶祝，但那時母親自己也開始健忘，心情當然更不如昔。

跛腳、我的白皮書、再調任

德儀第一版「家庭電腦」（TI-99/4）的失敗，無疑地敲響我德儀事業的喪鐘。「東山再起」的一線希望，已隨 TI-99/4 的失敗而完全消滅，唯一剩下來的問題：德儀會怎麼處理我？

初步答案在一九八〇年三月到達。彪希召見我，告訴我他即將派席克（William Sick）任消費者集團美國總經理，我仍留任全球總經理，所以名義上席克對我報告，但事實上，彪希告訴我，他預備在幾個月後讓席克替代我。這幾個月只是過渡時期而已。

至於我以後的工作？彪希說，夏伯特和他正在考慮成立一個新的業務部門，主要任務為機器人，做給德儀自己用，也賣給別的公司，他們考慮我做這個新部門的總經理。

我無言地聆聽彪希的話。兩年前，我自請調職；現在，我已沒有自請做什麼事的立場，一切都是被動，一切都是唯命是從。

席克幾天後就到任，他是我半導體集團的舊下屬，我們在半導體時期相處不錯，所以他在以後幾個月的「過渡時期」也以「禮」待我，名義上我是他的上司，實際上我已跛足，他對彪希報告。

我忽然閒下來，但我對這兩年多消費者集團經驗感觸良多，而且認為我還可以貢獻建言。在一九八〇年三月到五月的兩個月中，我花了不少時間，寫成長達幾十頁的「白皮書」，我把它列為密件，只寄給彪希和席克。

這白皮書我現在還保留，最近還重讀了一遍，四十年前痛苦的往事，重新湧現在記憶中。以今日的眼光，評估當年我寫的白皮書，當然有許多建言是錯的，但也有很多建言，至今天還是好的建言。

但是我最大的發現，卻是呈現在白皮書上的一片熱忱，這是一個被貶謫的人在被貶謫時仍舊「慷慨陳詞」的熱忱！顯然四十年前我沒有失去「赤子之心」，我也希望我永遠沒失去「赤子之心」。

白皮書沒有得到彪希或席克任何反應。幾個星期後，我問席克收到了沒有？「收到了，」他說：「真的謝謝你，你真的很有誠意。」這句話聽來似乎有一點譏諷味，雖然我相信席克沒有譏諷的意思，但是他也沒有表達接受我任何建議的意思。

幾個月後，彪希又召見我。他告訴我：夏伯特和他已決定於年底任命席克為全球消費者集團總經理，幾個月前考慮開設的新（機器人）事業部門，現在因為公司財務拮据，已決定不做；自明年（一九八一年）一月一日起，我的新職將是：全公司「品質與生產力總監」。

【注釋】

1：LED和LCD，正如計算機IC、電子錶IC、家庭電腦IC，都在德儀半導體集團開發及生產。

2：美國《商業週刊》封面故事後七年，亦即一九八五年，彪希被革職，夏伯特留任董事長，但失去權力。

第十一章

最後的吶喊——品質！

一九八一—一九八三年，五十至五十二歲

「品質與生產力總監」在德儀是一個新的職位；在我之前，沒有這個職位，所以也可以說這職位是夏伯特為我而創設。但事實上，在一九八〇年代的美國，創設這個職位是相當「時尚」的舉動。在一九六〇、七〇年代，日本企業（尤其電子和半導體）異軍突起，美國公司深深感受到他們的威脅。惠普公司一位工程經理在一學術刊物發表論文，臚列日本記憶體品質勝於美國的數據；日本企業內流行的「品質圈」也在美國被摹仿；幾位素以品質為業的「品質大師」（尤其是戴明（Edwards Deming），因為他在日本很有名望）忽然紅了起來，每人都收到無數演講或顧問邀請……在這節骨眼上，德儀任命一個「品質總監」，也是很自然的事，剛巧我正被撤消費者集團總經理職，所以任命我為「資深副總暨品質與生產力總監」，也「水到渠成」；至於在「品質」後面加上「生產力」則是多此一舉，本來「品質」及「生產力」就是兩位一體：高品質就是高生產力，只是前者為客戶欣賞，後者為股東欣賞而已。

我的新職在一九八〇年十二月就宣布，夏伯特在口頭宣布時，還加上了一句：「在品質問題上，莫理士代表我」，算是十足給了我面子。在新職，我只有一個祕書，沒有別的屬下，所以要想做事，必須經過我的同事——公司的集團總經理以及他們的屬下。我相當自信我有能力經過同事，追求公司品質目標，因為我相信絕大部分同事都相當尊敬我——後來的發展，證實了我的自信。

一九八〇年除夕，我寄了一封電子信給德儀所有高級經理（大約百人左右），祝賀他們新年健康、快樂、成功，而且告訴他們我下星期就開始與他們合作改善他們產品的品質。這封信得到相當好的反應。最起碼的反應是：「這人沒灰心，他還是想做事。」

我的品質學習

雖然我在工程師、工程經理、業務總經理時期，都很注意品質，但我從未做過品質專業；現在我是品質專業人了，頭三個月，我要密集地上學。

首先，我打聽了誰最具權威性，決定到三位「大師」的教室上課。他們是克羅斯比（Philip Crosby）、裘蘭（Joseph Juran），和戴明。

每一位大師的課都是兩天或三天，在這些課裡，我學到了不少技術方面知識；但直接與品質總監職務有關，我學到最重要的一課就是：「品質不是一個人或幾個人的事；品質觀念必須滲透整個組織，每個員工。」

憑著這一課，我在德儀創始了：瀑布式（Cascade）品質訓練。

瀑布式品質訓練

所謂瀑布式訓練，有以下幾個步驟：

（一）所有集團總經理（最高層經理人）都去克羅斯比「品質學校」，上兩天觀念性的課。

（二）所有 Division 總經理（次高層經理人）都去上裘蘭的三天兼具觀念和技術的課；裘蘭的課有教材和習題。

（三）每一 Division 總經理受訓回來後，再用裘蘭的教材，教他的直接下屬（Department Managers）。

（四）每一 Department Manager 上課後，又教他的直接下屬。

（五）如此類推，一直教到管理二、三十作業員的生產線領班。國外工廠，也是一樣做法。

這樣做法，每班學生大約十來人（都是教師的直接下屬）；教師和學生都相當認真；每一個學生知道接下來他就要當他下屬的教師，當然不想在下屬面前出醜；而且「同學」都是工作上熟悉的同事，互相切磋也很自然。

訓練經費方面，我們以拿來的教材（印刷品）計算，每副教材付裘蘭一個相當合理的價錢。

每個月，我從每一集團收到已受訓人數的報告。

慢慢地，品質觀念滲透全公司；慢慢地，品質技術穿入公司各階層。我開始「瀑布式訓練」後一年，德儀全球領班以上員工大約三萬多人，已經有一萬多人受過裘蘭品質訓練。

夏伯特感覺到了，在他主持或參與的會議裡，經理人的報告和談吐多了一點品質話題！夏伯特在每次會議中，常會做少少的筆記，記他自己的感覺，會後他常把他的筆記傳給彪希，如筆記關係到我，彪希也會讓我看。一九七七年，彪希就曾給我看：「莫理士不再好好經營半導體。」一九八二年，彪希又讓我看：「莫理士已在對的位置上。」

我心酸了。夏伯特是在稱讚我在品質上的表現，但他顯然認為我以前的位置（半導體總經理、消費者產品總經理）是錯的，我不配做那兩個位置。

這樣看待我的老闆，我為什麼要繼續替他工作？

品質藍皮書及巡迴視察

在我任「品質總監」的第一年，除了開始大規模「瀑布式訓練」外，我又開始了「品質藍皮書」和巡迴視察。

什麼是「品質藍皮書」？首先解釋德儀的「藍皮書」。「藍皮書」就是一個業務單位的盈虧表，每月出版。每一業務單位，從基層一直到全公司，都有它的「藍皮書」。夏伯特和彪希的「藍皮書」厚厚一本，除了全公司的盈虧表外，公司百來個業務單位的盈虧表都在他們的「藍皮書」內。在我任集團總經理時，我常攜帶開會的「藍皮書」也相當厚，包含了我集團內二、三十個業務單位。

現在我要求每一業務單位的「品質經理」編輯他單位的「品質藍皮書」，品質藍皮書的資料是「品質成本」。品質成本觀念來自正統的品質理論：完美品質等於無瑕疵，或無錯誤；任何瑕疵或錯誤都代表成本；品質藍皮書就是這些品質成本的報告。

每一業務單位的「品質經理」都非常歡迎我的倡導。平常在他們同僚間（研發經理、工程經理、生產經理等等），品質經理往往不受重視，現在，我變成他們的「虛線」上司，他們有我替他們撐腰了。他們熱心地編輯他們單位的品質藍皮書，也熱心地看管他們單位的瀑布式訓練。

我也開始巡迴視察，在八〇年代，德儀工廠已遍布歐、美、亞洲，在我任品質總監的三十四個月內，我到過所有工廠地點，有的每季一次，有的半年一次，有的一年一次。在這三十四個月內，我超過一半時日都在旅行！

日、美記憶體良率差異分析

一九八一年，德儀日本在美浦的新廠開始生產德儀休士頓廠已在生產的記憶體。忽然，消息傳來，美浦廠的良率是休士頓廠的一倍以上（那時休士頓廠良率大約百分之二十幾，美浦廠卻做到四、五〇％）。

夏伯特震驚了！命令休士頓廠立即改進！把休士頓的工程師弄得人仰馬翻，不知道做什麼才能改進。我作為「品質與生產力總監」也被囑「看一下」。

其實我早已預測到日本廠良率會比美國廠高，只是實際的差異，比我想像的更大；既然被囑「看一下」，我就與日本廠和休士頓廠的同事（都是我的舊屬）討論了幾次。我的結論如下：

差異在「人」。

先從作業員說起，日本廠的作業員流動率每年二%左右，「除非她要結婚了，否則她不會離開」；休士頓作業員在經濟景氣好、找別的工作容易時流動率高達每年二五%，即使在經濟不景氣時也高達一〇%；高流動率造成公司常要聘僱無經驗的作業員，但是這些無經驗的作業員經手的晶圓往往是零良率；還有，當我進入日本工廠時，作業員都專心工作，毫不理會我，但當我進入德州工廠時，作業員都回過頭來看我──日本作業員顯然比較專心工作。

再談生產線領班，日本廠僱進的領班，至少有工程技職教育，有許多還是正式大學工程畢業生；美國已僱不到工程畢業的領班。

再談設備工程師，這是晶圓廠很重要的一環，因為晶圓廠的生產設備幾乎都是剛研發出來的精密儀器，操作並不穩定。美國廠能僱到的設備工程師大半都只有修理汽車、或自行車、或機車經驗；日本廠僱到年輕有工程背景的技師，經過訓練之後，都變成非常專業。結果：日本廠的精密新設備平均運轉率九〇%，而美國廠只有五〇%至六〇%。一座不能運轉的設備立刻成為生產線的瓶頸，半完成的晶圓堆積在它前面。我可以斷言，從來沒有一條經常有瓶頸的生產線會有好良率。

再談生產線上的工程師，七〇、八〇年代美國的優秀工程科系畢業生都想做研發、或市場、或行銷，已很少願意當生產線工程師；日本廠卻還能僱到正牌工程科系畢業生。

我找了一個方便的機會，把我以上的分析，向夏伯特做一個口頭報告。我還沒講完，就看得出他不耐煩的神氣；我一講完，他立刻說：「我要的是可以立刻改進良率的方案，你的分析對我毫無用途。」

我的確沒有可以立刻改進良率的辦法，他倒以為他有。他的辦法就是把日本廠廠長調到休士頓做休士頓廠長。

日本廠長震駭了，但並不拒絕，他也知道這是一個擢升的機會，他要求帶幾個日本工程師一起來休士頓，夏伯特也同意了。但是，立刻的效果並不是夏伯特所想的良率改進，而是日本廠長和幾個工程師的人地生疏，水土不服，病的病了，想回日本的要求調回……。

我的分析報告，成為我在德儀的最後哀鳴，我對夏伯特報告後，沒有人再提起它；在德儀的池塘裡，它沒有掀起任何漣漪。

諷刺地，它成為幾年後我創辦台積電的靈感和憑藉。

第十二章

天下無不散之筵席

一九八三年十月，五十二歲

就在我還在德儀做「最後的吶喊」時，我和前妻決定分居及辦理離婚手續。我們兩人同年，在二十歲兩人還在大學時（她在波士頓大學，我在麻省理工）相戀，二十二歲就結婚，結婚得太早了！兩人的愛大約繼續了十幾年吧，但當我在史丹佛讀博士時，就已漸漸消散；到四、五十歲時，兩人幾乎已成陌路人了。

我們都沒有外遇，但三十年時光，人總會變的。幸運的夫妻一起變，我和前妻沒有這麼幸運；至少有十年時間，「分居」、「離婚」就常在我們心上和口中，但女兒還小，為了她，還是一起過日子吧。我們五十歲時，女兒已去波士頓念大學（她母親的母校），而且即將畢業自立，我們分手的時間也已到了。

我早已有相當積蓄，但從未享受過一個物質上舒服的家。我找了一個寬敞（七十幾坪）的公寓：客廳、飯廳、兩個臥房，再加一個很大（三十坪）的起居室兼書房，找室內設計師布置，買了舒服的現代式傢俱，裝了頭等音響……。一九八一年底，我滿五十歲，獨自搬入新寓。

華麗的周圍，不能補償內心的寂寞；孤獨的夜晚裡，縈繞在我心的是三十年的戀愛和婚姻：

記得那日花底相遇，我問你心中有何希冀？
你向我輕輕私語：「要你，要你，要你！」
記得那夜月色旖旎，你問我心中有何祕密？
我向你悄悄私語：「愛你，愛你，愛你！」

但是今夕何夕，你我為何不交一語？
我不知你有何希冀，你也不問我心底祕密。
只有杜鵑鳥在林中唏噓：
「不如離去！不如離去！」（注1）

最可靠的伴侶還是音樂，在那時期，我最愛聽的是凡爾第和普契尼蕩氣迴腸的歌劇，歐芬巴哈的《霍夫曼的〈愛情〉故事》、坎米洛……。都是悲涼又美麗的曲調和歌詞。靜坐在偌大起居室一張沙發上，聽到疲倦了，掙扎走回臥房，昏然入睡。

駱駝背最後一根稻草

與我「分居」平行的是我在德儀每況愈下的際遇。終於，最後一根稻草掉落在駱駝背上；終於，這代表我對德儀已「債還緣盡」了。

沒有預警，沒有解釋，在一九八二年九月，也就是我任「品質總監」一年九個月後，也就是夏伯特認為我已在「對的位置」幾個月後，我在「內部郵件」中接到人事處通知：我的薪資不變，但我的職階被降四級，自四十二級降至三十八級！四十二級是僅次於公司總裁的職階，三十八級是我任副總裁暨積體電路總經理時的職階；從三十八級升到四十二級，又從四十二級降回到三十八級，在德儀組織「上山、下山」前後十年，占據了我四十一歲至五十一歲的年華！

當時德儀高級經理的待遇有三種：（一）薪資；（二）獎金，最高可與薪資相等；（三）股票承購權：如股票漲價，股票承購權可使高階經理人富有，我就是以此途徑實現「美國夢」。

自我「自請調任」從半導體到消費者產品後，我就沒有拿過股票承購權；自我被調到「品質總監」後，我的「獎金」也被大打折扣，這些我都默默地接受。

現在，我職階被降四級。

以後會怎樣？夜闌人靜，我可以很清晰地看到我在德儀的未來：薪資會被調降，獎金和股票承購權永遠絕緣；一旦經濟不景氣，我還會被要求提早退休。

我才五十一歲，距離我計畫六十五歲退休年齡，還有十四年；在這十四年內，我願意接受這樣的命運嗎？

不！我不願意！

那麼只有一條路。

辭職！

但是我還有尚未到期的股票承購權，那些承購權一年後才到期，看起來價值一、兩百萬美元。

忍一忍吧，忍到領到那些承購權後。

辭職

一九八三年十月初，所有股票承購權都拿到了，我口頭對彪希辭職，有效期為十月底。

幾天後，夏伯特召見我：

「聽說你要辭職？」他問。

「是。」

「我們很滿意你現在做的工作。」

「但我不滿意我的職位。」

「那你要做什麼？」

「我想經營一個事業。」

「你還是想要經營半導體？」

「不一定是半導體，但我要經營一個事業，而不是做一個幕僚。」

「我們沒有這樣的空缺，」他停頓了一下，繼續說：「看來你所要的和我們所能給你的沒有交集，我很遺憾。」

談話顯然結束了，我起立，十分感慨，十分痛心，但也十分真誠地說：「我也很遺憾。」

此後，兩、三星期，我辭職的消息在內部傳出，零零落落地有人來道別，但也不是很多；一個已走了幾年下坡路的人忽然辭職，已不是什麼新聞；何況，一九八三年的德儀，兵荒馬亂，比我早辭職的副總以上人員，已有十幾個。

有一位道別者是德儀共同創辦人，也是榮譽董事，過去在董事會曾多次稱讚和鼓勵我，他在走廊上遇見我，止步，把手臂圍在我肩膀上：「可惜啊！」嘆了一口氣，「天下無不散的筵席」，他用英文講這句中國諺語。

十月三十一日，我照常上班；十一月一日，我不再上班，待在家裡。

家裡的電話鈴聲也開始響了，是獵頭者（Headhunter）（注2）的電話鈴聲。

【注釋】

1：出自瓊瑤《庭院深深》。

2：獵頭者是專為企業羅致高階人員之組織。

第十三章

生涯插曲——通用器材公司總經理及「經營顧問」

一九八四—一九八五年，五十三至五十四歲

找工作

我在德儀辭職的消息，在一、兩天內就在《華爾街日報》、達拉斯兩份日報，及《電子新聞》發表；此後的一、兩星期，家中電話鈴聲響不停。我那時家裡電話號碼公開，所以陌生人要打電話給我只要查達拉斯電話簿或向電話公司詢問就可以，而且我裝了答話機，如我不在家，答話機可錄下對方的訊息。

頭兩星期，大約有七、八個「接觸」，就是對方試探我對他所提供的「機會」有無興趣。這類試探大部分來自「獵頭者」。經過一、兩次通話後，有好幾個接觸都被我謝絕了。

接下來兩個月（一九八三年十一月下旬、十二月，及次年一月上旬），我與四個公司舉行十幾次面談（光是通用器材公司（簡稱通用）就與我面談了五次）。一九八四年一月三日，我收到凡愛創投的聘請；一月十日，我收到通用的聘請；一月十六日，我接受了通用的聘請。

另外兩家公司與我面談但後來沒聘我，其中一家是因為董事會不能決定大策略（繼續經營？賣掉？了結掉？）。另一家是柯達（Eastman Kodak，著名照相軟片公司）。我與他們面談經過，值得在此一提。

在二十世紀大部分，柯達是一家非常出色的公司。隨著一般人民生活漸趨富裕，攝影愈普遍，柯達的軟片生意也蒸蒸日上。我開始有些積蓄投資股票時，曾訂閱乙份很暢銷的股票分析師的定期報告，柯達幾乎每月都是「必須持有」的藍籌股。

有了這樣心理背景，當一個「獵頭者」在一九八三年十一月上旬打電話給我，問我對柯達即將新設「電子攝影」部門總經理職有無興趣時，我毫不猶豫地說：「有興趣」。在下一個電話中，我們就約定了我去紐約州羅徹斯特市柯達總部面談的日期。

那時德儀有一位董事，是剛從柯達退休的執行副總。我跟他不熟，但認識；我打電話告訴他我要去柯達面談的消息，他倒很客氣，到羅徹斯特機場接我，並約我當晚到他家晚餐。我去了，但他在飯桌上的談話倒是出我意料的悲觀，他的大意是：柯達現在很亂，公司裡有少數人以為電子攝影會漸漸取代現在的軟片攝影，但多數人不以為然，若我在這個節骨眼上介入，他並不看好。

第二天我進柯達面談，情況比這位退休副總講的還糟；我見了好幾位副總，最後又見了柯達總裁，幾乎沒有一個談話可以說得上「投機」；而且，大部分面談者給我的感覺是：與我談話是浪費時間，他們根本不需要「電子攝影」。

柯達的面談沒有下文，我甚至不知道他們後來有沒有設立「電子攝影部」，我也不知道他們後來有沒有試圖轉型；從外面看來，他們死守軟片照相；在後來幾十年中，隨著軟片照相的衰退，他們默默地憔悴，默默地萎縮，默默地死亡。

最近幾年在台灣，常聽到「轉型」的口號：「轉型！轉型！」但是，又有幾家公司轉型成功呢？

現在回到一九八四年的我，以及我收到的兩個邀聘了。

第一個邀聘來自一位當時很著名、總部在紐約曼哈頓的創業投資家，他與我在三次相當投機的面談後就邀聘我為他創投基金的「高級夥伴」（General Partner），而且開出很優渥的條件：（一）只比德儀略低的固定收入；（二）在他現有的大基金我會有不錯的「附帶利益」（carry interest）（注1）；（三）在他剛投資的一家半導體公司，他要我去做董事，而且享有股票承購權；（四）他要我主持他想成立的達拉斯分處，他會幫助我募集該分處的基金，而我會在這基金上享有巨大的「附帶利益」。

一星期後我就收到第二個邀聘——通用的邀聘。

通用在一九八三年「財星五百大」（即美國營收最高的五百家公司）的排名，大約居於三百至四百之間（德儀在一百名內）。它是一家多元公司：寬頻、半導體、賭注產品（例如跑馬場用的賭注機器、政府賣彩票的機器等），還有「電腦產品」（都是購併過來的小公司，準備整理後，把它們上市，或賣給別人）。

通用的董事長是歇基，在兩個月內，他和我面談了五次，他似乎在測驗我在不同場合的舉止，這五次談話，有兩次在他的亞利桑那鄉村俱樂部；兩次在他辦公室或會議室，一次在一家上等餐廳。五次面談主要講話者是我，我敘述了我的一生經歷以及我的抱負，他也簡單地說了他怎麼達到通用的顛峰。對我更有興趣的，他說他長我四歲並預備幾年內就退休，而我將為他的當然接班人；我甚至問他：「你有這個指定你的接班人權力嗎？」他的回答：「我絕對有。」

除了花那麼多時間與我面談，歇基還專程去達拉斯拜訪我以前在德儀的上司：董事長夏伯特和總裁彪希，詢問他們對我的意見。

他開出的邀聘條件也很優渥：（一）薪資及花紅比我在德儀顛峰時期還高；（二）我的頭銜是總經理暨營運長（President and COO）；（三）我也是董事；（四）相當優厚的股票承購權。

現在要比較通用和創投基金了，到底接受哪一個邀聘？我以興奮的心情考慮這問題，因為看起來，兩者之中無論哪一個都比我在德儀最後處境要好得多。從經濟層面看，創投基金機會比較「無限」，因為有「附帶利益」，但從我能否「適任」層面考量，似乎通用的機會對我比較適宜，因為這是一個公司經營的工作，畢竟我已有二十幾年的經驗。

撇開經濟，考量「前途」，那麼，通用的前途就是通用的顛峰──董事長暨CEO，一個相當規模公司的首長。這不是我一向的目標嗎？而創投的前途，只是賺更多錢而已。

我考慮了幾天，也與兩位我尊重的前德儀同事討論。幾天後我決定了：接受通用的邀請！

一九八四年一月十六日，我以電話告訴歇基我接受他的聘請，他立刻的反應是：「我今天要喝個半醉，因為我找到你了！」我的職位：董事暨總經理暨營運長，都需要通用董事會通過，而通用下次董事會是二月二十一日，所以我們決定我在二月十九日抵紐約，二十一日董事會通過我的職務後就上任。

二月十八日，我還在達拉斯，又接到歇基電話，他已告知我未來的直接下屬（四位資深副總）我將上任的消息；兩位表示接受，兩位反對。接受的兩位分別管理賭注產品和電腦業務──兩個比較小的部門；反對的兩位管理寬頻和半導體──兩個比較大的部門。

當然，一半直屬在我未上任前就反對我，是一個不祥的預兆；但我那時富有自信心──比通用大的企業我都經營過了，難道還不能經營通用？我沒有在乎歇基給我的預警，照原來計畫走馬上任了。

通用器材公司

上任的頭幾個月，本來就預備是「密集學習」的時期：幾個月後我就知道，通用總經理並不那麼好做。

第一，雖然通用的總營收比德儀半導體集團還少，但通用是十幾個不同事業的合成，而這十幾個事業的總部又遍布全美國：例如寬頻的總部在馬里蘭，半導體總部在紐約長島，電腦產品總部在亞利桑那，光電總部在矽谷……；公司最大的工廠又在台灣。在頭幾個月內，我到了每個事業的總部，在當地待了一天到好幾天，試圖熟悉每一事業的業務，但並不很成功。例如：寬頻是通用最大的事業，其營收約占公司營收三分之一，但在我過去經驗之外，所以一直到我一年後辭職，我都還不熟悉。

我不是有四個資深副總，每人負責幾個事業嗎？他們不是都應該熟悉各自的事業嗎？的確，他們相當熟悉他們各自的事業單位；但如前文已提到，這四位中兩位「接受」我，兩位反對我。在頭幾個月內，我就發現：即使「接受」我的兩位，對我也不過持敷衍態度而已；而反對我的，的確相當敵對。況且，假使這四位副總都能好好經營他們各自的事業單位，歐基為什麼要我？

這最後問題「歐基為什麼要我」的答案，也在我上任的頭幾個月發現了，與我想像的很不一樣。歐基和我在面試階段，竟沒有「比對」我和他對我任務的認知！

我的認知是：從眾多的通用事業內，選擇幾個可茁長壯大的（我起初想的是半導體和寬頻，因為這兩個都是資訊界的基本產業），再從技術層面著手，擴展研發，把這幾個事業培養起來；把通用建立為一個大公司。

好一個美夢！與歐基的期待完全不同！

歐基對我的期待，在我上任後幾個月的時間才漸漸透露出來。他要我做他的夥伴，買進小公司，整頓一下，再以高價賣出或上市；他的最高目標，是在他退休前，把整個通用都賣出去！

其實「買賣公司」是「私募基金」的正常業務，八〇年代在美國也已有好幾家「私募基金」出現，只是，以科技公司之名，行「私募基金」之實，恐怕通用還是先驅者。

在我「密集學習」期間，歐基就正在積極進行購買一家小公司。我們的辦公室相鄰，他常到我辦公室，並隨意打斷我的思考，告訴我他的進展，詢問我的意見。他也常提起通用的幾個賠錢單位：「什麼時候你能把它們整理好？讓我們把它賣掉」、「要不要再換這個賠錢單位的總經理？」

歐基是愛爾蘭裔，當時和我一樣是單身。在我上任後的頭半年，通用業績不錯，我與歐基相處尚稱愉快，他常在下午六、七時走到我辦公室，看見我還在，邀我一起去一家百老滙愛爾蘭裔人開的牛排餐廳，幾杯酒後，歐基會對我說：「莫理士也許你的經營能力超過我；但在金融方面（買進賣出公司），你可以從我這邊學到一點東西。」有一次我們吃得晚了，餐廳已快打烊，忽然好幾位歐基的朋友來到，大概都是愛爾蘭裔，歐基立刻跑到他們那邊，和他們一起唱起悲壯的愛爾蘭歌來。

我和歐基的「蜜月」只維持了七、八個月，自一九八四年第三季起，市場漸不景氣，通用業績逆轉。歐基的注意力，馬上從「買賣公司」轉移到「維持業績」；當然我也想維持業績，但當我面對敷衍或敵視我的下屬，自己又不熟悉大部分業務，無力回天時，歐基和我的關係很快地轉壞了。

就在這個時期，我與一位麥肯錫公司（McKinsey & Company）(注2)顧問有一次有趣的談話。這位顧問常常來通用，但是他的客戶似乎只是歐基，對我只是碰見時「哈囉」而已，所以我和他不熟，但這次他特別找我喝咖啡，在喝咖啡時說：「你好像很有戰略思想，與歐基恰恰相反，他富有戰術思想。」

我回答：「我們兩人互補，不很好嗎？」

他猛烈地搖頭：「不。CEO有戰略思想，COO（營運長）有戰術思想，才算互補。你們兩人的位置恰恰相反，是很壞的配合。」

這是很高的智慧！對我當時是新聞，但我後來一直記得。只是直到現在，我還不知道，這位顧問是否已接到歇基的指示，要他給我第一個警告！

歇基的最後通牒及我的答覆

正如麥肯錫顧問所說，歇基富有戰術思想，而在他心中，戰術精髓在於反應快。在一九八四年八、九月業績逆轉之際，他立刻僱回了一位與他戰術思維差不多的前副總（名喬治），把喬治塞在我的下面，而且要我從別的資深副總手裡分幾個事業單位給喬治。我從命。喬治的確「新官上任三把火」，一上任就飛到他負責的事業單位所在（加州、亞利桑那州、馬里蘭州），我很少在紐約見到他，只有打電話。他常有好消息報告，但他的好消息都是治標性的，例如：「我把光電部門一些存貨以廉價賣掉了」、「我得到某客戶的同意把他們下月要的貨這月就運出了」，當我問：「那下月怎麼辦？」他不屑地說：「下月再想辦法」，其實下月的「辦法」，也不過與這月一樣「寅吃卯糧」。

至於我諄諄教誨的「基本面」，喬治似乎毫不在意；在這點上，他與歐基以及大部分通用主管都相同。

另一人事變更：負責半導體的資深副總辭職了。此人起初就反對我，後來也沒有和我合作，所以我並不可惜他的辭職，而且立刻任命半導體部門第二號人接位。但歐基似乎很不捨得此人，而且認為此人的離開，是我不能留人，在歐基心目中，這是我不適任總經理的又一證據。

一九八五年二月八日，距我上任不到一年，我接到歐基從他亞利桑那州農場「特郵」寄來的「絕對機密」備忘錄（長達三頁）：

你與我對如何解決公司裡六個單位的驚人虧損，並無共識……

……

結論：我們（你、喬治、我）的精力太分散了。

我要你集中精力在半導體和光電上；我要喬治集中精力在電腦產品上；我自己則集中精力在寬頻和賭注產品上。……

四天後我答覆（四頁）：

……

1. 讓喬治集中精力在電腦產品，我不反對。
2. 要我集中精力在半導體和光電上，我不接受；我加入通用，是來做全公司的總經理，而不是來做半導體和光電部門總經理。
3. 你自己要集中精力在寬頻和賭博產品上——我不認為這是你最好利用你的時間的辦法；但如你堅持要這樣做，我也不反對；只是，你的角色是支持我，而不是代替我。

歇基的要求和我的答覆當然是南轅北轍。他要把我的角色削減到半導體和光電；我卻堅持繼續做我的總經理。我的答覆等於與他決裂。

五天後，歇基回到紐約，我們有一次長談，但長談也解決不了問題。這樣的局面，居然又僵持了一個多月；終於，三月二十六日，歇基召我一早就到他的辦公室，見面就說：「我要你自動辭職。」「為什麼？」「你的下屬通通都不要你。」

一個多月我以為是「僵持」的時間，已讓歇基有充分時間與每一個我的直接下屬談話

（除資深副總外，還有好幾個副總），而且唆使他們叛離我。離開歐基辦公室後，我打電話給每一個直屬部下「道別」，只有兩人肯接我的電話。一個是半導體的新主管，他是我提拔的人，歐基並不怎麼看好他，他擔心他自己的處境；另一個是喬治，他名義上也是我僱的，也還能保持比較客觀的看法。

當天下午法務長就讓我看即將發出的新聞稿：

通用器材公司董事長暨CEO弗蘭克．歐基今天宣布他已與總經理暨營運長莫理士．張博士達成共識；在此共識下張博士將辭去他現有職務，有效期為四月十五日。此後張博士將繼續為通用諮詢。

歐基先生說：「我們非常遺憾做此宣布，因為董事會和我都尊敬且欽佩莫理士．張。我們很高興張博士將繼續為我們諮詢。」

這新聞稿不愧是歐基和法務長的精心傑作——既表達了我的辭職是他主動（「共識」），又為我留了一點面子（「尊敬、欽佩」、「諮詢」）。

我的辭職新聞在次日《紐約時報》及《華爾街日報》就出現，過幾天幾個專業報紙也都登載。

我又失業了。

ＩＣ設計（無晶圓廠）公司先驅

在通用最後幾個月的淒風苦雨中，我接觸了兩位「ＩＣ設計公司」創業者，並且為通用做成了第一筆「晶圓代工」生意。這段經驗值得在此一提。

一九八四年十一月，戈登．坎普（Gordon Campbell）來看我。我們雖不熟，但互相知道對方是誰（坎普曾創辦 SEEQ Technology 半導體公司，在相當成功後脫手；坎普也知道我在德儀的業績），所以我也不以他要來見我為奇。果然，他找我的目的是要通用投資他現在想創辦的公司，「要五千萬美元投資。」我問：「你有營運計畫嗎？」他說：「沒有。」但又指指他的腦袋，說：「都在這裡。」我告訴他通用應該有興趣投資，但所有投資案必須經過董事會，我要有一份正式營運計畫才能提到董事會去。坎普說：「沒問題，我回去後就寫，兩星期內寄給你。」

兩星期過去了，三星期過去了，沒有收到計畫，我就打電話給坎普。坎普回答：「啊，對不起，莫理士，我不需要你投資了。」

「為什麼？」

「因為我不需要五千萬，只要五百萬就成；五百萬我隨便湊湊就湊得起來。」

「為什麼只要五百萬？」

「因為我不建晶圓廠了，把晶圓製造包給別人。」

……

對通用，這個投資案就這樣無疾而終。後來坎普創辦了 Chips and Technologies，果然是最早的無晶圓廠 IC 設計公司，相當成功，後來也是台積電的客戶。

對我，戈登．坎普吹響了第一個無晶圓廠、IC 設計公司的號角。

坎普訪問後幾星期，一位素昧平生的創業者，經過通用半導體總經理的介紹，也來看我，他名叫喬治．布雷果思（George Perlegos），已創辦了 Atmel，也是無晶圓廠的 IC 設計公司，現在要通用替他做晶圓代工。那時我們的晶圓廠正缺訂單，所以我立刻指示半導體總經理與喬治談條件；此後兩個月，我常常聽到總經理的埋怨，「喬治在我們工廠裡指指點點，侮辱我們的工程師」、「喬治要改變我們的製程」、「這是我們的廠，好像喬治認為是他的」……雖然很多埋怨，但案子仍在進行，而且最後，我聽說要開始「試片」了。

一直到我辭職前六天，總經理很緊張地打電話給我：「喬治大喊大罵，情緒失去控制，說我們建議的合同太苛刻。」次日，我親自電話喬治，與他談判，在我那天的日記上，我記下「我稍作讓步」。

但是五天後我就離開通用。後來聽說這樁「晶圓代工」案子繼續下去，而且通用和 Atmel 雙方都還算滿意。

半年後（一九八五年九月）我就在台灣決定台積電的「專業晶圓代工」商業模式；在思考台積電商業模式時，我也想起了戈登和喬治，他們並不是我決定台積電模式的主要原因（主要原因要請你繼續讀下去），但在我腦海中，戈登和喬治也是推動「專業晶圓代工」的一股小小力量。

從「經營顧問」到「天使投資人」

我從通用辭職新聞在各大報發表後，家中及辦公室電話又是鈴聲不斷，但這次我不急著找工作了。通用的經驗，對我是很大的刺激——短短一年，從歇基的「我今天要喝個半醉，因為我找到你了」，到他的「與張博士達成共識，在此共識下張博士將辭去他現有職務」——

短短一年，有這麼大的變化！

當然，這也不能完全怪歐基，我根本就不應該接受這個職位！我沒有搞清楚歐基和通用董事會要的是什麼，我根本不適任他們所要的！

我需要沉澱下來，我要給我自己充分時間考慮我下一個工作。我失業時剛是初春，紐約的春天是最宜人的季節；至少在紐約度過春天吧！暫時，先做一下「經營顧問」。

我印了一盒名片：「莫理士．張，經營顧問」，辦公室就是我的家：紐約市第五大道、川普大廈——很光鮮的地址；我也為自己訂了顧問費——每天一千八百美元。

兩件顧問案倒是接踵而來：第一件來自一位企業主，他要我去加州跑一趟，了解一下他在那邊的研究室（在做平行處理器），回來告訴他我的感想；我照他的意思做了，收了他兩天的顧問費，但後來沒有下文。

第二件來自一位創投家，他要我列席一次他最近投資的半導體公司的董事會，我去了，也依他的要求發表了一些意見。會後，這位創投家要我做這公司的董事，他說他出不起每天一千八百美元的顧問費，但可以讓我以創辦者價格投資這公司的股票（這就是所謂「天使投資人」）。我算了一下，覺得可能獲利遠大於可能損失，所以就接受了這創投家的條件——當上了這家公司的董事，投資了一萬美元左右，獲得了若干股票。幾年以後，這家公司居然上市，我的一萬美元投資變成二十幾萬美元，我也很快辭去董事職，把股票賣出獲利了結。

但這是我唯一成功的天使投資！幾乎同時，我又當了兩家別的新創公司（都是前德儀同事創辦）的董事，也對這兩家公司做了天使投資。後來，這兩家公司都失敗倒閉，我的投資也泡湯。

春天過了，夏天到臨；在失業的五個月當中（一九八五年三月底至八月中旬），我療癒了通用的創傷，學會了一些創投的訣竅，更享受了每星期好幾次與父母及女兒在一起的天倫之樂（後來發現，這時期是我常能與父母、女兒一起的最後時期），也充分享受紐約所能給予的：音樂、歌劇、舞蹈、話劇、博物館、好餐廳……；我的心情從痛苦到放鬆，又從放鬆到期待——對未來的期待。

一九八五年八月，在美國待了三十六年又一個月後，我要到台灣去了。

【注釋】

1：「高級夥伴」和「附帶利益」均為投資業的專用名詞。簡單的解釋：「高級夥伴」有別於「有限夥伴」（Limited Partner），「有限夥伴」就是普通的投資人，有賺有賠；「高級夥伴」負責經營投資的案子，只賺不賠，為什麼？因為「高級夥伴」享有「附帶利益」，而「附帶利益」只存在賺錢的案子上；碰到賠錢的案子，「有限夥伴」要照他們的出資比例賠，但「高級夥伴」沒有「附帶賠償」，也就是說：不賺，但也不賠。

2：麥肯錫公司是美國的一家著名顧問公司。

台積電篇一

與命運的約會

一九八五——一九九〇年

五十四至五十九歲

第十四章

我與台灣的淵源

一九六一—一九八五年，三十至五十四歲

來自台灣的史丹佛同學

一九六一年前，我不認識任何來自台灣的人，一九六一年，德儀派遣我到史丹佛讀博士時，我在史丹佛認識了幾位從台灣來的同學；在與他們的交談中，我對台灣有初步的認識。

在那時期，跨國半導體公司已紛紛到低工資的東南亞設立「封裝測試」廠，他們選擇的地點大部分是香港。德儀比較保守，還沒有到東南亞設廠，但我已開始注意競爭者的這個趨勢。既然認識了這幾位來自台灣的同學，我也問他們對跨國公司利用低工資勞力的見解。他們異口同聲地認為對低工資地區，跨國公司去設廠絕對是好事，因為低工資地區需要就業機會；只是，台灣的條件其實比香港好，台灣有許多優秀的大學工程科系畢業生，他們找不到好的工作；台灣也有工職學校畢業的技工人才，也有勤奮的作業員——總之，跨國公司去香港而不去台灣，大概因為並不知道台灣的好處。

那時我雖不認識台灣，但認識香港；香港給我的印象是一個商業城市，似乎不很適合發展工業，所以我也下意識地接受了同學對台灣的推薦。

德儀台灣終於實現

一九六八年德儀終於決定去東南亞設廠，德儀總裁夏伯特先選了香港，但我推薦台灣，總裁也接受了；他與我一起到台北見經濟部部長李國鼎，想不到遇到困難，只好暫時擱置在台灣建廠計畫。之後，夏伯特與我轉程去新加坡，幾乎立刻與新加坡政府談妥，就把原本要到台灣設廠的計畫，包括已在達拉斯待命出發的廠長及幹部一併移到新加坡。以上詳情見本書第七章。

一年後（一九六九年）台灣設廠的困難解決，德儀就來台灣建廠，但那時德儀的海外廠已不歸我管；直到一九七二年，我當上了半導體集團總經理，全球所有德儀半導體單位，包括海外廠，都在我屬下。此後直到一九七七年，我大約每年都來台灣「視察」一次，總是與東京、吉隆坡、新加坡同一旅程，每次在台灣逗留一、兩天，匆匆來，匆匆走，停留的地方通常只有機場、旅館，和位在中和的德儀台灣。

工研院IC計畫的開始

一九七五年，在我德儀半導體集團總經理任內，大約是行銷部的屬下告訴我德儀收到一封台灣工研院的「招標」函，此「招標」函徵求IC技術移轉，以及相關智慧財產的授權。德儀當時政策不賣技術（十幾年後，德儀窮了，此政策改變），所以我毫不猶豫地決定不投標。許多年後，我才知道工研院當年發了不少招標函，但只有少數廠商投標。

一九七六年一月，一位已自美國RCA退休、但仍住在普林斯頓的潘文淵先生要來達拉斯「請教」我，說是為了台灣IC計畫招標事；我在電話上又對潘先生講了一遍德儀不賣技術的政策，但潘說他不是要德儀移轉技術，而是有別的問題要「請教」，我就與他約了一月二十二日下午在我達拉斯辦公室見面。

那天潘與另一位工研院顧問凌君同來，潘的主要問題是：「CMOS是不是最有希望的IC技術？」對這問題，我有一個肯定的答覆：「是。」在一九七一年我接手德儀MOS部門後，我歷經「PMOS」、「NMOS」，最後「CMOS」。站在一九七六年一月的立足點，「CMOS」成為最後勝出的技術，在我心中，已沒有什麼疑問。

潘、凌兩位似乎很滿意我的答覆。多年後，我才知道我對潘的肯定答覆的確是台灣買

RCA CMOS技術的最後關卡（至少是最後關卡之一）。緊接著潘的達拉斯行，四十二天以後（一九七六年三月五日），工研院就與RCA簽約，再一個多月後（四月二十六日）工研院就派出第一批工程師去RCA實習。後來幾十年IC技術的發展，的確以CMOS為主流，所以一九七六年我給潘君的答覆沒有錯。

一九七六年近代工程技術討論會

與潘文淵會面的同月，祕書忽然告訴我有一位自稱是台灣行政院祕書長的人從洛杉磯打電話給我，要和我講話，我滿腹懷疑地接起電話。對方自我介紹他是費驊，行政院祕書長，也是中國工程師學會會長，電話目的是邀請我參加當年七月在台北舉行的近代工程技術討論會，並做專題演說。我在電話上答應考慮，掛了電話後就打電報給德儀台灣，囑他們打聽一下費祕書長及近代工程技術討論會的來歷。德儀台灣很快就給我正面回音，七月會期也正值德儀假期（注1），我就答應了費驊。

那會議是我與台灣關係的真正開始。我利用德儀的假期赴會。記得我在演說前一天早上就到台北，在圓山大飯店登記後就到山下圓山聯誼會，坐在游泳池旁，準備我次日的演講。

雖然台北七月相當炎熱，但我來自更炎熱的達拉斯，並不覺得不舒服。一九七六年我還在德儀事業的「高原」上，不但是德儀全球半導體集團總經理，還是總公司「成長委員會」主席，理論上（注2）負責全公司的成長發展策略。那時德儀正大肆推銷零售價二十美元的電子錶，我的演講就以「電子錶」為題，闡述德儀如何先從「市場研究」決定「目標電子錶」的性能、設計，以及最利推銷的價格（注3）；然後，如何動員內部研發、工程、生產部門，不但要做到目標的性能和設計，而且要做到使得公司能在二十美元零售價賺到合理利潤的成本。

這場演講相當受歡迎。在一九七六年的台灣，科技產業相當落後。我所講的世界級科技公司如何有計畫地推出新產品的故事，絕大部分聽眾都沒聽過。

聽眾的一位是李國鼎政務委員，此時離我一九六八年因籌備德儀台灣而來台拜訪時任經濟部部長的他，已經有八年之久，李政委當時六十六歲，一生服務政府，歷任行政院美援運用委員會祕書長、經濟部部長、財政部部長等財經要職，但在一九七六年，他剛經歷了重大的心臟手術。據他自己告訴我，蔣經國行政院院長為了減輕他的負擔，請他擔任科技方面的政務委員。國鼎先生雖在大學時修物理，但已離開科技多年，現在做了科技政委，當然想與世界級的科技公司建立關係；德儀正是這樣的公司，何況裡面還有一個華裔的高階主管！

我演講後李政委就趨前稱讚，並約我午餐，此後無論我來台灣，或他去美國，他總會約我見面；每次他去美國，他總會要來德儀參觀，看看有什麼新發展。他也結識了剛自德儀董事長職位退休的海格底，並邀請海氏在一九七八年專程訪問台灣一週，而且請海氏組織行政院科技顧問團，此事已詳述在本書第十章。

不幸海格底在一九八〇年患胰臟癌，英年早逝。自發現癌症至過世前後只不過幾個月左右。在海病危時，德儀認為這是海個人的「隱私」，所以只有極少數人知道他病危的消息，我那時已在德儀「下山」途中，只知道海格底生病，不知道他病危；而恰巧李政委在海病危期間再度訪問德儀，沒見到海卻被告知海病危。於是，在李與我聚餐時，倒是他，一個外人，告訴我海格底病危的消息。從我的一臉驚異的表情，他也猜到我應已不在德儀核心圈內，並且直爽地問：「你不在經營委員會裡了？」我雖痛心，但也不否認。

一九八一年應邀參觀台灣電子工業並做建議

此後兩年李政委開始徵求我到台灣工作。第一步在一九八一年初，他要求德儀董事長夏伯特，「借用」我兩星期，要我參觀台灣電子工業並對他及行政院院長孫運璿做建議。他第一次做此要求被夏伯特拒絕了，夏推說我剛有新任務（品質總監），不肯借；第二次再要求時，夏伯特有點不勝其煩，答應了。我在「品質總監」職務內，本來就預備在一九八一年三、四月到歐、亞各德儀工廠走一遍，現在騰出四月十二至二十二的十天，專門為李政委為台灣電子工業做建議。

這十天中我看了十三家工廠和兩個實驗室（工研院電子所及交通部電信所），與李政委及工研院方賢齊院長吃了好幾次晚餐；從這次起，以後我訪問台灣，李政委常邀請當時的經濟部部長和財政部部長與我一起晚餐，甚至有一次他說：「我把張博士交給你們了。」

這次離台前，我拜會行政院院長孫運璿，口頭報告此行的建議。回到達拉斯後寫了一份九頁的報告給李政委，這份報告我至今還保留，現在把它綱要（注4）如下：

日期：一九八一年五月四日

致：李國鼎政委

I. 前言

台灣電子業在最近十年有爆發性的成長，但幾乎所有成長都基於台灣的低工資。當別的比台灣工資更低的地區開始開放，政府的目標——要電子工業從「勞力密集」升級到「技術密集」，非常合時。

「技術密集」與「勞力密集」工業需要很不一樣的經濟及社會基本設施，也許更重要的，它們需要很不一樣的經營者心態。

要務不是開發幾個個別的技術，而是建立一個**獎勵創新**的社會及經濟環境。

您要我就四個題目建言，我謹建言如下：

II. 自動化

方賢齊院長讓我看他的初步工研院自動化技術研發計畫，我的問題是：「研發了又如何呢？」、「工業界又怎麼享受工研院的研發成果？」、「要點是怎麼連接工研院的研發與工業界。」

我的意見如下：

1. 政府研究機構不應關起門來做自動化的研發。
2. 政府可與民間合資，開設多家小型、不同種類的自動化公司。這些公司因為有利潤動機，會努力研發工業界需要的東西，而且把他們的研發成果賣給工業界。

3. 政府亦可出資讓前述的小公司做研發案，這些研發案應有落日點，那麼落日以後公司的存滅，就靠這公司能不能銷售研發成果給工業界。

III. 積體電路

目前工研院積體電路研究案的主要產品為電子錶積體電路。

我的建言如下：

1. 清楚定義工研院積體電路研發案的目標，現在的目標：「達到而且維持積體電路能力」太模糊。
2. 一個可能的目標：增加台灣積體電路的自足性。
3. 另一個可能目標：開發少量、多樣的客製積體電路。
4. 電子錶積體電路是一個狹窄的市場部位，工研院應儘速分散到別的市場。
5. VLSI案（注5）需要的經費和人才甚巨，可不必做。

IV. 電腦

非常高興看到小型「電腦相關」公司的蓬勃發展。建言：

1. 硬體製造應限於以微處理器為基礎的線路板、模組、或個人電腦。
2. 小型電腦公司的經營重點應為：軟體開發、硬體適應、比較簡單的線路板或電腦設計及組裝，以及售後服務，或提供客戶個別需要的服務。
3. 台灣本地市場甚小，大部分營收要從國外來。

V. 一般建言

1. 成立政府出資的創業（亦稱風險）基金。
2. 考慮擴充台灣的證券市場。
3. 考慮如何以租稅政策鼓勵投資「技術密集」事業。

四十年後重溫這報告，我相當驚異我那時的衝勁。當然我那時完全不了解台灣的政治和工業環境（不然不會建議工研院不做自動化及VLSI計畫），我也高估了政府對民間企業的影響力（不然不會對政府做對電腦產業的建言），但純從**科技業策略**面看，即使今天的我，也不慚愧我四十年前的建言。

事實上，在孫運璿任行政院院長時期，正是政府科技計畫最抬頭的時期，在我訪問台灣之前，政府已決定要工研院做自動化和ＶＬＳＩ，我的「不要做」建議，當然無人理會。只有我的「一般建言」，關於創業基金、租稅優惠、證券市場方向等等，倒是在以後幾年政府陸續開始做，但是這些動作，也已有許多財經專家建議，我的建言，只是附和他們一下而已。

幾個月後，我就發現李政委「借調」我參觀台灣工業，主要目的不是要我建言；「醉翁之意不在酒」，他只是要我進一步了解台灣，他的下一步就是邀請我到台灣工作。

一九八二年孫運璿院長的聘僱及我的婉謝

一九八二年一月我的日記：

一月十日（星期日）上午十時去Marriott旅館接潘文淵，潘自稱為孫運璿「說客」，要我去台灣工作，但他對何工作，並不明瞭，講了好幾小時，不得要領……晚六時半去Ｍ家，Ｍ受李國鼎託，說李要我組織一個高科技對外貿易公司，其他情形，也不詳細。

一天之內，兩個說客，代表兩個台灣政府要員，而且互不相應。唯一相同處：要我去台灣工作。

一月十一日 早上電話李國鼎告知他已和潘及M談過，又告訴他下月會飛去台灣和他詳談。

一月十二日 對彪希（德儀總裁，我的上司）說李國鼎事。

一月十三日 彪希要我打電話回絕李國鼎，我說和李面談一次吧，彪希雖答應，但似不高興。

那時我是德儀的「品質總監」，本來就應該到全球德儀工廠視察，所以相當容易安排在台灣逗留幾天。後來安排在三月二十四日自東京抵台灣，二十五日在德儀台灣辦德儀事，二十六至二十九日與孫院長、李政委、方賢齊院長、潘文淵顧問討論台灣政府要給我的工作，以及待遇。

孫院長親自對我講工作。他說，我可以有三個選擇：一是做他的科技顧問，二是做工研院院長，三他讓李政委說。

李政委說他想要我主持政府要辦的創投基金（就是M在達拉斯說的貿易公司），但這完全只在「**想**」的階段，資金的來源都還沒有。李政委只是要我知道：創投基金也是一個可能。

待遇方面，只有潘顧問代孫院長問我，最近三年待遇多少？我告訴他：二十五萬、二十萬、二十二萬（均美元），他請示了孫院長後告訴我：「不會讓你吃虧。」

一九八二年，我在德儀已到「最後的吶喊」階段（本書第十一章）。假使我的整個德儀生涯也如我在哈佛的一年，是一個「可帶走的盛宴」，那麼到了一九八二年，這「盛宴」也已到了杯盤狼藉，主人連連打呵欠，只有我身為客人卻還在高談闊論的階段。盛宴將終，我的離開德儀，僅是遲早問題；但是遲或早卻需要拿捏，因為我還有未到期的「股票承購權」；我還要倚靠這些「股票承購權」賺來的錢，過我未來也許幾十年的低薪，或無薪的生活。

當然孫院長答應我在待遇上「不會讓我吃虧」，但這話能維持多久？我在德儀的薪水比台灣工研院院長高得太多，雖然孫院長有誠意，但他不會永遠當行政院院長，若換了一個新的行政院院長，還會維持孫的答應嗎？

有一個辦法，假如德儀答應，我可在德儀「留職停薪」；那麼，我可去台灣工作，在德儀雖不領薪，但可保留未到期的「股票承購權」；等到「承購權」到期，我把它實現了，才正式自德儀辭職。

但這辦法需要德儀同意。

回到達拉斯後，我對彪希請示在德儀「留職停薪」。我很坦白地告訴他我想去台灣工作，但希望保留股票承購權，彪希說他去問夏伯特，一星期後彪希回話：「不准！我們要留你。」

我在五月四日致函孫院長，並將副本寄給李政委及方院長，坦白告訴他我的處境：我想來台灣工作，但放棄股票承購權的損失實在太大（我甚至告訴他可能損失的金額），而「留職停薪」的請求又被拒絕，所以不能立即來台工作。但我表達了我對他邀請的濃厚興趣，只是「時機未到」而已。

孫院長及李政委在一個多月後各自回信，兩人都表示他們的失望，李政委另提了一個辦法：我每年來台灣幾次，每次一、兩星期。

鑑於上次李政委要求「借用」我時夏伯特的不高興，以及我對夏伯特和彪希性格的了解，我不認為他們會答應李政委的折衷辦法，所以也沒對他們提。

一九八三年十月三十一日，股票承購權也等到了，我辭職德儀，首先想到的就是台灣。

辭職次日就電話李政委，告訴他我已是「自由之身」；意外地，電話後卻沒有下文。幾天內，已有好幾個獵頭者與我接觸，所以我也不再向台灣「追蹤」。為什麼這次李政委冷淡，對我至今是一個謎。但是一九八五年，徐賢修找我後，李政委又熱烈勸我來做工研院院長，我接任工研院院長後，他又熱烈要我成立台積電。

只是，一九八五年主動到紐約找我當工研院院長的不是我熟識的李國鼎，而是我比較不熟識的徐賢修。

徐賢修「三顧茅廬」（一九八五年，五十四歲）

徐賢修先生曾任美國普渡大學（Purdue University）數學教授，在美國退休後，歷任台灣清華大學校長、國科會主委等職；在國科會任內，他建議設立新竹科學工業園區，為當時行政院院長蔣經國採納。新竹科學園區非常成功，後來政府陸續在台南、台中也成立科學園區，這些科學園區相當幫助了台灣興起的科技業。

我在一九八一及八二年來台灣時，曾拜訪國科會主委徐賢修。一九八五年，徐已卸任國科會，接任工研院董事長。工研院院長方賢齊因年齡及健康關係有退休意，徐正在找一個新院長。

根據徐賢修後來告訴我，他的朋友薩支唐教授在報紙上看到我辭職通用器材公司的消息，就打電話給徐推薦我〔後來李政委告訴我科技顧問賽馳（Frederick Seitz）及艾凡斯（Bob Evans）亦在報紙上看到我辭職消息後對李推薦我，但李因為工研院不屬他管，所以沒有主動找我〕。

四月八日，我從通用器材辭職後不到十天，徐賢修就打電話到我的通用器材辦公室（我與通用約定辭職後仍可繼續用辦公室數月），說要和我談工研院院長事，並約定四月二十八日到我紐約寓所來看我。徐先生很喜歡用中文典故，後來在我工研院院長就職典禮上，說他為了僱我，曾「三顧茅廬」；其實他只來過兩次，而且我住在紐約第五大道川普大樓五十三樓，與當時地產巨富、後來美國總統的川普上下為鄰，我的住所絕對不能說是「茅廬」。

四月二十八日，我與徐賢修談了兩、三小時，我答應五月先到台灣工研院「看看」。五月十四日行政院科技顧問艾凡斯也來紐約看我。艾凡斯是舊識，他任ＩＢＭ副總裁時，我在德儀，他是我的客戶。後來他離開ＩＢＭ，做創業投資，現來紐約勸我接受工研院職。他說我若做工研院院長，實質上會是「台灣科技長」。當時我不知道他說的對不對，後來做了工研院院長後，才知道艾凡斯此話荒謬之極。台灣沒有「科技長」，即使有，也不會是工研院院長。

五月，我實踐對徐賢修的答應，到台灣訪問共十一天。在一九八一、八二年兩次訪問台灣時，我對工研院已稍有了解。這次，聽了副院長（胡定華）以及各所（工研院當時共五所）所長的詳細報告；十一天內，與徐賢修每天見面，與行政院院長俞國華見面兩次，與李國鼎也見面好幾次。

除了鼓勵我接受工研院院長職，李國鼎重提他三年前（一九八二年）對我提過的創投基金，這三年來，他的創投計畫已稍有進展，他正與美國創投公司 H & Q（Hambrecht & Quist）任職的徐大麟君談在台灣設創投，於是李國鼎又重萌我亦可在創投扮演一個角色的念頭，並且立刻介紹那時也在台灣的徐大麟給我，希望我和徐大麟可以合作。

十一天訪問結束時，我是否接受工研院院長職尚無結論。我的條件是：我不計較待遇，可以接受任何俞院長及徐董事長認為合理的待遇，但我只答應半時工作，因為我要保留另一半時給李國鼎的創投，或其他在美國的工作（例如天使投資人）。

六月二十四日，徐賢修來紐約訪我，告訴我俞院長已答應我的條件，只要我承諾：（一）不要對外說我只是半時；（二）創投與工研院應分開。徐也告訴我俞院長開出來的薪資。如考慮「半時」工作，這薪資相當合理。

六月二十六、七日，我去舊金山訪問 H&Q的負責人，詢問他們「台灣創投基金」的詳細，結果是：「台灣創投基金」無論規模及我與徐大麟君的附帶利益，都相當使我失望；更有甚者，徐大麟君本來預備獨自經營「台灣創投基金」，現在如果要和我一起經營，而且分享「附帶利益」，明顯有點失望。所以李政委要我在創投扮演一個角色的主意，並不實際。

紐約的春天快快地過去，現在已到七月，我也已「沉澱」了三個多月。幾乎整個七月，我陷入「此後做什麼事」的沉思中。經濟方面我已無後顧之憂，最重要的考量是未來的工作是否具足夠挑戰性，能使我再度振奮；比較次要，但仍很重要的考量是工作地點和環境，我是否能適應？

美國，尤其紐約、德克薩斯、或矽谷，是我最能適應的地點。但挑戰性工作機會？在一九八五年七月看來，恐怕只有創業投資（如一九八四年，見第十三章）或繼續做「經營顧問」及天使投資人。

台灣呢？無論工作或居住環境，對我都很陌生。但工研院職位看來頗具挑戰性。至於徐賢修和俞院長對我「半時」的應允，明顯地非常勉強；況且我原本要求「半時」的原因——參加李國鼎的「台灣創投基金」以及終結現存的「經營顧問」及天使投資人工作，一半已不存在——我已發現李政委對我參加「台灣創投基金」的期望並不實際。我只要結束在紐約的工作（大約一年內）就可以全時在台灣；即使未來一年，也可以至少「四分之三時」在台灣。

七月二十四日，我決定了，我打電話給徐賢修，接受工研院院長職位。

闖一次天下吧，五十四歲，再不闖天下以後也不會了。

【注釋】

1：當時德儀規矩，七月上旬為「集體假期」（Mass Vacation）。

2：一九七三至一九七六年作者是德儀「成長委員會」主席，董事長及總裁均為委員，但作者並無實權。

3：一九七六年作者做此演說時二十美元零售價非常吸引買主，德儀也可賺錢，但一年後，零售價跌到十美元，所有德儀的精心規畫都失敗。

4：此報告原文為英文。

5：VLSI（Very large-scale integration，超大型積體電路）案是工研院IC案的延續。工研院IC案自一九七六年開始。

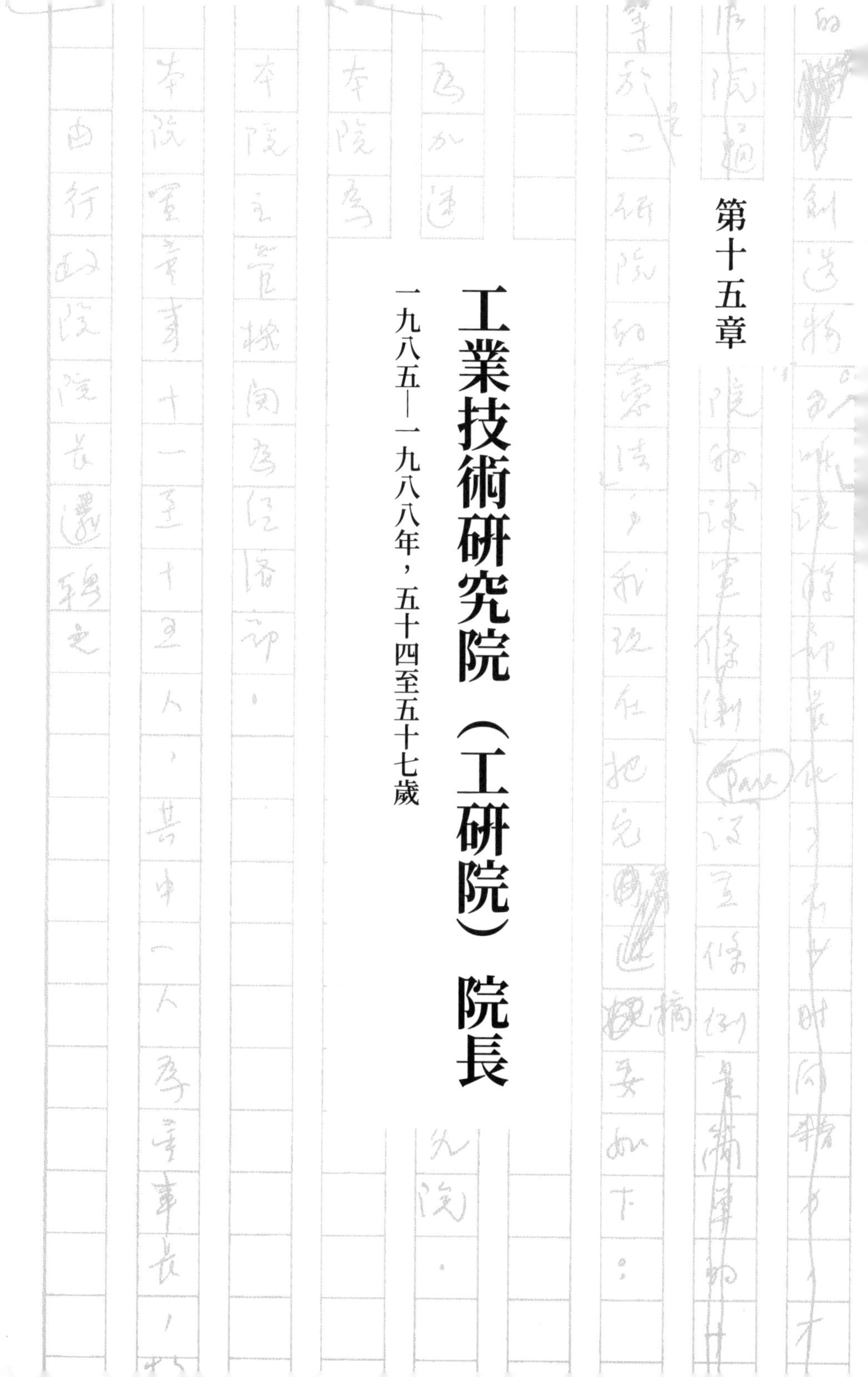

第十五章

工業技術研究院（工研院）院長

一九八五—一九八八年，五十四至五十七歲

工研院成立於一九七三年，是當時經濟部部長孫運璿先生的創造物。孫部長有工程背景，可能是最近幾十年來，台灣政界中最重視科技發展的政要。一九七三年時，孫部長認為政府應該設立一個工業技術研究機構，但公教人員的薪資不足以吸引能幹的工程研究人員，所以他花了不少時間精力，說服立法院通過「工業技術研究院設置條例」，以財團法人形式成立了「工研院」。

「設置條例」等於是工研院的「憲法」；我現在把它綱要如下：

為加速發展工業技術，特設工業技術研究院。

本院為財團法人。

本院主管機關為經濟部。

本院置董事十一至十五人，其中一人為董事長，均由行政院院長遴聘之。

本院置院長一人，副院長一人或兩人，均由行政院院長遴聘之。院長綜理院務。

董事長、董事、院長、副院長，均為行政院院長所聘，主管機構又是經濟部，所以工研院等於是政府機構。政府機構的重點是：員工工作有保障。所以工研院員工既有公職的工作保障，又有財團法人優於公職人員的待遇。

這些都是孫部長給予工研院員工的激勵，員工們也樂於接受，尤其在一九七〇、八〇年代，台灣科技產業還在萌芽階段。對理工畢業生而言，整個台灣還在「萬般皆下品，唯有讀書高」時期，如果能夠得到一份工研院工作機會，繼續讀書（研究），實在很幸運了。

但是，孫部長成立工研院的目的，也就是「工業技術研究院設置條例」開宗明義的第一條：「為加速發展工業技術」，卻被忽略了。

工業技術是工業要用的技術。

但是，工研院與台灣工業界沒有什麼連接。

那麼，要達到工研院使命，首先必須增強與工業界的連接。

接任第三任院長

我在一九八五年八月十八日自美飛抵台北，當時工研院徐賢修董事長在機場接。他告訴我當他對工研院董事會報告我已被行政院院長遴聘為院長時，陳履安董事曾強力反對。陳的反對理由是：「台灣人才很多，為什麼要在美國找人？」陳當時任國科會主委，並非工研院的「主管機關」，而且徐強調「別的董事都很支持你」，所以雖然我視陳的反對為不祥預兆，但也沒太在意。

八月二十日院長交接典禮，我自前任方賢齊院長接過印鑑，正式成為工研院院長。在就職致詞中，我說：「工研院為工業界之一員；如何與工業界配合，將是我主要工作。」

接任後的幾個星期，為了了解工研院的業務，我聽每個所的簡報（當時工研院有五個所，一個中心）。

一開始在工研院聽簡報，就發現這是很累的事。

簡報者似乎認為這是一齣他被命令演出的戲。他寫劇本、導演、主演；他用心準備、排演、最後演出；他期待的是我的鼓勵和喝采。

我卻認為這是他對我的溝通，我要了解他在做什麼？有沒有困難？我能不能解決他的困難？更重要的，我要了解他為什麼做他在做的？做成了對台灣工業界有沒有用？

畢竟我在德儀、通用無論聽或做簡報已有二十多年經驗。我維持我的一貫作風——一有問題就打斷簡報發問，因為問題不能累積，如果一開始就不懂，以後等於白聽；而且，在簡報結束後，我問幾個重要但在簡報中沒有提到的問題，例如：市場多大？哪家公司有興趣？怎麼移轉研究成果等等。

在德儀和通用，一般簡報者（包括我自己）都很能應付這類問題；但是在一九八五年的工研院，我的作風竟然造成大大的震撼（注1）。當時我不知道，打斷簡報發問被視為「不尊重簡報者」；問一些簡報中沒有提到，甚至簡報者想都沒想過的問題更被視為不近人情。其實我問這些問題時絕無要簡報者出糗的意思；雖然我知道他大概沒想過，但我希望我的發問也許可以啟發他的思想。後來看，領情的同仁少，憎惡我的同仁多。

雖然我自己以為只是坦率，但我在聽簡報時「不尊重」同仁的惡名，在我上任的頭幾個月就成立，也是我後來改革失敗原因之一。

改革一——十年內一半經費來自民間企業！

一九八六、八七年是我勤於改革工研院的時期。我同時推動三個改革，改革一是：做民間企業要我們做的研究案，也向他們取得研究經費。

那時工研院的研究計畫只有極少數根據工業界需要，絕大多數都在院內各所長領導下擬就，向經濟部申請經費。幾乎全部經費都由經濟部撥給（有一部分名義上來自國營企業，例如中油、台電，但他們受經濟部指示，給工研院錢，並沒委託工研院做什麼事）。

孫運璿先生在任經濟部部長時，要工研院做ＩＣ計畫；後來他任行政院院長時，又指示工研院做「自動化」研究；但是他只給了題目，這兩個大計畫的細節，仍由電子所和機械所規畫，然後經濟部同意後撥經費。

我認為政府經費的專案有必要，但應該做比較長期——五年、十年後台灣工業界用得到的研究。同時工研院應該出去問工業界他們的近期需要，工研院也應該對工業界推銷工研院的研究實力——替民營企業做他們需要的研究，但是也要他們出經費。

工研院的確有這研究實力。一九八五年時，工研院有四千多員工，大部分都有理工學士或碩士學位。大的研究所有一千多員工，小的研究所也有幾百員工。而且，照我的想法，長期的政府專案與短中期的工業委託應該有互相滋養作用。

我設了數量目標：十年內（一九九六年）一半經費來自民間企業！我的真正目的是要連接工研院和台灣工業，讓工研院做台灣工業界需要的研究。我並不愁經費。我任院長時，工研院申請政府經費並不難。我只是要連接工研院和台灣工業界的研究需要，而錢（經費）是最有效的連結方式。

我天真地認為我的目的一定會被大家認同，事實卻完全相反。無論院內、院外，都沒有接受我的想法。在院內，一般同仁的反應是：我們是研究人，不是行銷員，也不是生意人，為什麼要我們去推銷我們的研究？政府官員一般的反應是：好好的政府出錢的研究不做，為什麼要去募民間的錢？工業界的反應是：本來就應該政府出經費，做出來的成果如果我們要，應該免費給我們。

我的「改革一」在我任院長時沒有被接受，後來幾十年也鮮有人提起。倒是最近幾年，居然有人重提三十年前工研院舊事，認為當時我的想法，不無道理。三十餘年事過境遷，我當時失敗的痛苦，早已麻木了。

改革二──衍生公司，把人也移過去

一個研究案的成果，大部分都存在研究者的腦袋裡，所以最有效的「技術移轉」，應該把研究者都移轉到要用這技術的公司去。

一談到移轉**人**，馬上就觸碰到工研院的敏感神經。如前文所述，工研院是一個高薪、工作又有保障的準政府機構；大部分工研人自視為「研究人」，而不是「工業人」。雖然他們的研究成果已移轉至，甚至衍生出一家工業公司，他們還是要待在工研院做研究；在他們心目中，工業公司與他們搭不上關係。

即使這是同仁的心情，在我任院長的三年內，我還是盡力推動衍生公司，因為我覺得衍生公司是達成工研院使命：「加速發展工業技術」的最好做法。工研院在我任院長前的十二年，只衍生了一家公司：聯華電子公司，移轉了三十多名員工給聯電；但在我任院長的三年，我促成了五家衍生公司：

台積電──自電子所移轉一百多位員工。

盟立自動化公司──自機械所移轉一百多位員工，是台灣第一家「自動化」公司。

台灣光罩公司──自電子所移轉三十多位員工。

長榮超合金──自材料所移轉四位員工。

億威電子──自電子所移轉二十多位員工。

事實上，雖然在徐賢修、俞國華找我做工研院院長時，他們從未提起，我也沒有想到，做了工研院院長後要衍生一家半導體公司；但在我就任兩週後，李國鼎政委召我去他辦公室，在那會議就提出衍生一家半導體公司（後來名為台積電）的可能性。後來的發展又是異常地快，在我院長任內，籌備台積電及成立台積電後的經營幾乎占了我一半時間。

多年後看來，衍生這五家公司，尤其台積電，是我工研院院長任內的最大，也許唯一成就。但在我任內，這個現在很明顯的成就卻在當時看不出來。

改革三——每年考績最低三%員工留職察看

我到工研院時，工研院已每年打員工考績，但考績的作用不大，僅是少許加薪的差別。不曾有員工因考績差而被解僱，甚至連正式警告的機制都沒有。

考績制度目的是藉「賞罰分明」，而激勵成效好的人員，並且警告成效不好的人員。在美國企業內，賞罰幅度可以相當大。舉大公司GE為例，威爾許（Jack Welch）在一九八一年任GE總裁後，規定GE每年解僱考績最差的一〇%。威爾許一直以此政策為傲。他退休後，我認識了他，與他談他的每年一〇%解僱政策，他仍認為這是他最成功政策之一。再舉德儀為例，每年新年假後的第一個星期，「經營委員會」花整整一個星期的時間，排列公司考績最佳的前一百名，以及檢討如何處理考績最差者。

一九八五年工研院的考績制度，只拷貝了美國企業考績制度的皮毛，並沒有達到藉「賞罰分明」而激勵或警告同仁的目的。

當然我也知道工研院是一個準政府機構，「賞」的幅度不大（只是多加一點薪，沒有分紅，更沒有股票承購權之類的「獎勵」），所以「罰」的幅度也不宜太大。但是對考績最差的少數員工，應該給他們一個正式警告──留職察看半年，不加薪，但也不扣薪，察看半年後再說。

有些員工其實有能力可以做好工作，但因為不夠努力，所以考績差，對這類員工，半年的「留職察看」正可鼓勵他們努力一點。有些員工因為被放在錯的位置上，沒有能力做這位置的工作，所以考績差，對這類員工，半年「留職察看」也可以讓上層主管或人力資源單位調動他們到比較適宜的職位。

我並不想解僱任何員工，我只想整頓一下最劣考績的員工──激勵他們努力一點，或轉調他們到比較適合他們能力的職位，因而提高工研院的一般表現。

一九八六年，我與徐賢修董事長、副院長、所長、協理們討論了我的想法後，決定列考績最低的三%為「留職察看」。徐董事長非常贊成此舉，副院長及所長們有幾個贊成，有幾個有保留，我起初想列五%為「留職察看」，因為有幾位所長認為五%太高，所以改為三%。

我沒有想到，雖然我們只列三%員工為「留職察看」，但至少三〇%員工岌岌自危了！「脣亡齒寒」？還是本來安逸地寄居在準政府機構的工作保障下，現在發現這個自外國來的新院長居然威脅起他們的安全感來？總之，黑函滿天飛。工研院董事、經濟部，甚至立法委員、監察委員……都收到黑函。

我的「改革三」，只做了一年，第二年就做不下去了。

一九八八年——我任工研院院長最後一年

一九八八年是台灣重要的一年，也是我任工研院院長的第三年，也是最後一年。一月，蔣經國總統去世，李登輝副總統繼任為總統。七月原國科會主委陳履安替代李達海為經濟部部長。陳部長三年前以「台灣有許多人才，為什麼去美國找工研院院長？」為由，反對我任工研院院長，當時我不很在意，因為國科會不是工研院的「主管機關」。現在陳任我「主管機關」的部長，對我當然是惡兆。

七月，李國鼎政委退休，轉任資政。這位受老蔣總統賞識，又在蔣經國手下忠誠服務的「四朝老臣」（注2），在一九八八年已七十八歲。李政委是台灣政府內最賞識我的一人。他的退休，以及退休前的漸漸失勢，當然對我不利。

還有，「三顧茅廬」僱我的徐賢修，在一九八八年也面臨退休。

聽徐董事長說，李總統常自傲他的科技知識，我也知道在我接任工研院院長前，李登輝還是副總統時，陳履安主委就安排了工研院的材料所林垂宙所長，經常對李副總統報告世界科技界動態。所以，當李總統在就任兩個月後就宣告他要視察工研院，我倒抱了相當好奇及期待——他真的對促進台灣工業技術這麼有興趣？

在我趨前迎接李總統時，他立刻對我考試：

「張院長，最近在某某（國外）科技月刊發表的某某新發現，你知道嗎？」

我不知道，我的惶恐表情換來他的不屑臉色。

接著是參觀，以及簡報。李總統沒有打斷我們的簡報（他深知台灣不打斷簡報的「禮貌」），但在我結束最後的綱要，正想邀請李總統去餐廳用午餐時，他忽然說：「慢著。」我停住了。他問：「你們與中央研究院及各大學的研究有什麼聯繫？」

假如我是一個先進國家研究機構的院長，而這國家的總統問我跟國家最高研究機關有什麼聯繫，我想我可以侃侃而談。但這是一九八八年的台灣，我們的工業技術相當落後，我已做了兩年半工研院院長，一直努力想把工研院和工業界連接起來，現在李總統問的「聯繫」，恰是相反方向——朝向更無關工業界實際需要的方向。

老實說，當時我不清楚工研院與中央研究院以及各大學有什麼聯繫，因為我不認為有這聯繫，假如有，有什麼重要性。我也不記得怎麼回答李總統。總之，對李總統，我的回答一定是令他很不滿意的回答。

◆

政府人事的替易——總統、經濟部部長、科技政委、工研院董事長，對工研院院長的位置，其實還是次要。只要看我的前任方賢齊院長，以「無為而治」見稱，經歷了好幾輪政府人事變動，卻毫髮無損。但我一到工研院，就以「改革者」自命；那麼，我的命運，就要看我的「改革」是否成功？以及我「興波起浪」激起來的情緒了。

兩個答案都是負面。我的三個改革，「一——十年內一半經費來自民間企業」和「三——每年考績最低三%員工留職察看」失敗；「二——衍生公司，把人也移過去」，只是後來成功，當時卻有相當阻力及負面反應。至於改革激起的情緒呢？問題可大了。無論院內、院外，都說我沒有「人和」（注3）。

雪上加霜的，是副院長胡定華的辭職。

自從我單槍匹馬，自命為「改革者」到工研院那時刻，我就把胡定華當作我最親近的同僚；那時我知道工研院不多，知道台灣更少，我認胡定華為嚮導。我的所有「改革」，都先與他討論；尤其衍生台積電一事，胡和電子所所長史欽泰是我的得力助手。

但是在一九八七年四月，胡定華忽然對我說他要去交通大學當校長，我很詫異，問他：「交大校長好還是工研院院長好？」他想了一下，說：「工研院院長好」；我就說：「我不會做很久，如你留下來，那我要走時，我一定推薦你為院長。」他很坦白地說：「『由副扶正』在台灣不太有，而且如果你離開，你也不見得有能力推薦我。」

在我成長的企業文化裡，如果下屬有好的出路，要離開，我不會強留他，只會祝福他；因為如果真的把他強留下來，我會認為我欠了他一個債，而且是一個還不盡的債。他一直會想：如果他去了那個職位，會否比留著好。

所以在胡定華懷疑他做工研院院長的機會時，我也不再留他，反而鼓勵他去做交大校長。

但是第二天他就告訴我，交大的事作罷了。後來阮大年當了交大校長，來看我，告訴我交大校長本來應該是胡定華，但俞國華院長認為我在工研院需要胡定華，所以變成是他了。阮在告訴我時有點不高興，好像他只是「第二選擇」。所以俞院長這個決定，得罪了三個人：阮，因為他只是「第二選擇」；胡，因為使他失去當交大校長的機會；我，因為我雖器重胡定華，但不認為我那麼需要他，而我的老闆卻認為我必須要有他輔佐。

俞院長的苦心，還是沒用；他能使胡定華不去交大，但不能使他留在工研院。半年後，胡就告訴我他要去H&Q台灣創投基金徐大麟麾下。這基金就是一九八五年我沒有接受花半時與徐大麟共同經營之基金。我不認為對胡定華，這是一個好機會；我認為這機會還比胡定華仍有可能得到工研院院長職位差。但他去意已堅。他在一九八八年二月正式辭職。

我辭工研院院長職（一九八八年十一月，五十七歲）

胡定華的辭職，鎖定了我欠缺「人和」的名聲。緊接著他的辭職，我的兩個上司（工研院董事長徐賢修及經濟部部長李達海）都告訴我：俞院長認為我不善處理人事。不久後陳履安任經濟部部長，我立刻發現要見陳部長，遠較以前要見李部長難。李達海部長與我有一個相當「隨遇而安」的關係。因為我的「改革」需要他的支持，我常常去見他，總是只要一、兩天前打電話與他祕書約就行。陳部長卻需要好幾天，甚至一、兩星期前約，有時約了後還被他臨時更改。有一次，我準時到經濟部，在他辦公室外面的客廳等了半小時後，他匆匆出來，見我在等他，對我說：「啊，我要去樓下開會，你跟我一起下去，在樓梯上跟我說話吧。」

我初任工研院院長時，想做點事，但三年後，發現我只做成了一件大事——成立台積電，而那件大事又在第一年就做成。做成台積電後，我雖還是繼續努力，但三年後，我已發現我孤獨地在逆水行舟。我的「主管」（行政院院長和經濟部部長）、工研院同仁，甚至工業界都不在我的陣線上。

這樣處境，為什麼還要做下去？

我辭職的時間已經到了。

一九八八年十一月，我口頭對陳部長辭工研院院長職。

他點頭，說：「你可以做董事長。」我默然，我早已熟悉董事長的地位。我知道工研院董事長是無權也不需要做什麼事的職位。

陳部長接下去說：「我們要決定下一個院長。應該從內部找，你的所長們有誰？」

我開始逐一回答：「電子所史欽泰……」，他搖頭。

「機械所徐佳銘……」，他又搖頭。

「材料所林垂宙……」，這次他很快打斷我：「那就是林垂宙吧。」

十二月九日，董事長及院長交接典禮。我任院長三年、三個月、又二十天。

經濟部次長要和我談董事長的薪水。他先降低我的期待：「當然董事長的薪水不會像院長那麼高。」

我回答：「為政府省一點錢吧，我不領工研院董事長薪。」

反省

五年內（一九八三—一九八八年，五十二至五十七歲）我辭了三次職。先是德儀，再是通用，現在是工研院。我有嚴重的挫折感。十幾年前四十幾歲時縱橫全球半導體業的氣概，已消失殆盡。怎麼了？難道我真的已走上所謂「彼得定律」的路——一個經理人總是被擢升到他無能的位置？一九八八至八九年肅殺的台灣冬天，當工研院舊同事，甚至台積電新同事（注4），竊竊私議「張忠謀完了」之時，也是我反省之時。

我並不覺得我在工研院的改革方向錯誤。我認為要有成效，工研院必須緊密連接工業，而工業界委託工研院做研究，而且負擔這部分經費是很好的連接方法；我也認為衍生公司是最有效的技術移轉，也是最有效的工業連接；我也認為內部人事方面，應該多一點競爭，少一點保護。

那麼為什麼我的改革失敗了？其實答案早就出現了。我錯認工研院是我手掌上的黏土，我可隨我意志塑造她。事實上，工研院絕對不是我手掌上的黏土，她有她獨立的性格，她有她「準政府機構」的組織文化。基本上，她認為她活得很好，她只要多點政府經費，她不願任何改革。

那麼我怎麼辦？

我深深感到我是一個「過河卒子」（注5）。從美國大公司集團副總裁、總經理位置，到台灣做事，是沒有歸路的。「過河卒子」不能退後，只能向前。向前只有一條路：工研院衍生出來的台積電。

【注釋】

1：洪懿妍，《創新引擎——工研院：台灣產業成功的推手》，《天下雜誌》，二〇〇三年，pp. 93-110。

2：李國鼎在蔣中正、嚴家淦、蔣經國、李登輝四總統任內均任政府要職。

3：陳修賢，〈張忠謀為什麼調職〉，《天下雜誌》第九十二期，一九八九年一月一日。

4：台積電在一九八七年二月開始營運，我是創始董事長。

5：象棋中「卒」過河後只能前進，不能後退，又：胡適《四十自述》：「偶有幾莖白髮，心情微近中年；做了過河卒子，只能拚命向前。」

第十六章

與命運的約會

一九八五—一九八六年，五十四至五十五歲

「我與命運有一個約會！」（I have a rendezvous with destiny!）這句話，現在不流行了，但在上世紀中期，卻常從美國人，尤其年輕美國人口中聽到。

在我一生中，也有兩次對自己說這話。第一次是一九五八年，我自熟悉的「文化城」波士頓，開四天車到陌生的「牛仔鄉」達拉斯，向德州儀器公司報到；第二次是一九八五年，我決定離開已經安身立命的美國，來到人地文化生疏的台灣。

兩次與命運赴約都做對了。第一次去德儀赴約，德儀改變了我前半生；第二次去台灣赴約，台灣改變了我後半生。只是，我起初以為台灣的約會地點是工研院，後來命運告訴我我錯了，約會地點是台積電。

倡議台積電

工研院院長交接典禮的第二天（一九八五年八月二十一日），方前院長就拿了一張紙，對我交代「要辦事項」；第一件顯然是方前院長最擔心的。那就是：三家華裔美商創辦的ＩＣ設計公司——國善、茂矽，及華智，各要求政府出資為每家建晶圓廠。那時建一座晶圓廠至少需要幾千萬美元，三座就要一億美元以上，怎麼辦？

對這麼無理的要求，我的立刻反應是，拒絕他們不就完了？但這答案似乎不能使方前院長釋懷。第二天我就找了胡定華副院長及電子所所長史欽泰，問他們為什麼不能乾脆拒絕這三家ＩＣ設計公司的無理要求？是否還有什麼「隱情」？

胡、史說沒有「隱情」，但有「憂慮」。政府不是已有十年之久，出巨資給工研院研究ＩＣ？政府不是要建立台灣ＩＣ工業？現在，現成的ＩＣ公司要政府資助他們建廠，政府為什麼不幫忙？難道政府「促進工業技術發展」的雄心壯志，只限於讓工研院研究又研究？

胡與史當然覺得政府不能答應這三家公司建晶圓廠的要求，但也認為不能只說「不」，要給他們一個「交代」。

這一切發生在我出任院長的頭幾天，而且發生在工研院內經費最大、員工最多、也被認為最成功的研究案上，但是工研院的矛盾已暴露無遺。研究工作可以自以為很成功，但對工業的利益卻說不出來。

回到三家公司的要求。

方賢齊不是唯一擔心怎麼交代這三家ＩＣ設計公司之人。兩星期後（九月四日），李國鼎政委要見我。李一開頭就提此事。我已有幾乎兩星期時間想此問題，所以我當時就提

「共同晶圓廠」（Common Wafer Fab）觀念。李似甚喜我有答案，告訴我他要多召集幾個人，一起討論我的建議。

三天後（九月七日，星期六）李政委又開會，這次有謝森中（交通銀行董事長），張耀東（國庫署長兼開發基金執行長）及江萬齡（中華開發銀行總經理）。假使政府同意辦新的公司，開發基金是最可能的投資者；交銀也是可能的投資者；江萬齡在場，我想是因為中華開發曾投資國善，所以江很在意政府如何對國善交代。

在會議中，李政委要我重述一次我三天前對他提的「共同晶圓廠」觀念，然後徵求謝、張，及江的意見。謝和張贊同「共同晶圓廠」，江表示國善仍希望有他們自己的晶圓廠。李政委是一位決定明快，而且沒有太多耐心與人辯論的人。他很快囑咐我準備對俞國華院長簡報。

當天下午，李打電話給我：「已約定九月十日（星期二）下午四點半」，他興奮地對我說，「想不到他（俞院長）那麼熱心，那麼快就答應聽你報告。」

「專業晶圓代工」商業模式

一九八五年八月二十一日（方賢齊對我講「要辦事項」）至九月四日（我對李國鼎提「共同晶圓廠」）這十四天，可說是我一生中創新價值最高的兩週。價值連城的「專業晶圓代工」（Dedicated Foundry）商業模式在此兩週誕生。

在這兩週，我把我過去二十幾年經營半導體業心得，以及對工研院ＩＣ計畫的觀察和了解，整理、綜合起來，達到了一個當時台灣具備之條件下，最有成功機會的半導體公司商業模式。

當時，世界上幾乎所有稍具規模的ＩＣ公司都是「垂直整合型」（Integrated Device Manufacturer, IDM），營業範圍包含ＩＣ設計、晶圓製程研發、晶圓生產、ＩＣ行銷。這些ＩＤＭ如有多餘產能，也為沒有晶圓廠的設計公司（例如我在通用器材公司碰到的 Chips and Technologies 及 Atmel）代工。

台灣要成立一家新的ＩＣ公司，要從工研院ＩＣ案出發，我檢驗工研院ＩＣ案的能力：

ＩＣ設計——能力低。

晶圓製程研發——當時（一九八五年）世界最先進的「節點」技術是一微米；工研院還在二微米，落後二代半（一．五微米是一代，一．二五微米是半代），大約三年左右。

晶圓生產——工研院「示範線」的良率優異。這是工研院很重要，也是唯一強點。

行銷——沒有在世界市場行銷能力。

經過這樣的分析，新公司應該具有的商業模式已呼之欲出——只替客戶做晶圓生產，而且目前只能做「成熟節點」技術的生產。當然，新公司必須繼續晶圓製程研發，否則製程技術會愈來愈落後；而且希望有朝一日，我們也能做尖端技術生產服務。

但是這樣以自己所長，決定自己「商業模式」，卻留下一個大問題：到底「專業晶圓代工」會有多少生意？

對這問題，當時我沒有確切答案，但有若干線索；這些線索，也使我在構想未來新公司的經營策略上，加了幾條要點。

我們的長處是成熟技術的ＩＣ生產，我們提供給客戶的價值是可靠的交貨——遵照原來議定的價格、交貨日期，以及品質。我們必須讓客戶相信，我們比競爭者（那時的競爭者是ＩＤＭ）可靠。畢竟競爭者只是以代工為副業，而代工是我們的專業。所以，「對客戶不輕易承諾，一旦做出承諾，必定不計代價，全力以赴」成了我們的座右銘。

我們的客戶將會是剛萌芽的 IC 設計公司；或自有晶圓廠但不願維持成熟技術生產線的 IDM 公司；長期來說，也可能是大規模、有 IC 設計能力的電腦公司（注1）。總之，作為他們的晶圓代工者，我們與客戶站在同一陣線上。所以，「不與客戶競爭」，以及「客戶是我們的夥伴」也成為新公司的座右銘。

新公司的市場絕大部分會在美國；次之，歐洲及日本；台灣市場相對地相當小。新公司初期倚賴台灣市場，但必須急急開闢美國市場。我熟悉美國市場，但我的本職是工研院院長，而且當時是忙於改革的工研院院長。所以，新公司的總經理應該是一個有能力為新公司開闢美國市場之人——看起來應該有美國半導體公司 CEO 經驗。

初步決定辦台積電

李政委在九月七日（星期六）告訴我要我在九月十日下午對俞院長報告「共同晶圓廠」案。次日為星期日，我不想驚動胡定華副院長及史欽泰電子所所長，但星期一一早，我就到辦公室，召集胡、史一起準備對俞院長的報告，忙了一天半，許多投影片還是我的祕書手寫的。這份投影片報告現在已在台積電創新館長期展覽。

我以嚴肅但坦蕩的心情面對俞院長及出席的政府首長——李政委、經濟部部長李達海、經建會主委趙耀東、財政部次長何顯重、國科會主委陳履安、行政院祕書長王章清及院、部、會等幕僚共二十餘人。我嚴肅，因為我認為如何繼續政府已努力十年的ＩＣ計畫是一個重要課題；我坦蕩，因為我不認為我個人利益牽涉在這課題裡，況且，我到台灣還不到三星期，此時此刻要對行政院院長報告一個可能新公司的建議，是突如其來的要求。

我知道與會者，除李政委及陳主委外，都不太知道ＩＣ，即使李、陳基本也是外行，所以儘量「深入淺出」，報告要點今摘述如下：

ＩＣ對資訊社會及經濟的重要性；美、歐、日、韓紛紛巨額投資；世界ＩＣ業劇烈競爭狀態。

台灣（工研院）在一九七五年開始研究ＩＣ，此舉很有先見，但ＩＣ技術發展甚快，十年來工研院的ＩＣ技術非但沒有與先進國家縮短距離，反而更落後。

台灣ＩＣ公司（包括聯電、華智、茂矽、國善）均在「臨界規模」以下。

對中華民國言，ＩＣ是一個高代價的長期賭博。是否要進行這個賭博，是一個值得仔細考慮的問題。

如果進行這個賭博，有兩條路可走：（一）成立新公司（暫命名為台灣積體電路製造有限公司），採取「專業晶圓代工」商業模式；（二）增資聯電。（一）之優點為「專業代工」，成功機率較大；（二）之優點為可利用現成聯電經營團隊。

無論（一）或（二），初步營運計畫為：（A）租賃工研院「示範廠」，（B）開始建新廠，產能每月三萬片六吋（指晶圓的直徑）晶圓；五年內需要投資（包括自有資本及銀行貸款）為美元兩億四千三百五十萬元。

我講了四十五分鐘，接著俞院長要求出席者發表意見約一小時，最後俞院長做結論：「工研院所提成立新公司發展超大型積體電路……其可行性如何？如何籌組？……請李政委國鼎約集有關單位研究後再議。」在我提的兩個選擇中，他已選擇了（一）。

當時我的感覺，雖然與會者在會前不太懂IC，但我的「深入淺出」相當成功，至少從他們的發言聽來，他們聽懂了我的要點。後來我聽說李達海部長要他的經濟部下屬學學我的簡報技巧。李部長是前中油董事長，沒有IC經驗，連他都聽懂了，這是我這次簡報的一大成就。

李政委在此後一星期內，開了兩次會（九月十三、十七日），在這兩次會中，趙耀東主委要我們做頭幾年的現金流量預估，我們也做了。最後，李政委決定對俞院長建議照我的提議（一）進行台積電，由政府出資四八．三%，其餘民間出資。

阻力

「自傳上冊」的讀者，也許記得我到美國的第一年——如何驚喜享受新國家、新文化的洗禮。我到台灣的第一年，也受到了台灣的洗禮，只是，這次洗禮對我不那麼「驚喜」，我也不那麼「享受」，但是，它給我的教訓，我倒受用後半生。

對台積電的阻力，來自國科會陳主委以及他的下屬新竹科學園區管理局。

今日台灣懷念孫運璿、李國鼎、趙耀東，認為他們是台灣經濟的大功臣，但是，在一九八〇年代，陳履安是一個非常有影響力的政治人物。

一九八五年時，陳剛四十八歲，比起李（七十五歲）、趙（六十九歲），他著實是青壯派。他有顯赫的家世——外祖父譚延闓曾任大陸時代國民政府主席，父親陳誠曾任副總統及行政院院長，又有不凡的學歷——麻省理工學士、紐約大學碩博士；他更有政治企圖心，事實上，後來也實現了一部分他的企圖心——經濟、國防部長，監察院長，以及一九九六年總統候選人。

但是，我始終沒有得到他的認可。在他尚未見我面時，他就反對我任工研院院長。在我倡議台積電時，他反對政府投資台積電。這次，我想他的理由是台積電不會成功，政府若投資，投資會泡湯。

他有一個替代方案——新竹科學園區管理局提出的方案。亞利桑那州科學園區（Arizona State Science Park）建議他們在新竹科學園區建立「潔淨室模組」（Clean Room Module），以此應付ＩＣ設計公司的要求。要點：台灣不必投資。

這個替代方案也許解決了三家設計公司的要求，但毫不解決更大的問題——台灣已苦心經營十年的ＩＣ計畫的未來。

十月六日，李政委告訴我俞院長聽了陳主委反對的話後「很不自在」，要親自和我談。

十月八日我去見俞院長，俞把李政委的簽呈（建議照我意見進行台積電）交給我，要我「再研究」；同時，他指示了兩點：我們建議的自有資本對貸款比例（五十／五十）不夠保守，應該改為七十（自有資本）／三十（貸款）；第二點：經過這樣一改，民間投資的需要變成七千五百萬美元。俞院長說：在台灣絕對募不到這麼多民間投資，必須先找一家「跨國」、有技術的ＩＣ公司，要他們做主要投資者；然後，台灣民間才有信心湊足餘額。

俞院長的第一指示是金玉良言，我完全接受。第二指示雖然令我失望，但他一定知道台灣民間的投資心態及投資胃納，所以我也不得不接受；當然，邀請跨國、有技術的IC公司做主要投資者等於「引狼入室」，一定會帶來「誰有控制、經營權」問題，但是，當時第一要務是把公司辦成，控制、經營權問題只好以後再煩惱了。

見了俞院長後我就去李政委辦公室，對他報告俞院長對我說的話，同時也告訴他我這幾天聽到關於陳主委的阻力：陳主委想找國外顧問公司評審我的「專業晶圓代工」公司建議，他又召集了他的替代方案的座談會，就在次日開會。

李政委對俞院長指示的兩點，倒沒說什麼；但對陳主委的阻撓行動，卻勃然大怒；他立刻命他祕書接電話給國科會副主委王紀五，在電話上對王怒吼：「告訴你的主管，他這樣干涉我要做的事情，我要辭職了！」對陳要找國外顧問公司評審我的建議，李也氣憤地對王說：「關於半導體問題，國外顧問公司是要請教張忠謀的，哪裡有要他們評估張忠謀的道理。」

李以「四朝重臣」之尊，暫時壓倒了這次陳主委的阻力。當天我就接到座談會「延期」的通知。幾天後，我也間接被告知陳主委已不擬找國外顧問公司評審我倡議的「專業晶圓代工」商業模式。

但陳主委沒有放棄亞利桑那州在新竹科學園區蓋「潔淨室模組」的計畫。後來他和李政委各退一步。陳不把他的計畫作為台積電的「替代方案」，而說：台積電是「大廚房」，他們的計畫是「小廚房」，兩者可以並立；李也同意兩者可以並立，讓張忠謀搞台積電，陳及新竹科學園區管理局搞他們的「小廚房」，互不阻撓。再後來，台積電辦成了，但「小廚房」卻沒辦成。聽說原因是「沒有客戶」。其實，當時台積電又何嘗有客戶？我憑藉的是我新創的「專業晶圓代工」、「不與客戶競爭」模式、工研院「示範線」的優異良率以及對我自己經營能力的信心。

飛利浦的投資興趣

十月初，也就是李政委擔心俞院長聽了陳主委話「不自在」之時，荷蘭飛利浦公司自動對李政委表示飛利浦有興趣投資他們在報章上讀到的新ＩＣ公司計畫。飛利浦是一個多元跨國公司；其中一元是ＩＣ，他們也有自主ＩＣ技術。所以，如果他們的投資能實現，也就滿足了俞院長的籌資要求。

獲李政委消息後，我緊鑼密鼓進行飛利浦案。我花了幾天時間寫就了對飛利浦的投資建議，交給飛利浦在台灣的技術經理轉達飛利浦總部。十一月三日至六日，我親赴荷蘭，訪問飛利浦在荷蘭的兩大基地：奈梅亨（Nijmegen）及恩荷芬（Eindhoven）。十一月中旬，飛利浦重申他們的合資興趣，當然，許多條件和細節尚須談判，而這類談判往往需要好幾個月，但我相信他們有誠意。

公文接力賽

十一月十七日（星期日），我訪李政委於他家。看起來，俞院長對我的兩指示都可遵守，陳主委也不再阻撓，我們應該請俞院長准許我們正式開始籌備工作。李政委回答：還是先見俞院長，看他有什麼指示。

十一月二十二日，與李政委同見俞院長，我對俞院長報告新公司進行之目前狀況，約半小時。俞院長簡短回答：「寫公文給我。」

此後幾天，我寫我生平第一篇中文公文，也是我三十幾年來第一篇中文作文，上次正式寫中文是三十幾年前〈伊莉莎伯〉短篇小說（注2）。那次寫中文小說的詩情畫意，這次寫公文沒有，有的只是硬邦邦台積電的雛型。

我還記得我把初稿給李政委看時，李政委頻頻搖頭，他先告訴我要採取的格式，等我再次寫稿後又仔細替我修改字句，又告訴我以工研院院長身分，不應直接寫簽呈給俞院長，而應簽呈給經濟部部長李達海。我忙了幾天後，於十一月二十七日簽呈李達海部長，重點如下：

職（注3）今日對TSMC想法如下：

（一）共需資本兩億零兩百萬美元，七〇％投資（Equity），三〇％貸款。

（二）投資（Equity）部分一億四千五百萬美元。股份分配計畫如下：

政府　七千萬美元（四八．三％）

飛利浦　四千萬美元（二七．六％）

其他國內或國外投資　三千五百萬美元（二四．一％）

飛利浦投資可能性甚高

（三）今日建立TSMC之原因，至少有四：

……

（四）總經理人選，應為已在國際VLSI工業有相當管理地位，熟識最新製造技術，且能與國外市場建立密切關係者。大約需一美國人。……需在美國招僱人員大約在十人左右。……中下級幹部人員，可在台灣招僱，電子所可移轉約一百名工程人員，應足夠初步需求。

……敬陳

部長 李

職 張忠謀謹肅74年11月27日

李達海部長接到我的簽呈後又等了一個月，直至十二月三十日，才簽呈俞院長，除了摘述我對他的簽呈外，他加了：「擬請鈞院（注4）核定後指定有關首長成立籌畫指導小組協調籌畫及誘導資金必需租稅措施，並請工研院張院長為執行祕書兼辦籌建工作。」

此後行政院的行動就快了。（一九八六年）一月四日，行政院祕書長王章清函經建會：請經建會「提前審議」台積電；一月八日經建會就開會，主席為主委趙耀東，副主席為副主委王昭明，我記得的出席委員有財政部部長錢純、經濟部部長李達海、交通部部長連戰、中央銀行總裁張繼正。我又報告了一次新創的「專業代工」模式，以及我十一月二十七日簽呈李部長的重點。報告後趙主委徵求各委員意見，最令我難忘的是張繼正總裁與我的對白：

張總裁：「你憑什麼與美國、日本公司競爭？」

我：「我們專業做晶圓代工，我憑好的服務競爭。」

張總裁哈哈了一聲：「哈，台灣公司要憑商譽競爭，倒是第一次聽聞。」

我那時雖聽懂這是譏諷性的評語，但不太懂：難道台灣公司從不講商譽？幸而沒有別的委員借張總裁之題發揮。張總裁的話也像彗星一樣，過了就沒有了。

次日，趙主委就發文行政院祕書長：原則同意進行本案，並同意成立籌畫指導小組，並請工研院張院長忠謀為執行祕書，兼辦籌建工作。

一月十六日，行政院院會決定接受經建會的結論，一月二十八日，俞院長行文經濟部等五部會及工研院，指派趙耀東主委、李達海部長為籌畫指導小組的共同召集人；錢純財政部部長、陳履安主委及我為小組成員，我也是執行祕書。這就是所謂「五人小組」。

促成台積電最出力的李政委，卻不在「五人小組」內。李政委對我說，他自己要求俞院長不在小組內；又說，他功成身退了。

自一九八五年九月十日我對俞院長簡報，首次倡議台積電，到次年一月二十八日俞院長指定「籌畫指導」五人小組，可說是籌備台積電的第一幕；第二幕即將展開。

【注釋】

1：這類客戶二十幾年後才出現：蘋果；蘋果不僅是一九八五年時代的電腦公司，更是智慧手機公司。年輕的讀者必須記得：智慧手機是一具強大的電腦。

2：〈伊莉莎伯〉是我一九五一年在美國寫的短篇小說，當年在美國《中美週報》發表，已附錄在《張忠謀自傳：上冊　一九三一——一九六四》裡。

3：職為公文中「我」之自稱。

4：鈞院即指行政院。

第十七章

募資

一九八五年十月—一九八六年十二月，五十四至五十五歲

俞國華院長：「找一家有IC技術的跨國公司」

第二幕的主角是飛利浦。

在俞院長指定台積電「五人小組」時，政府已決定投資四八．三%；但是，俞院長有一個條件：我必須先找一家有IC技術的跨國公司，要他們做第二主要投資者；然後，政府才能去找台灣民間，台灣民間也才有信心湊足餘額。

俞院長的預言百分之百正確。後來，即使飛利浦同意投資二七．六%後，政府還是花了九牛二虎之力，才湊足剩餘的二四．一%。

一九八五年是世界半導體業歷史到那時為止，最不景氣的一年——成長率是負一六%。大部分半導體公司都忙著裁員，減開支，自求生存。在這時刻，我找他們投資一家以前從未嘗試過的「專業晶圓代工」公司，而且這家公司位在當時美、日、歐半導體公司都認為是「半導體不毛之地」的台灣！

在八五年十二月及翌年一月，我還是試了。雖然那時我已相信飛利浦有投資誠意，但一切條件都還未開始談，我不知道談得成否。況且，我認為多找幾家公司來與飛利浦競爭，絕對對我們有利。我寫信或打電話給英特爾、德儀、摩托羅拉、松下、新力、迪吉多、超微、湯姆生等公司的總裁。除了松下是孫運璿先生特別要我接觸，其餘都是我在德儀及通用時期熟悉的。大部分都有回信，但回信是千篇一律的「無興趣」。

除了德儀和英特爾。德儀是我的老東家，緣雖斷但情猶在。德儀的半導體總經理席克（第十章曾提到他）邀我去達拉斯見面。我去了，對他及幾位他的幕僚做了一個簡報。當時他就說希望不大，但答應考慮並與總裁夏伯特討論。幾個月後，我與飛利浦已即將成局，席克又邀請我再去達拉斯。這次他沒有幕僚陪同，單獨告訴我德儀不預備投資。

英特爾的故事相似。我寫信給英特爾總裁，也是我的老朋友摩爾。摩爾邀我與他的技術暨生產總監巴瑞特（Craig Barrett）相會。我做了半小時左右的簡報，並且回答了他的問題。後來幾星期音訊全無，我就打電話找巴瑞特，找了好幾個地方才找到他。他說：英特爾無興趣投資。

現在（一九八六年五月）只剩飛利浦了，雖然飛利浦還不知道他們是唯一表達興趣的投資者。

飛利浦

飛利浦成立於一八九一年，以電燈泡起家。在二十世紀，它陸續進入家電、被動元件、半導體、光電、醫療器材等業。在一九八〇年代，它是世界最大跨國公司之一，也是一家有ＩＣ技術的公司。

但是在半導體業內，無論從營收規模、技術強度或獲利率角度看，飛利浦都非世界第一流。我把它排在二流行列中的第一排。這樣排法雖非褒，但亦非貶。因為在我心目中，當時一流的第一排為英特爾獨占；德儀、摩托羅拉只是一流的第二排。二流的第一排除飛利浦外，在在有人。二流的第二排以及三流，人更多。

這個二流一排的半導體公司，為什麼在這半導體業蕭條年頭，別的半導體公司都無興趣投資台積電之時，單獨有興趣？答案有二。其一：半導體並非飛利浦主業，雖然八五年半導體蕭條，但飛利浦別的業務並不蕭條，所以總公司仍有足夠現金可供投資。答案之二更為重要：那時中國大陸尚未開放，飛利浦總部已決定把台灣作為他們的低工資生產基地。他們本來在台灣就有ＩＣ裝配測試廠，現在準備在台灣大肆建立被動元件、光電等生產基地；他們正在想如何才能獲得台灣政府的青睞，恰巧碰到台灣政府招外商投資台積電，台積電就成為他們台灣擴充計畫的第一炮。

把鏡頭移後幾年。果然，在八〇年代晚期及九〇年代初期，飛利浦在台灣大肆擴充被動元件及光電等生產基地，僱用員工最高達四萬餘人。但是，九〇年代中期大陸開始開放，外國公司蜂擁而入，大陸成為新的世界低工資生產基地。飛利浦也棄舊抱新，很快地從台灣搬到大陸去，在台灣只留下行銷人員。今日飛利浦在台灣的員工不到一千人；對台積電的投資，也在獲厚利後於二〇〇八年終結——但這些都是以後的故事。

回到一九八五年。李政委告知我飛利浦有興趣投資後，我就與飛利浦接觸，接著遵他們囑寫投資建議書，並在十一月三日至六日訪問荷蘭飛利浦。我曾在一九六九年以德儀積體電路總經理身分訪問荷蘭飛利浦。那時德儀穩為世界ＩＣ業領袖，飛利浦技術落後，想買德儀的「技術授權」(注1)。我受飛利浦之邀，去考察他們是否有接受德儀技術的能力。那次訪問，我以「征服者」姿態出現。但這次卻大不相同。這次我是「懇求者」，懇求飛利浦投資。角色轉換，滄海桑田，使我晚上在旅舍中唏噓不已。尤其，這次我並沒有見到對方的主角——飛利浦ＩＣ總經理克列斯曼（Krigsman），他在美國。這次訪問的最深印象是飛利浦正在巨額投資建兩個ＩＣ廠。他們在奈梅亨建ＩＣ生產廠，同時在恩荷芬建ＩＣ「研發廠」；引導我參觀的人告訴我：「研發廠」的規模與生產廠相似。親眼看到這樣巨額的投資在進行式中（必在兩億美元以上），我比較放心我們的要求（四千萬美元）會被接受。

十二月二日，我去加州森尼韋爾（Sunnyvale），首次晤克列斯曼，自此展開長達七個月的談判。在此談判中，我代表台積電，我背後的決策者是「五人小組」，我主要助手是胡定華、史欽泰以及政府常用的聯鼎法律事務所的陳國慈律師。飛利浦方面則有許多談判者——技術、業務方面由克列斯曼負責，台灣飛利浦技術長羅益強君助理；財務、法務另有荷蘭飛利浦專人負責。

談判重點一——公司命名

在第一次對俞院長簡報「共同晶圓廠」時，我已暫時命名新公司為 Taiwan Semiconductor Manufacturing Company（TSMC）。我覺得這名字表達了公司的要點：（一）在台灣成立（Taiwan）；（二）做半導體（Semiconductor）；（三）做製造（Manufacturing）。後來的投資協議都以英文為主文；一直到公司登記，才有中文名字問題。我的第一個反應就是直譯英文：「台灣半導體製造公司」，但發現此名已為別人登記，所以改成「台灣積體電路製造公司」，簡稱「台積電」。英文名字及英文簡寫都不必改，現在TSMC已聞名世界了。

談判重點二——營業範圍

開始與飛利浦談判，我就強調「專業晶圓代工」商業模式。飛利浦不但同意，而且說如果台灣要辦設計公司或IDM型的公司，他們不會考慮投資，因為設計公司或IDM型公司會是他們的競爭者。既有這樣共識，我們在「投資協議綱要」（Heads of Agreement）中，更清楚地界定「專業晶圓代工」的營業範圍：

> 台積電不設計或推銷自己的產品，但依照客戶的設計，為客戶製造IC晶圓，並提供或安排封裝測試服務。

談判重點三——技術

首晤克列斯曼（飛利浦首席談判員）時，他就要求台積電「完全以飛利浦技術為基礎」，我立刻拒絕。我從德儀時期就知道，技術是一個半導體公司的靈魂。怎麼能在公司還未組成時，就先出賣他的靈魂？接著，克列斯曼要求飛利浦以技術做股，我也拒絕了。我們要的是他的四千萬美元投資（李政委還認為我要得太少，因為他預計在台灣民間募資會有困難），任何折扣都會使台灣民間募資更困難。

但是我們的確也要他的技術協助。在一九八六年一月初，工研院的技術團隊（副院長胡定華、電子所所長史欽泰、副所長章青駒、組長曾繁城）去恩荷芬領略飛利浦的技術。他們回來的報告是：「可以幫助我們自己的開發。」

更重要的是：飛利浦與十幾家大型半導體公司交換授權；假使飛利浦擁有二五％以上台積電股權，台積電也在飛利浦的保護傘下。也就是說：台積電不會受到這十幾家大公司專利權的干擾。

技術開發的幫助，以及專利權的「保護傘」，都要錢買。飛利浦也毫不客氣，要求高價。經過不少折衝，我們（「五人小組」）同意在先進技術（一微米及更先進）營收內，台積電付予飛利浦三％權利金。工研院已開發的技術（二微米及以上），台積電不必付權利金。

談判重點四——獨立性

一旦避免了「以飛利浦技術」做基礎，我就要強調台積電的獨立性。我不要台積電成為飛利浦的子公司，政府也不要台積電成為「國營」或「國有」公司。所以在「協議綱要」上我們明白說明：

台積電是一個獨立事業，她的成長和獲利的優先考量，與獨立的美國IC公司一樣。

與獨立美國IC公司相比擬，是剛自美國來台灣的我的意思。

談判重點五——人事權

人事權在沒有什麼異議下達成協議：

董事會十人；政府指派四人，飛利浦指派三人，其餘股東指派兩人，總經理兼董事一人。

如政府持股在二五％以上，政府指定董事長。
最大股東提名總經理，由董事會決定。
總經理為公司行政首長（CEO）。
第二大股東提名財務副總。
監察人三名。政府及飛利浦各指定一人，其他股東指定一人。

董事長與總經理並立，而且總經理是行政首長，這些規定都屬於標準歐美公司體制──也是飛利浦及我習慣的體制。

談判重點六──飛利浦享受股票承購權

開啟飛利浦談判不久，趙耀東主委就對我說：「他們（飛利浦）一定會要求股票承購權。」趙主委富有與國外公司合資經驗，他的話也讓我有心理準備。果然，在一切都已大致談定，雙方準備簽署「協議綱要」時，飛利浦突然提出股票承購權，建議如下：

（一）最早一九八九年九月三十日，飛利浦可提出承購要求，增加飛利浦持股至五一％，「政府股東」及「其他股東」必須轉讓股票給飛利浦；如「其他股東」不願，則「政府股東」必須轉讓給飛利浦。

（二）轉讓價格依下列兩條件，孰者為高而定：

（A）轉讓時之公司資產淨值。

（B）原始投資價，加銀行利率。

我接受了（一），但不接受（二），我對飛利浦的反建議是：

（二）轉讓價格三條件，等量考慮：

（A）轉讓時之公司資產淨值。

（B）轉讓時之公司獲利能力及獲利預測。

（C）在美國證券市場上市之美國半導體公司之本益比。

我的反建議使飛利浦驚愕了。時間已是一九八六年五月二十七日。飛利浦總裁已訂六月九日來台灣簽署「協議綱要」。幾乎一切別的都已談定，飛利浦談判團也不想為了這件可能不會發生的事（如台積電不成功，飛利浦不會要增加持股），阻礙他們以台灣作為主要生產基地的第一步。

匆匆折衝後，最後的轉讓價格條件是：

（二）轉讓價格三條件，等量考慮：

（A）轉讓時之公司資產淨值。

（B）轉讓時之公司獲利能力及獲利預測。

（C）在美國證券市場上市之美國半導體公司之市價／淨值比。

最後的協議與我的反建議相差不遠。當時（二）（C）市價／淨值比大約二·五倍到十倍，所以最後協議比飛利浦的原建議對開發基金有利得多。飛利浦一向以談判能力著稱，但在這件事上，我們贏了。

表一 台積電十年（1987-1996）營業計畫 單位：百萬美元

年		1987	1988	1989	1990	1991	1992	1993	1994	1995	1996
營收	計畫	12.8	39.8	67.6	97.3	125.2	151.5	156.7	164	167	163
	後來真實	4	32	70	82	167	258	468	732	1,092	1,436
營業利益	計畫	(7.3)	1.3	6.5	14.3	23.7	30.6	29.3	33.1	35.8	36.2
	後來真實	(5)	5	17	(0)	26	49	168	326	527	665
營業利益率	計畫	(57%)	3.3%	9.6%	14.7%	18.9%	20.2%	18.7%	20.2%	21.4%	22.2%
	後來真實	(125%)	15.6%	24.3%	0%	15.6%	19%	35.9%	44.5%	48.3%	46.3%

談判重點七——營業計畫

我與胡定華、史欽泰等工研院同仁，花了不少時間準備台積電十年詳細營業計畫。克列斯曼仔細地看了，認為我們的售價太樂觀。飛利浦很可能是我們未來客戶，他做此言，我認為大有自私意味在，但我也無意與他冗長辯論。我們稍事調整計畫內的售價，但仍呈示不錯的獲利及投資回收。詳細的營業計畫附錄在「協議綱要」裡。現在綱要如表一（並列後來發生的真實數目）。

在這一個計畫裡，我們前五年的營收年複合成長率為六四%，營業利益率除了在第一年以外，可以由單位數成長到一九九二年的二〇%左右。而實際上台積電前五年的營收年複合成長率為一三〇%，營業利益率除了第一年以及產業不景氣的一九九〇年以外，都是雙位數。

「營業計畫」的假設是我們只有一廠及二廠，所以從九二年起，二廠成熟後，營收就不再成長。「真實」的數字代表我們後來繼續建三廠、四廠。

「投資協議綱要」及「技術合作協議」

七個月的談判，有時順利，有時痛苦，但我一直抱著「非談成不可」的態度。如果談不成，飛利浦不投資，我們就辦不成台積電，工研院的IC計畫也會走到山窮水盡地步，那又是什麼結果呢？抱著這樣「可忍則忍」的心懷，終於談成了與飛利浦的「投資協議綱要」。「五人小組」同意後，我與飛利浦總裁在一九八六年六月簽署。

有了飛利浦的投資承諾，我們滿足了俞院長的台灣募資條件，政府也就展開了台灣募資。幾個月後，股款湊足（一億四千五百萬美元，相當於新台幣五十五億元），全體投資人在十月簽署「股東協議書」。這「股東協議書」完全保存了「投資協議綱要」的要點。

也就是說，七個月的談判造就了台積電，也決定了台積電頭六年的經營模式。一直到一九九二年十月，台積電決定申請上市，原始股東在「股東協議書」的私自約定不可能在上市時成立。而且原始股東（包括行政院開發基金及飛利浦）嗅到了上市後股票增值的誘惑，才決定解除原來的「股東協議」。

除了「投資協議綱要」，飛利浦要求根據「綱要」內關於飛利浦技術的約定，雙方訂立「技術合作合約」。為了這個合約，我幾乎與飛利浦鬧翻。

原因是這樣的：飛利浦建議，因為他們富有建IC廠經驗，所以台積電的IC廠也由他們設計。看到這個建議，我覺得這已違反台積電的獨立原則，我從「可忍則忍」轉為「是可忍，孰不可忍」，與飛利浦初步爭論無效後，我對「五人小組」報告：也許決裂點已到。趙耀東（素有「鐵頭」之稱）說：「決裂就決裂，我們自己辦亦可。」但李達海主張還是請李國鼎周旋一下，也許可以解套。會後我就與李政委商量，他決定寫信給飛利浦總裁，要求飛利浦撤回替我們設計IC廠要求。這封信果然有效。幾天後飛利浦不再提此要求。我們也就在一九八六年的十二月與飛利浦簽署「技術合作合約」。

台灣募資

一九八六年五月，我對「五人小組」報告：與飛利浦的談判已大致底定，「五人小組」隨即致函台灣區電工器材工業同業公會（注2）理事長蔣孝勇以及九家大公司（台塑、華夏、中美和、聲寶、宏碁電腦、神通電腦、大同、新光紡織、台灣聚合）的董事長，告訴他們台積電總股本金額，以及政府及飛利浦的參與金額。主要目的是邀請他們參與投資；而且，「有關計畫內容，請洽工研院張忠謀（附我的電話號碼）」。

沒有一個人打電話給我，「五人小組」也只要求我訪問台塑王永慶董事長及神通苗豐強董事長。起初我覺得奇怪，但不久後我就完全明瞭——除了苗豐強外，實在沒有人有興趣投資。即使他們投資，也完全因為政府的「情面」，不需要聽我簡報。至於台塑，當時政府要它投資五％（約七百二十五萬美元），並認為它是必要的投資者。若台塑不來，別人更不會來，所以當然要盡洪荒之力。我也就被派遣為先驅部隊。

苗豐強的訪問相當順利。苗君曾在英特爾公司擔任微處理器設計工程師多年，對ＩＣ非常內行。他的投資興趣是真實的。我去時，苗的父親苗育秀先生亦在座，而且很明顯地是最後決策者。他也相當贊成投資。後來聯成石化（亦為苗育秀先生主持）成為台積電原始股東之一。

台塑王永慶董事長卻是另一個故事。胡定華曾與王董事長合作過，所以我請他去約見，王董事長表示要請我們吃飯，並邀我們攜眷。當時我無眷，但胡、史帶著他們夫人一起去了。

晚宴地點在台塑頂樓，也是王董事長私寓。宴席上王坐主位，夫人李寶珠（注3）在旁相陪，王也邀了五、六位台塑人員。胡、史及我有備而來，我們準備答覆王董事長任何有關台積電的問題。

席中觥籌交錯，賓主盡歡。主菜是「台塑牛排」，吃後王董事長問我喜不喜歡，我當然說喜歡，王董事長就即刻命他家人次日送幾塊到我家來。

但是，關於台積電的討論卻出奇的少。胡、史和我都已半醉，我們還以為王已決定投資，所以也不多問關於台積電的事。

實情恰恰相反，王董事長已決定不投資。這頓飯只是對我們的努力的回饋而已。幾星期後，李達海部長電話王，問他投資意願，王說他不投資。李部長急了，請俞院長幫忙。俞自己打電話給王，王才勉強同意。俞命我再訪王（「上次你沒做好，這次做得好一點」）。

這次訪王仍有飯吃，但氣氛與上次完全不同。我單獨赴宴，王神態肅殺，席中沒有「三娘」，只有兩位台塑人員。當我問他投資意願，他只說：「仍有興趣」，但令我難忘的卻是他的另一句話：「你為什麼找政府辦這件事？你早來找我，也許我們已辦成了。這種代工事業，能有多少技術？」令我更難忘的是他的補充：「你早來找我，我們甚至可以出你月薪一萬美元。」

月薪一萬美元，這就是王董事長對我的慷慨評價！王董事長不知道，我也沒有理由告訴他，因為告訴他會使他更生氣，幾個月後我就會開出對台積電第一個美國人總經理的聘書：「年薪三十萬美元。第一年如達到營運計畫，加花紅十五萬美元」。

後來，王董事長承諾投資五%。當然，關鍵是俞院長，不是我的兩次訪問。

八月，李政委對我說：還缺幾億新台幣，但決定不再懇求民股，缺額由中央投資（國民黨投資機構）補足。

同月，民間股東簽「認購書」，綱要如下：

總股本：一億四千五百萬美元。行政院開發基金出資四八．三%；荷蘭飛利浦出資二七．六%

其餘股東認簽：

台塑　五%

中美和　五%

華夏海灣塑膠及關係事業　三%

台聚　二%

耀華玻璃　二%
聯成石化　一%
台元紡織　一%
誠州電子　一%
中央投資　四・一%

募資大功告成。十二月召開發起人會議，選舉第一任董監事。再由董事選舉我為董事長。發起人會議後登記公司。

【注釋】

1：「技術授權」英文為 technology license。
2：一九九四年十月更名為台灣區電機電子工業同業公會。
3：李寶珠為王永慶之三夫人，大家稱她為「三娘」。

第十八章

開闢鴻濛

一九八六—一九八七年，五十五至五十六歲

一九八六至八七年的冬天，台積電即將組成，台灣媒體在一度熱鬧報導「政府最大投資案」後，忽然平靜下來。我也借這自絢爛趨平淡，而真正考驗即將到來的過渡時期，對台積電的創始初期應採取的策略，做了一個檢討。

定位

成立台積電的目的，基本上是為工研院已進行十年的ＩＣ計畫及繼承ＩＣ計畫的ＶＬＳＩ計畫建立工業出路，所以創始期的核心團隊，就是工研院ＶＬＳＩ計畫實驗工廠的成員。作為一個要能賺錢的半導體公司，他們的強點是：成熟技術高生產良率；他們的弱點是：沒有ＩＣ設計技術，製程技術落後兩、三世代，而且實驗工廠只有台灣客戶，沒有國外客戶，甚至連與國外客戶的接觸都沒有。

我在第十六章已提及，考慮了工研院ＶＬＳＩ計畫的強點及弱點，其實它的工業出路只有一條：捨棄設計，只為客戶製造。早在七〇年代，當時英特爾創辦人之一摩爾已為此「不設計，只製造」事業取了一個名字：foundry。只是，摩爾的 foundry 只是一般又設計、又製造公司（ＩＤＭ）的副業。把 foundry 成為專業，自我及台積電始。更具諷刺性的，當我找英特爾投資台積電時（第十七章），英特爾拒絕了，原因是不認為專業foundry能賺錢。

英文的foundry是一個中性名詞，無褒意亦無貶意，但中文一下子把foundry譯成晶圓代工，大概因為台灣非常習慣「代工」。即使加上「專業」兩字，也不能消除一般「代工」的低技術、低資本的形象。

其實台積電的「專業晶圓代工」自始就「高資本」，自始也不是「低技術」，因為即使我們創始時製程技術落後尖端技術兩至三代，但我們的良率很高，而高良率反映了扎實的工程基礎。

雖然我不喜歡中文「代工」附帶的「低技術」形象，但「代工」是台灣習慣的名詞，也不便改。台積電的定位在我心裡倒毫無疑問：「Dedicated Foundry」，中文翻譯成「專業晶圓代工」。

兩個策略，一個價值觀

今日（二〇二〇年）的台積電以尖端技術（七奈米、五奈米、三奈米……等）見稱。因為台積電領先世界的尖端半導體技術，才成為我所稱的「地緣政治策略家的兵家必爭之地」

（注1）。最近有友人問我：「聽說你們創始時的策略是市場行銷，而不是達到尖端技術。我以為我一定聽錯了。」

他沒有聽錯。創辦時最大問題是沒有客戶。一廠開始時的產能是少少的每月一千片（六吋晶圓），第一年整年都沒填滿。創始時我們就準備建二廠，二廠初期的預計產能是每月一萬兩千片，從每月幾百片跳到每月一萬兩千片，不但需要想像力，還需要策略以及說服力，才能說服董事會撥款給我們。

所以我們第一策略是：開闢美國，其次歐洲市場。美、歐市場是當時全世界最大的半導體市場。台積電核心團隊只熟悉台灣市場。與美、歐市場比，台灣市場真是微乎其微。誰能領導核心團隊開闢美、歐市場？我認為我自己是最佳人選，但在台積電成立時，我任工研院院長才一年多，正火熱地要改革工研院，絕無時間或精力再兼一個創新、開闢的任務。替代方案就是：僱一個富有半導體經營能力的美國人做總經理。

第二策略是：鞏固核心團隊已有的高良率能力。高良率是我們創始時的長處，也是我們選擇「專業晶圓代工」的原因，但核心團隊的高良率建立在當時台灣市場需求的廉價商品上（例如電子錶ＩＣ）。現在我們要開闢高、中檔美、歐市場。他們對於品質、可靠度、製程監控（Process Control），製程改變控制（Change Control）等等，要比台灣市場講究得多。

我有相當信心我們核心團隊既有的高良率建立在扎實工程基礎上，現在要更上一層。

除了這兩個策略外，我從我德儀做「客製品」的經歷體驗到：千金難買客戶對你的信任。現在，台積電只做「客製品」。我們必須一開始就贏得客戶的信任。不輕易答應，但答應的，一定要不計代價做到。不但對客戶要誠信，對供應商、對社會，甚至對競爭者，也要誠信以對，因為我不相信一個公司能做「兩面人」，對客戶一面，對別人又是另一面。

當年我對經建會報告成立台積電，並且說台積電要以「好的服務」競爭時，當時中央銀行總裁曾經哈哈了一聲：「台灣公司要憑商譽競爭，倒是第一次聽聞。」現在，我們真的要做了。

起始台積電的兩個策略，後來有增加，最重要的增加就是十二年後（一九九九年）的「技術領先」，也隨市場和競爭環境而有所改變，但起始的價值觀——誠信，卻一直沒變過。

戴克斯——第一個美國總經理

一九八六年秋，台積電募資有譜，我就開始物色美國人總經理。我接觸了三、四位我熟悉的德儀前下屬，現在已在別的半導體公司任要職。竟無一人有興趣，連來台灣看一看的興趣都沒有。就在那時，戴克斯和我接觸了。

我認識戴克斯，但不熟。一九八五年春，我們曾一起參加過一次美國半導體業協會理事會。那時我代表通用器材；他代表GE半導體公司。一年半後，我已在台灣，即將組成台積電；他仍在GE，但即將失業。他即將失業的原因是：GE總裁威爾許決定關閉GE半導體公司。

威爾許是一九八一至二〇〇一年的GE總裁，也是一個風雲人物，一度被譽為「二十世紀後半最佳企業總裁」。GE是一個許多事業的集成體。在威爾許接任總裁初期，他檢討了每一事業，對一個在它行業營收排名不高的事業（例如GE半導體公司在半導體行業的營收排名也許是第十幾名或第二十幾名），威爾許只有一個命令：「五年內做到第一或第二名；否則，關門！」對戴克斯而言，要他做到半導體業第一或第二等於要他爬喜馬拉雅山，所以結論是關門。拖到一九八六年秋，威爾許的五年時限亦將到臨，戴克斯亦將失業，所以戴對台積電總經理這機會大有興趣。

我在一九八六年十月親訪戴克斯於他居住地──北卡羅來納州圖蘭市，相談甚投契，戴很認同「專業晶圓代工」商業模式以及開闢美歐市場策略；戴也在年底來台灣與「五人小組」相會。「五人小組」沒有什麼意見，只是戴和我都覺得很奇怪，在晚餐席上「五人小組」

除了在介紹時與戴寒暄幾句外，只互相中文談笑，而沒有對戴發一言或問一句話。

根據當時的「股東協議」，總經理由最大股東（開發基金）提名，董事會通過後任命。飛利浦在董事會十席內占三席，所以我也請飛利浦在台灣的兩位董事與戴克斯面談，兩位都很支持，我以為我已做得很周到了，想不到一星期後我就接到第三位飛利浦董事（克列斯曼）的電話，他數落了我一頓，警告我必須「小心」（careful）維護飛利浦權益，而且堅持面試戴克斯，我只得囑戴於一九八七年一月去荷蘭見克列斯曼。見戴面後，克列斯曼倒很爽快同意。戴克斯也在二月初來到台灣報到。

核心團隊躊躇

在一九八五年九月開始構想台積電時，我以為如果辦成台積電，一定會有一位工研院高層主管（胡定華或史欽泰）帶領一個IC計畫核心團隊來台積電。後來我開始對胡、史說台積電必須開闢美、歐市場，所以第一任總經理應該是美國人；此後我發現胡已無興趣來台積電，他那時已是交大校長、工研院院長的候選人，已無興趣擔任台積電總經理以下的任何職務；至於史欽泰，我也發現他的興趣主要還是學術，志願留在工研院。到台積電即將組成時，看起來，實驗工廠廠長曾繁城是唯一可能的核心團隊領導人。曾繁城在電子所的職級低所長兩級。他的上司是電子所副所長。這位副所長也不願加入台積電。

但是，在台積電準備開張前兩星期，胡定華告知我：連曾繁城都有疑慮，他和核心團隊都擔心加入台積電後未來的前途，胡定華告訴我：「你必須與曾談。」

我與曾談了。後來我與他相熟後，曾經告訴他那次他對我要求的姿態，簡直是工會領袖對資方談判的姿態！可憐我其實也是「勞方」，為了要辦成台積電，只好充當「資方」，消釋曾繁城的疑慮。

曾代表核心團隊質疑兩大點：第一，台積電如何與韓、日公司競爭？他沒提美國公司，因為美國公司比韓、日公司更高一籌。韓、日公司我們已不能應付了。這質疑是我在募資期常要應付的。我重複了一遍我的兩個倚靠：第一個倚靠是我們的「專業晶圓代工」商業模式。我們不與美、韓、日半導體公司競爭，它們反而是我們的客戶。第二個倚靠是核心團隊的高良率能力。對我的第一個倚靠，曾似乎半信半疑。對我的第二個倚靠，我的信心似乎高於核心團隊對自己的信心。

但是，曾讓我的辯論通過了。於是曾繁城提出他的第二質疑。其實第二質疑不是一個質疑，而是一個要求：增加待遇。我稍感驚異。在此以前我的以為是：既然工研院以財團法人身分，素享高薪美譽，所以核心團隊移到台積電，薪資不改；以後，當然再說。

但是，曾給了我一個比較複雜的解釋。他說：台灣公司的習慣除發固定薪資外，每年都會視業績發紅利。當然，有的美國公司也發紅利，但對一般員工而言，紅利只是員工收入的小部分。照曾繁城那天所言，似乎紅利可以是收入的大部分。

我聽懂了曾繁城的話後，覺得員工紅利也不失為對員工的合理補貼。本來台灣工程師的收入遠低於歐、美、日本。現在台積電要在世界競爭，應該在員工收入上也做相當程度的看齊。

我答應曾繁城我們會建立「激勵制度」，儘早發紅利。他滿意了；他回去告訴核心團隊，核心團隊也滿意了。總算我們又有總經理，又有核心團隊，可以開張了。

我對核心團隊的答應，以後陸續兌現。約一年半後，台積電發出首次員工紅利，以後幾十年員工紅利極少中斷；約兩年後，台積電開始「員工認股」。

我沒有辜負核心團隊；核心團隊也沒有辜負我。許多年後，原始的核心團隊仍為公司重要的一部分。他們和我並肩打過多次硬戰！也經歷過多次災難！原始核心團隊產生了一個副董事長、三個資深副總、五個副總。

但是，每次我想起核心團隊加入台積電前的躊躇，以及曾繁城那時對我的質疑，我總不禁懷念初加入德州儀器的我（「自傳上冊」第四章）。那時二十七歲的我，多麼年輕！多麼有信心！多麼興奮地赴第一次「命運的約會」！一點懷疑，一點躊躇都沒有，後來領第一次花紅，感激得說不出話來……。

二十九年後，大部分核心團隊成員與我加入德儀時差不多年輕，但他們的心情竟和我的心情大不一樣。

時、地、人都變了。

【注釋】

1：二〇一九年十一月二日，我在台積電運動會的致詞。

第十九章

華路藍縷

一九八七—一九九〇年，五十六至五十九歲

一廠

一九八七年二月底，台積電公司登記完成，就在「一廠」開張營業。

一廠是一座兩層樓加地下室的工研院建築。工研院本擬以此作為新的ＩＣ實驗工廠，現在衍生了台積電，就把此建築物，連同已買進的若干製造設備，一起租賃給台積電。一樓是工廠。工研院已買進的製造設備並不完整，台積電在頭兩年花了四千多萬美元添置製造設備，把產能湊、加到每月一萬三千片六吋晶圓。

地下室是員工餐廳，一樓部分及二樓是辦公室。除了作業員全時在一樓工廠工作外，其餘員工在一、二樓有辦公桌，幾位高層經理有各自辦公室，還有幾間公用會議室。這麼多人都在一層樓上，相當擠。我的正職仍為工研院院長，雖非常關心台積電，且常來「一廠」開會，但的確不需要在台積電有辦公室，當然也不領台積電報酬。一直到一九八八年年底，我成為工研院董事長，就不領工研院任何薪酬，只領台積電薪資。

戴克斯上任一把火

在工作積極度上，戴克斯一點都不負我的期望。一上任，他積極推動我的兩個策略：開闢美國市場和鞏固生產能力。他第一先僱美國行銷經理，此人名匹列切（Steve Pletcher），是戴GE時的行銷經理。匹住在佛羅里達州，而我們的未來客戶大部分都在西岸，所以台積電的第一年，匹幾乎每週都飛加州拜訪客戶，住在加州旅館裡，週末又飛回佛州家。如此一年餘，直到第二年（一九八八年），我們才在加州聖荷西城租了辦公室，並招僱新的行銷工程師。在第一年內，匹每兩、三個月來台灣一次，對戴及我報告他的進度。在第一年內他沒有帶回訂單，但每次我問他我們的「專業晶圓代工」是否可行？他總豎起他的大拇指，樂觀地說一定可行。

戴克斯第二個重要聘僱是營運副總魏謀。魏謀德裔美籍，半導體工程博士，在德儀研發單位實驗線當主任工程師。我在德儀時魏也在，但他的職階低我好幾級，所以我並不認識他。現在戴克斯把他找來，要我面試，我覺得他無論知識或經驗，都足以執行我的第二策略——鞏固生產能力，所以同意僱他。他成為以曾繁城為首、從工研院過來的核心團隊的上司。起先，曾繁城有點不舒服，但幾個月後，曾也看出在生產技術上，魏有可指導曾及核心團隊之處，所以曾原來的憤懣，也漸漸平息。

戴克斯又僱了台灣行銷經理——蔡志群，此舉填補了核心團隊的一個缺洞——無人做行銷。本來工研院的實驗工廠就沒有行銷人員，所有的生意都是客戶聞名而來。現在，台積電的名氣不如工研院，我們要登客戶門求生意。事實上，一九八七年台積電百分之百營收，一九八八年七六%營收均來自台灣客戶。我的美歐市場策略，匹列切的大拇指，一直到兩年後才有顯著效果。這兩年，台積電靠蔡志群的行銷。後來蔡志群也成為長期台積人，直到二〇二二年初，才從台積電亞太行銷業務主管職務退休。

雖然戴克斯態度積極而且樂觀，但是，沒有生意還是沒有生意。雖然我們有每月幾千片（六吋）產能，第一年每月通常只有幾百片生意。記得魏謀加入後幾星期，我問他：「何時可以填滿產能？」他恨恨地回答：「遙遙無期。」

第一年結帳，營收四百萬美元，只是募資時營業計畫的三分之一；營業虧損五百四十萬美元，倒低於營業計畫的虧損七百三十萬美元。這是因為年中就預測營收不能達標，處處節省之故。

這是相當暗淡的一年，以後還有幾年暗淡；但是，第一個大突破就在轉彎角上。

英特爾來敲門

一九八七年十一月，我忽然接到友人虞有澄兄的通知，說安迪・葛洛夫要來台灣，順便想參觀台積電。

虞有澄是當時英特爾資深副總；葛洛夫是當時英特爾執行副總，次年即將接總裁位；而英特爾那時雖尚未是最高營收半導體公司（德儀仍是），但技術領先群倫，已大有業界龍頭氣勢。我與虞及葛洛夫都熟悉，當然不會輕視虞的要求。只是我納悶：英特爾去年才拒絕了我們的募資要求，現在我們不需要他們的投資仍辦成了公司，怎麼他們忽然有興趣要參觀我們？難道他們那麼快就要用我們了？

當然我要好好接待葛洛夫，但是他要來的那天恰巧我已有先約要在美國，所以我仔細交代戴克斯，好在戴與葛洛夫也相當熟悉。

我返台後，戴對我報告：葛的參觀非常順利。看到我們的工廠後，葛驚呼：「居然你們真的有一座運轉的六吋晶圓廠！」戴讓葛看我們的良率紀錄，葛也相當佩服，並且透露了一點英特爾「可能用得著台積電」的意願。

幾個月後，英特爾真的來與我們談生意了。第一個生意是一・五微米的微控制器，英特爾兩代（約三年）前的產品。英特爾因為要把他們的生產資源用在更先進的產品上，所以要我們代工。對我們來說，一．五微米正是我們最先進的技術，所以這是很好的機會讓我們量產剛在開發的技術。

葛洛夫非常重視生產。在英特爾自己的工廠裡，假使兩個廠生產同一產品，他要求這兩廠必須使用「完全相同」（copy exactly）的製程。現在要我們生產他三年前出爐的產品，他還是不肯把他的製程告訴我們，而要我們用我們自己、剛開發出來的製程「試製」他的產品，讓他決定我們在良率、品質及可靠度上是否及格。這個考試我們通過了。

再下來的對我們更為重要。英特爾要我們建立整套世界級生產制度，包括統計製程控制（Statistical Process Control）、品質控制、設備預防維修等等。這些我們花了一、兩年，但在二廠開始量產時（一九九〇年），也完成了。英特爾交給我們第一個產品一年後，又在次年把一．二微米DRAM交給我們代工，要我們走同樣的步驟。

英特爾的兩宗生意，在台積電創始後的第二及第三年發生。對台積電生產團隊，這是一個醍醐灌頂的洗禮！從一個雖良率很高，但只做本地低階產品的團隊，他們證明了他們「繼續學習」的能力，他們開始進入「世界級」了。

英特爾後，飛利浦、德儀、摩托羅拉陸續找我們代工。德儀和摩托羅拉找我們代工的原因和英特爾相似。飛利浦則是因為我們的良率比飛利浦自己廠的良率高——我為台積電募資時看到的荷蘭飛利浦新廠，其實是克列斯曼的「最後一搏」。後來向台積電購買的價格比他自己製造成本低，克列斯曼的職位也敲起暮鼓。

英特爾的兩宗生意，也是對我們「價值觀」的考驗。有相當長的時期，這生意賠本。但我們本著「不計代價，實現承諾」的價值觀，咬緊了牙做下去。英特爾也委託另一家公司代工。那家公司因賠本而半途放棄，總經理還以大拇指及食指做成一個圓圈（表徵銀洋），對英特爾說：「這是我們的價值。」與台積電多麼不同！

對我，英特爾的生意是一個莫大的鼓勵。它驗證了「專業晶圓代工」商業模式；也驗證我們「鞏固生產能力」及「進軍美、歐市場」策略的正確性；它也成功考驗了我們的價值觀。

在創立的三、四年內，台積電已塑造了它未來成功的雛型。八九、九〇年的業績還不是很好，但在我心中，未來的成功已不是一個問號。

魏謀接戴克斯職

戴克斯是一個不錯的總經理，但在第一年底，他犯了一個錯誤——他低估了飛利浦在台積電的影響力。根據「投資協議」，飛利浦有權任命台積電財務副總。在台積電創始時，飛利浦派了一位以前在飛利浦高雄廠的財務主任H君過來。H對戴克斯報告。第一年底，戴克斯對H表現不滿，要換人。他應該先與飛利浦高層商量，但他沒有這樣做。他直接請H回飛利浦。

H不服，寫信給台積電的董監事，訴說戴克斯的不是。此時戴克斯和我想請飛利浦合作，再派一位財務長過來。但飛利浦不肯，他們要先追究戴的錯。搞了幾個月後，戴在壓力下辭職，飛利浦另自荷蘭總部派一位財務長來台積電。

戴克斯在壓力下辭職，使我相當灰心。兩年前，我在三、四個人拒絕我後，才找到戴克斯。戴完全認同我主導的商業模式、策略，和價值，而且執行不遺餘力。一年後就失去他，一時也找不到適當的人。幸而他已僱了營運副總——魏謀，就讓魏謀試做總經理吧！

魏謀是一個工程師，十分認同「鞏固生產能力」策略，七、八分認同「專業晶圓代工」模式，對「誠信」價值觀也無意見，但他相當輕視市場及行銷，好像以為只要有技術、能製造，客戶就會自己找上門來。這當然是一個錯覺。

反正我們已僱了美國及台灣行銷經理。起初我有點擔心匹列切，但匹確實告訴我：他至少短期內不會離開。

戴克斯個人的逆運很快好轉。他離台幾個月後，忽然飛利浦宣布：已聘戴克斯為Signetics（飛利浦的美國子公司）總經理。Signetics的規模，比當時台積電至少大好幾倍，而且位在美國——戴克斯的祖國。所以對戴克斯而言，Signetics不失為好的歸宿。

對飛利浦呢？他們經由台積電及我，才認識戴克斯，又把戴克斯從台積電轟走，現在他們平白得到一個人才。

世事無常，有些人可以立刻翻臉。飛利浦一九八八年對戴克斯的態度反轉，從指責到招徠，也為我增添了一些人生經驗。

二廠的創新

在倡議台積電及募資時，我一直視一廠為過渡廠，而我們自己設計、建造的二廠為我們頭五年的主力。募資金額也以建立及營運二廠所需資本為主。一廠只是初期「練兵」地點而已。所以幾乎從一廠開張第一天，我們就開始設計、規畫二廠；並且在同年九月，就對董事會提出二廠投資案。

二廠的初期規模是每月（六吋）三萬片。在我們對董事會提案二廠時，我們每月生意只有幾百片！克列斯曼（代表飛利浦的台積電董事）以為我們發瘋了，領導全董事會反對，當然不能通過。

董事會三個月一次。被拒的一個半月後，我們重整旗鼓，把提案的包裝稍微更改，而且給足克列斯曼面子——我、戴克斯、魏謀、曾繁城四人特地聯袂飛矽谷，訪克列斯曼及飛利浦半導體財務長於他們在 Signetics 的辦公室，並花了幾小時時間解釋美歐生意即將到來，我們需要現在就通過二廠案。這次訪問果然奏效。三個月後的董事會，克列斯曼不再反對，二廠投資案也就順利通過。

二廠於次年（一九八八年）四月在新竹科學園區動土，一九九〇年開始運作，開啟了我下篇要講的台積電「咆哮九〇年代」。

使得台積電能夠咆哮的原因之一，是二廠的創新。當然，「專業晶圓代工」商業模式是台積電最大的創新，但連續不斷技術上、生產上、市場上的創新，自公司創立就開始。二廠就有兩個相當重要創新式的決定。

第一個決定是啟用ＳＭＩＦ（Standard Mechanical Interface，袖珍潔淨箱）。ＩＣ製程必須在「無塵埃」環境內，如果整個工廠都是「潔淨室」，那麼排氣系統相當昂貴，而且運作時非常耗電。ＳＭＩＦ是一家名叫 Asyst 矽谷公司所發明，它的妙處是它是一個「袖珍」

潔淨箱，又可以與生產機器連接。與標準潔淨室比較，它既節省排氣系統的資本支出，又節省電力，而且據 Asyst 當時說，「袖珍」潔淨環境其實比標準潔淨室更為潔淨，所以應該提高良率。

魏謀和曾繁城都支持SMIF。我打電話給一位英特爾友人，問他知不知道SMIF？他說，英特爾在實驗室試用過，SMIF「很有希望。但是，英特爾是大公司，禁不起大規模使用SMIF的風險。你們是剛開始的小公司，也許禁得起這風險」。

這句無意的輕蔑（至少我想是無意的），倒提高了我的冒險意願。畢竟，小公司要趕上大公司，必須要在對的地方做大公司不願或不敢做的事。我希望SMIF是一個對的地方。

我們決定用SMIF。台積電的二廠是世界上第一家在量產環境內用SMIF的工廠。此後，所有台積電晶圓廠都用SMIF。後來聽說同業也陸續採用SMIF。

第二個決定是採用艾司摩爾（ASML）的曝光機。曝光機在晶圓生產線上諸多機器中最昂貴。在建二廠時日本 Nikon 以及佳能公司幾乎占有全部世界曝光機市場。

艾司摩爾卻是一家新公司。巧合的是，它和台積電一樣，也是飛利浦投資的公司（飛利浦投資IC相關事業的智慧，實在在它自己經營IC事業的智慧之上）。我還記得在我募資時期有一次訪問荷蘭飛利浦時，一位中年人從空蕩走廊的另一端滾球般走過來。與我在一起的飛利浦副總與他打招呼，也對我們說：「讓我介紹，這位是我們投資的艾司摩爾公司董事長，這位是我們投資的TSMC董事長。」

台積電成立後，佳能、Nikon、艾司摩爾高階經理人員多次來推銷各自的曝光機。經過魏謀和曾繁城詳細研究，認為艾司摩爾機器有技術優點。唯一問題是：沒人用過艾司摩爾機器，台積電會是第一家，的確有相當風險。

我們還是決定用艾司摩爾。在這課題上，我的想法和在SMIF上一樣：小公司如要追上大公司必須要冒些險。

此後三十幾年，艾司摩爾一直是台積電最主要且最重要的曝光機供應商。同時，艾司摩爾的技術也一直領先佳能與Nikon。艾司摩爾逐漸擴大市占率。至今日，它的市占率已一半以上；它公司市值也已超過兩千億美元。台積電與艾司摩爾幾乎同時誕生，一起成長，一直都以夥伴關係相處。

員工分紅、認股

美國企業也有分紅，但對絕大部分員工而言，分紅僅是固定薪資的一小部分。台灣企業不同，假使景氣好，企業盈餘高，員工分紅可以是固定薪資的一大部分，甚至比固定薪資更高。

一九八〇年代中期，聯華電子（聯電）已有相當豐盛的員工現金分紅；一九八七年起，聯電開始以股票面值計算的股票分紅，更讓其他公司員工嘖嘖稱羨。台積電尚未成立時，曾繁城就先幾乎以工會領袖姿態「照會」我：必須儘早分紅！

但是成立後我們每月都虧損，當然沒有理由分紅。一九八八年七月（成立後十七個月），台積電第一次做到當月收支平衡，其實，一個月的不虧損也不是一般公司分紅的依據；但鑑於成立前曾繁城的「照會」，以及我當時「儘早分紅」的諾言，我決定於當月結帳後就發相當於半個月薪酬的獎金。全體同仁皆大歡喜。

八八年底結帳，當年營業淨利為一億三千餘萬元，幾乎把八七年的虧損都賺回來了。我們又發了一次獎金，大家更皆大歡喜。

除獎金外，八八年十一月第一次現金增資，我們開始員工認股，此後每次現金增資（八九年十月、九〇年六月及十一月、九一年十一月、九二年十一月）（注1），員工同時認股。直至最後一次增資，員工已擁有全公司八．五%股權。

在我對董事會提出員工認股時，公司已轉虧為盈。飛利浦對台積電的看法，也自懷疑、保守轉為樂觀，所以他們反對員工認股。他們的理由是：（一）此舉稀釋投資協定內飛利浦股權比例自二七．六%至二五%左右；（二）飛利浦母公司沒有員工認股的先例。

理由（二）當然不成理由，飛利浦不讓員工認股，難道台積電也不可以？關於理由（一），在我堅持員工認股下飛利浦的台灣總經理還特地寫信給開發基金，說飛利浦被稀釋的股權，要在實施股票承購權時補回。經過我和開發基金討論後，此點開發基金暫時默認。畢竟，飛利浦的股票承購權是下一場戰爭，我另有戰略，此時不必與飛利浦起衝突。

台塑退出

八九年，我間接聽聞台塑已賣出它持有的全部台積電股票，大為震驚。台塑是台積電第三大股東（五%，僅次於開發基金及飛利浦），也是募資時俞國華認為「必要」的投資者。怎麼在投資還不到三年，公司已開始賺錢時就賣出？況且，無論在賣出前或賣出後，王永慶或他的董事代表王文洋，對我一句交代話都沒有。

震驚之餘打電話給王文洋，他只冷淡地證實台塑已賣出消息。當時對台灣尚相當天真的我，還在電話上請他繼續擔任台積電董事，使得我們可以繼續從台灣「經營之神」受益。文洋君似乎有點驚訝，但他只冷淡地說：「不做了。」事後我才知道台灣法律規定，如一個董事轉讓他代表的一半（或一半以上）股權，他必須辭董事職。文洋君在電話上沒有告訴我這點，大約也是因為他認為我的無知，實在已到了超出「孺子不可教」地步吧？

後來聽說台塑把台積電股票賣給了一個證券經紀商，此經紀商又轉賣給許多散戶。與王文洋通電話後，我已失去繼續追逐此事的興趣。後來台積電多了許多散戶，倒是事實。

飛利浦提出承購要求

根據我們與飛利浦的「協議綱要」，「最早一九八九年九月三十日，飛利浦可提出承購要求，增加飛利浦持股至五一%……」（見第十七章）。八九年底，台積電財務長對董事會報告財測：當年營收十八億餘元，較八八年成長一倍；營業淨利四億餘元，是八八年的三倍。聽到這樣的業務報告後，飛利浦認為實現股票承購權的時機已到，在八九年底正式對開發基金提出承購要求。

經營權之戰

現在，以我為首的台積電經理部門面臨一場經營權之戰。如果飛利浦獲得五一％股權，台積電將成為飛利浦的子公司──董事長、總經理均將為荷蘭所派；新的董事長和總經理也將挑選他們自己的人馬。現任的高級經理人將失去職位，或失業。中低階員工將在「飛利浦式」管理下，如果八八年飛利浦反對台積電員工認股是一個提示，那麼在台積電成為飛利浦子公司後，員工不必期待任何認股，更不能奢望後來我們實施的以面值計算的員工股票分紅。還有，已開始實施的員工認股，也將失去大部分意義，因為外國公司的子公司不能上市，所以員工認股得到的股票也只有有限的「可賣性」或增值機會。國內別的股東，也和認股的員工在一條船上。

總之，飛利浦子公司台積電絕不會成為今日的台積電。

而對這樣嚴重的挑戰，我有辦法嗎？

有。

我的短期戰術，早已埋伏在「協議綱要」「轉讓價格」第三條件內（見第十七章）。第三條件要求的是非常高的轉讓價格（即是二．五倍到十倍的市價／淨值比），即使與第一、

第二條件等量考慮，結果也會是飛利浦不能接受的高價。我知道飛利浦不會接受高價轉讓，所以我短期戰術的目的是拖延！

我長期戰略是：拖延一、兩年後，對原始股東有厚利的「上市」機會，會神像般出現在所有股東眼前，包括飛利浦。那時，我就可以「大家的利，也是飛利浦的利」說服飛利浦，把他們承購目標，從五一%降到可以讓台積電上市的比例。在八九年底，我知道九〇年會是不好的一年，因為新的二廠增加了大量我們在一年內消化不了的產能。但是我深信，自九一年起，新增的產能更增加我們的威力。如果我們能把飛利浦的承購要求拖延到九一年，飛利浦會看到：讓台積電上市會對所有股東，包括飛利浦自己，以及所有員工都有利。

開發基金直接要與飛利浦談判。開發基金的執行祕書是經建會主委或財政部部長（在八、九〇年代，這兩個部會交替接管開發基金），但全時管事的是開發基金副執行祕書。當時副執行祕書是趙揚清女士（注2）。在一九九〇、九一兩年中，趙女士與飛利浦談判無數次。每次談判之前及之後，趙女士都和我討論開發基金應採取的立場。我從不出面。飛利浦，甚至魏謀都認為我是這兩年談判的局外人。趙女士是出戰的大將，我是她沒人知道的參謀長。我們合作無間，這段合作是我台灣經驗中非常愉快的一段。

我們的戰術、戰略在兩年多後都成功了。怎麼成功，待下篇再說吧。

開闢美、歐市場，美國行銷經理易人

台積電開張第一年（一九八七年）的營收，幾乎全部來自台灣，但戴克斯以及他僱的美國行銷經理匹列切致力開闢美國市場，次年即開始見效果。八八年來自美國的營收占全部營收一六．三%，八九年更升高至五五%。好幾個大型美國半導體公司，如英特爾、德儀、摩托羅拉都赫然在我們客戶之列。我「開闢鴻濛」的第一策略——開闢美、歐市場，可說已有成功的開始。

戴克斯於八八年五月在壓力下辭職，稍後他就被飛利浦僱為美國 Signetics 總經理；幾個月後，他也把匹列切帶去。如果飛利浦存心要破壞台積電的開闢美國市場計畫，也不能比這樣做來得更徹底吧？幸而當時我二十幾年前的德儀舊同事「高價路克」（John Luke）忽然出現，而且毛遂自薦，要當台積電的美國行銷經理。一九六〇年代，我在德儀初任業務單位總經理時，路克是德儀眾多「區域行銷經理」之一；只是大部分行銷經理都銷「商品」，路克卻銷「客製品」，我那時已領會供應商在「客製品」上的議價權比在「商品」上高，而路克也完全同意，所以我們合作相當愉快。那時他告訴我他在客戶群中有「高價路克」綽號，而且頗自傲這綽號。

現在，台積電作為「專業晶圓代工」者，產品都是「客製品」，而「高價路克」又出現了。經過一、兩次話舊及面試，我高興地僱用路克為美國行銷經理。路克後來在台積電做到一九九八年。他充分參與台積電的「咆哮九〇年代」。

一九八八年，我也僱了一位以前德國德儀的老下屬，麥克（Siegfried Mack），請他做台積電歐洲行銷經理。歐洲市場不如美國市場大，但也頗可觀，在九〇年後，台積電的歐洲營收達到全部營收的八%以上。我尤其享受我與麥克九〇年一月的客戶之旅。我們驅車自法蘭克福至夫來堡（Freiburg），又至Marin，再去日內瓦，一共三天。麥克是道地德國人，所以我們一路吃、住、行完全德國式。

魏謀辭職

正在業務看好，「華路藍縷」時代就要結束，「咆哮」時代即將開始，魏謀突然辭職。其實他的辭職有跡可循，雖非我所促使，但亦非我不歡迎。

魏謀是一個相當傑出的工程師。在台積電的頭四年（一九八七至九〇年），他對製造工程頗有貢獻。他領導台積電的製造團隊接受英特爾要求的製造制度，使我們的製造邁上世界級。他也創新——二廠的設計、袖珍潔淨箱、採用名不見經傳艾司摩爾的曝光機等等。

但是他對市場、行銷可說一無所知，甚至沒有興趣。這當然不是一位認真總經理應有的態度。我在不得已情況下任命他為總經理，而他在市場、行銷上的缺點，在九〇年已明顯地出現了。

更成問題的是他到處為自己打算的性格。他接任台積電總經理不久後的一天，他的座車（他不在裡面）與一輛工研院的車相擦，那時我還是工研院院長，八、九〇％時間花在工研院上，我的辦公室也在工研院裡。魏謀的辦公室在台積電一廠，是工研院租給台積電的。我忽然接到魏謀電話，我還以為台積電有什麼突破，高興地接起話筒，但是他用責問的口氣說：「我以台積電總經理的地位，對工研院院長抗議……。」

我還是他的上司。為了這樣的小事（沒人受傷，保險公司理賠），值得用這樣的態度對待你的上司嗎？

更嚴重的事發生了。八九年底，飛利浦提出股權承購要求，魏謀立刻認定飛利浦必定很快成為台積電的主人。他在第一個機會——飛利浦提出申請後的第一個台積電董事會，私約飛利浦的ＩＣ總經理〔那時克列斯曼已被撤職，換了一位對我相當友善的哈格曼斯達（Heinz Hagmeister）〕。魏謀告訴哈氏：飛利浦購併台積電後，他會留下來，所以飛利浦不必擔心台積電的穩定性。

連哈格曼斯達都驚奇魏謀這樣的提早「輸誠」，所以第二天就告訴我魏謀對他說的話──顯然哈氏認為與我維持好關係，比魏謀的「輸誠」重要。對我而言，魏謀的行為無異對我個人的叛逆。

我沒有告訴魏謀我已知道他對飛利浦輸誠，但九〇年上半年，他幾乎每星期問我：「承購案進行得怎樣？」我不說。我有我的戰術和戰略，只能與趙揚清討論，不能對任何人說，更不能對叛逆者說。後來他問得不耐煩了，凶悍地對我說：「我是總經理，為什麼不告訴我？」我回答：「好好地做你的總經理，此事與你無關。」

九〇年秋，承購案繼續在我策略下拖延，魏謀等不住了，剛巧新加坡的「特許半導體公司」要聘他為總經理，他辭職了。我並不驚奇。在他對飛利浦輸誠一刻，他顯然以為我已是即將退出舞台的過去人物，而他要保護自己的既有地位。事實上，我不但不是過去人物，我的黃金時代正要開始，而他卻與他一生難得的黃金機會擦身而過了。

台積電並沒虧待魏謀。他離開時，已認了好幾次的「員工認股」，如果他沒有立即賣掉這些股票，這些股票應該也是一筆小財富。我也認為這是他那幾年在台積電製造工程上貢獻應得的報酬。

布魯克接任總經理

一九九〇年秋魏謀辭職時，剛巧我自台積電募資時就屬意的總經理人選──布魯克賦閒，我毫不猶豫地邀他接魏謀職，他稍加思索後，也很快答應。

布魯克是我德儀多年下屬。我在一九六六年就認識他，他也是本書第六章裡「一個危機，兩個英雄」的英雄之一。在「危機」後他在我手下扶搖直上，做到主管MOS的副總裁位。直到一九八三年德儀因消費者產品失敗而士氣低落、人心背離之時，布魯克離開德儀，跑到一家不很成功的中型半導體公司──快捷半導體任該公司總裁。他在快捷做了幾年後，他的老闆──快捷的母公司法商斯倫貝謝公司（Schlumberger）──仍不滿意快捷的業績，要把快捷賣掉。布魯克想把快捷賣給日本電腦及半導體公司富士通（Fujitsu）。但在一九八〇年代，日本半導體業很強盛，幾乎有超過美國半導體業之勢，所以深為美國政府所忌。因此，美國政府把快捷半導體與富士通的合併計畫反對掉了。斯倫貝謝急於脫手，就以低價把快捷賣給另一家美國公司──國家半導體（National Semiconductor）。在買賣的過程中，國家半導體並沒有挽留布魯克。布魯克就此失業。

布魯克雖是工程出身，但他的長處是市場、行銷，及經營。他的這些長處正與台積電初期的策略契合，所以在一九八六年台積電募資成功，要找總經理時，我的第一批人選就有他在內。但那時他不願離開快捷半導體。一九九〇年我再去找他時，他已失業兩年，當然態度不同，但他雖然接受我的邀聘，卻也再三對我聲明：他不認台積電總經理職位為他長期歸宿，而且他也不願長期住在台灣，但答應我做一年——一年後再說。

一九九〇年十二月，我們正式宣布布魯克為新任總經理。我記起不久前才發生的工研院院長、董事長交接典禮的風光，許多媒體記者都來了，第二天報紙上也有相當顯著的登載；那麼，現在台積電的新總經理也應該有相似的風光吧？我們開了一個晚會，也邀請了不少記者，但是，到的只有一個！我相當失望，也對人事經理——他負責安排晚會及邀請記者——表達我的失望。人事經理倒很實在地告訴我：「不要以為我們是工研院。台灣像我們這樣的公司，不知道有幾百個。」

使我振奮的倒是這晚會的另一個鏡頭。舉行晚會時一九九〇年即將結束，當年的營收是新台幣二十二億元。我帶領到會的二、三十位台積電高級主管高呼：「一百億！」第一次呼喊時，聲量已經很大，但布魯克——晚會的主角，根本不懂我們喊了什麼，急著問他旁邊的人，我等他聽懂後，再帶領大家呼喊第二次「一百億」！布魯克也喊了，他的美國口音特別令人注意。我再喊一次「一百億」，大家回應「一百億」！真的聲量如雷，牆壁都似乎震動了。

一九九〇年底，我已有很強的信心：「華路藍縷」時代已結束，我們已走上成功之路。不要說一百億元是一個可達到的目標，即使一千億元也不是奢求了。

黃金年代即將開始

寫此書時，已九十歲矣！回憶此生，如以每十年為一單位，則每單位都有高潮和低潮，興奮和沮喪，期待和失落。讀者讀至此，應該亦可領會。但如要我挑選我的黃金時代，我毫不猶豫挑選六十至八十五歲那兩個半單位。在那時段，我充分保持了青、中年就享受的健康；我精力充沛，每星期工作和嚴肅閱讀或寫作時間大概總在六十小時以上；出國頻繁，大部分是開闢新客戶或拜訪現有客戶，但也不少次參加國際會議，聆聽各國政要或專家學者討論國際大事。

健康和精力固然是黃金時代的必要條件。有了健康和精力後，我深信我的專業知識、經驗，和判斷力在六十到八十五歲時期都已成熟。德儀給了我世界級的訓練，雖然我在不愉快情形下辭職，但對它給我的訓練，我至今感恩！通用和天使投資人的經驗，也讓我看到科技業的金融面──這是我在德儀二十五年沒有看到的；工研院又教了我不少台灣的「人情世故」，是我後來經營台積電不可或缺的經驗。

比知識、經驗、判斷力更重要的，我堅強了我的鬥志。六十歲以前的十年，我從三個職位上辭職——德儀、通用、工研院。辭職就是認輸！三次辭職後，我認為已經退無可退，而必須堅強自己的鬥志。其實我六十至八十五歲這時段的困難和阻力也不少，但我不再認輸，不再放棄。

當然，構成我「黃金時代」最重要因素是：台積電成功了！台積電咆哮了！從一個幾乎沒人看好的開始，在三十年光景，它成為一個沒人能忽略的公司。

【注釋】

1：一九八六年「股東協議書」約定原始股東分期繳股款，所以第一次繳款全數均由原始股東繳，以後繳款均為「現金增資」，就有員工參與。

2：趙女士後來任財政部國庫署署長、行政院公平交易委員會主任委員。

台積電篇二

咆哮九〇年代

一九九一——二〇〇〇年

六十至六十九歲

第二十章

「專業晶圓代工」商業模式大放異彩

九〇年代業績

一九九一至二〇〇〇年台積電的業績，今表列如表二。

這十年的營收「年複合成長率」是四九．四%；營業淨利的年複合成長率是六四．一%。九六至九八年，是全球半導體業不景氣的三年，全球半導體業在九六年萎縮八%，在九七年只成長四%，在九八年又萎縮八%。但即使在這不景氣的三年，台積電仍有不錯的表現。

美國的創業者往往以「營收十億美元」為他們的第一里程碑。一旦營收達到十億美元，創業算成功了。如以此為標準，那麼台積電九五年營收達到十一億美元（當年美金——台幣匯率為一比二十六）也可算是創業成功了。

設計（無晶圓廠）公司風起雲湧

台積電成立後頭兩年（一九八七至八八年）的客戶幾乎全是台灣的小型設計公司。一九八九年起，先有國外大型ＩＤＭ（自有晶圓廠公司），如英特爾、摩托羅拉、德儀、飛利浦等，將他們工廠內比較不具經濟價值的產品，委託給我們生產，藉以提升這些產品的營業利

表二　1991至2000年台積電業績　　單位：億元新台幣

年	1991	1992	1993	1994	1995	1996	1997	1998	1999	2000	年複合成長率
營收	44.8	65.1	123.3	193.4	287.7	394.0	439.2	504.2	730.7	1,662.0	49.4%
毛利率（%）	31	30	45	53	56	56	48	38	43	46	
營業淨利	7.1	12.4	44.2	86.2	139.0	182.4	149.3	138.1	248.3	613.0	64.1%

益。但自一九九一年起，美國設計公司風起雲湧地成立。根據無晶圓廠半導體公司聯盟（FSA）（注1），在二〇〇七年給我的資料，在一九九一至二〇〇〇年十年中，全球無晶圓廠公司自兩百零七家增加至七百五十家；它們的總營收也自一九九三年的二十四億美元，增加至二〇〇〇年的一百七十億美元。根據台積電的經驗，「無晶圓廠」一百七十億美元的營收，大約需要三十四億美元的晶圓代工。而台積電二〇〇〇年營收為五十三億美元，其中約四成來自IDM，即「自有晶圓廠公司」。那麼，另外六成（三十二億美元）來自「無晶圓廠公司」。這麼說來，台積電難道把所有「無晶圓廠公司」的生意都接下來了？我想不見得，FSA可能低估了二〇〇〇年「無晶圓廠公司」的營收。但是，有一點我相信：台積電很早就是「無晶圓廠半導體公司」的首選代工者。

我也以為：一旦IDM（自有晶圓廠）公司試用台積電的晶圓代工，他們也會逐漸停止他們自己的晶圓製造，而改用台積電。為什麼「自有晶圓廠公司」轉向台積電是一個逐漸、而不是很快的過程？第一，「自有晶圓廠公司」有許多製造部員工，他們不會一下子把製造部員工都遣散；第二，「自有晶圓廠公司」也有不少尚未完全折舊，以及即使已完全折舊，仍有剩餘價值的生產設備，這些設備也不會被當作廢銅爛鐵賣。

為什麼台積電成為「晶圓代工」的首選？因為我們「專業晶圓代工」商業模式和我們「服務導向」策略完全成功了！在台積電成立之前，「晶圓代工」是許多美國、日本、台灣IDM公司的副業，「副業」的客戶不受重視，甚至還遭受委託的「代工」者競爭。台積電的商業模式是「專業晶圓代工」、「不與客戶競爭」；台積電的策略是完全「服務導向」、「為客戶赴湯蹈火」；台積電的技術長處是高良率——台積電的一切所為，完全迎合客戶的需求。

行銷美國成功

除了創新的商業模式外，初期台積電另一個重要策略是行銷美國。用美國總經理、美國行銷人員，加上我自己對美國客戶的熟識，台積電來自美國客戶的營收自一九八七年（成立年）的零美元，到一九九一年的八千七百萬美元（占全部營收五三%），到一九九八年的八億六千萬美元（占全部營收五七%）。自二〇〇〇年後，台積電來自美國的營收大概都在全部營收六成以上。這與美國蓬勃發展的設計公司有關。相反的是日本市場。日本半導體業在八〇年代非常強勁，但後來漸漸衰退，我認為這與日本簡直沒有ＩＣ設計公司有關。記得二〇〇七年春，我受邀到日本福岡的一個電子業會議致詞，曾指出此點；但是在會議結束前的日本半導體業者座談會內，業者對我的致詞完全沒有理會，反而頻頻要求日本政府資助他們建晶圓廠。二〇〇七年已為時遲矣，但日本半導體業者尚緊抱老舊觀念。在我孤獨飛返台灣途中，我想：從今以後日本半導體業大概也就不過如此了。

【注釋】

1：ＦＳＡ為 Fabless Semiconductor Association 之縮寫，後來「無晶圓廠半導體公司」愈來愈多，ＦＳＡ就改名為 Global Semiconductor Alliance。

第二十一章

台積電的經營理念及九〇年代的策略

經營理念

大約在一九九四、九五年之際，台積電營收已以年複合成長率六、七〇%氣勢成長了幾年，員工及重要主管人數也急遽地增加，我已不能常常與所有重要主管做理念性討論，我想：應該把我們的基本價值觀，也就是台積電的經營理念，寫出來。雖然寫理念的過程只有幾天，但理念的形成卻是幾十年家教及學校教育加上職業及社會經驗的結果。一共寫了十條如下：

台灣積體電路製造股份有限公司

企業經營理念

（一）堅持高度職業道德

這個理念代表公司的品格，是我們最基本也是最重要的理念，也是執行業務時必須遵守的法則。所謂高度職業道德是：

第一、我們說真話。

第二、我們不誇張、不作秀。

第三、對客戶我們不輕易承諾，一旦做出承諾，必定不計代價，全力以赴。

第四、對同業我們在合法範圍內全力競爭，但絕不惡意中傷。同時，我們也尊重同業的智慧財產權。

第五、對供應商我們以客觀、清廉、公正的態度進行挑選及合作。

在公司內部，我們絕不容許貪汙；不容許在公司內有派系或小圈圈產生；也不容許「公司政治」（Company Politics）的形成。至於我們用人的首要條件是品格與才能，絕不是「關係」。

（二）專注於「專業積體電路製造服務」本業

我們的本業是「專業積體電路製造服務」，這個領域發展迅速，只要我們能集中力量，積極從事本業的鑽研，發展空間必定無可限量。因此，我們要心無旁騖、全力以赴，在「專業積體電路製造服務」本業中謀求最大的成就。

（三）放眼世界市場，國際化經營

我們的目標是全球市場，而不侷限於東南亞或任何地區。積體電路是一個跨越國界的產業，全球各主要業者無不將目標延伸到世界各地。而我們最強的競爭者也來自國外，如果我們不能夠把眼光放遠在世界市場中建立競爭力，我們在國內終究也將無法生存，遑提競爭力。

我們的根在台灣，但要在全世界主要市場建立基地，是國際化經營的意義。而為配合國際多元發展的文化需求，在人才募集方面，我們則不論國籍，唯才是用。

（四）注意長期策略，追求永續經營

我們深知企業永續經營，像是在跑馬拉松，需要速度、耐力與策略的配合，而不像是在做五十米、一百米的短程衝刺。

我們確信「人無遠慮，必有近憂」的道理，只要我們能做好長期策略規畫，並認真地執行，短期較為急就章式的衝刺便會大大減少。

因此，除了每年我們都要為未來五年做一個長期策略規畫外，在我們的日常工作中，也應有相當高的程度落實於長期的成效與回收。

（五）客戶是我們的夥伴

我們自始就將客戶定位為夥伴，絕不和客戶競爭。這個定位是我們過去成功的要素，也是未來繼續成長的關鍵。

我們視客戶的競爭力為台積公司的競爭力，而客戶的成功也是台積公司的成功。

（六）品質是我們工作與服務的原則

包括公司內部或是外部，每個我們所服務的對象，都是我們的「客戶」。而「客戶滿意度」就是「品質」。

在台積公司，品質是每一個員工的責任，我們應堅守崗位，本著追求卓越、精益求精的態度，不但認真地把每一件事、每一件任務做到最好，更要隨時檢討，務求改善，追求並維持「客戶全面滿意」，這就是以「品質是我們工作與服務的原則」的具體實踐。

（七）鼓勵在各方面的創新，確保高度企業活力

創新是我們的命脈。如果我們一旦停止創新，將很快地面臨沒落與失敗。我們不但要在技術方面追求創新，在企畫、行銷、管理等各方面更要強調。自然地，積極建立與累積公司的智慧財產權也不可或缺。

我們更要常保公司充滿蓬勃朝氣與活力，隨時秉持積極進取、高效率的處事態度，來因應瞬息萬變的產業特性。

（八）營造具挑戰性、有樂趣的工作環境

相信對大多數的同仁而言，一個有挑戰性，可以持續學習，而又有樂趣的工作環境，比金錢報償更為重要。我們要齊力塑造並維持這樣一個環境，吸引並留住志同道合而且最優秀的人才。

（九）建立開放型管理模式

我們要營造樂於溝通的環境，以建立開放型管理模式。「開放型」代表同仁間互相以誠信、坦率、合作相待。同仁樂於接受意見，也樂於改進自己。同時，更將透過集思廣益的方法接受各方看法，而在做成決定後，就團結一致、不分你我、集中力量朝共同目標戮力以赴。

（十）兼顧員工福利與股東權益，盡力回饋社會

員工與股東同是公司重要的組成分子。我們要提供給員工一個在同業平均水準以上的福利，同時讓股東對公司的投資得到平均水準以上的報酬。

同時，公司的成長也得力於社會及產業環境的配合，我們更要不斷地盡能力回饋社會，做一個良好的企業公民。

只要全體同仁能夠隨時信守本公司的經營理念，並落實於工作中，台積公司自能不斷成長與茁壯，成為國人引以為傲的世界級公司。

這十條中，第一條：「堅持高度職業道德」最為基本。我在德儀時，德儀的基本價值是Integrity。此字很難譯成中文，我後來把它譯成「誠信正直」，也不完美。其實真正的問題是，我在德儀就發現：每人的 Integrity 定義都不一樣。在德儀的二十五年中，有好幾次我目擊面紅耳赤的爭論，一方開始質疑對方的 Integrity，對方先是面色一變，但立刻轉成冷笑：「你有你的 Integrity，我有我的。」

所以在台積電的經營理念上，我特地把我認為的「職業道德」詮釋了一番。至於為什麼只講「職業」道德，而不是「道德」？解釋簡單得很。公司無權干涉私德，但有權甚至有社會責任要求職業道德。

我們把這十條經營理念印成小冊，遍發所有員工，而且把一大疊放在公司大廳的櫃檯上，使得客戶、供應商、任何訪客都可取得。

這十條理念自寫成後就沒有改過，我認為也無須改。

九〇年代的策略

台積電初期的策略，我在第十八章〈開闢鴻濛〉已略有所述。開始幾年，需要執行公司策略的經理人員並不多，我就以「耳提面命」方式傳授給他們。大家也都能照我的意思執行。這策略的成果非常豐碩。但是到了九〇年代中期，重要經理人數急遽增加，要大家齊心一致，不能只靠「耳提面命」，而有必要把公司策略寫下來。於是我在一九九八年九月，花了幾天時間，親自寫下了「TSMC Strategy」。原文是英文，最近為了寫此書要包括此策略，故由台積電公關部門把它譯成中文。全文如下：

台積公司營運策略　一九九八年九月七日

目標

成為全球聲譽卓著，以服務為導向且能夠為客戶創造最大整體利益*的專業積體電路製造服務公司，藉此成為此產業規模最大且獲利最高的公司。

檢視方法

（1）定期進行獨立的客戶調查。
（2）客戶的直接反應和替客戶處理問題的滿意度。
（3）財務表現（特別是營收成長和股東權益報酬率）。
（4）股價。

（5）市場占有率（特別是與競爭對手比較）。
（6）財經報告及大眾媒體報導。

背景、當前市場概況和未來展望

台積公司於一九八五年開創了專業積體電路製造服務商業模式。當時專業積體電路製造服務公司並沒有穩定的市場，台積公司唯一的商機來自整合元件製造公司週期性的外包業務，以及當時剛進入市場的少數無晶圓廠（晶片設計）公司。儘管初期困難重重，台積公司仍堅持專注於專業積體電路製造服務的商業模式。我們的信念和努力於八〇年代後期和九〇年代初期獲得了回報，創業家發現台積公司是可信賴的專業積體電路製造服務公司，自此開始成立大量的無晶圓廠公司。無晶圓廠公司透過和台積公司合作，由台積公司為其生產晶片進而獲得的初始成功，致使更多的無晶圓廠公司相繼成立。如今，於一九九八年，已經有數百間無晶圓廠公司成立，其中最集中的聚落位於矽谷。無晶圓廠公司成為台積公司市場的支柱，使台積公司能夠在一九九〇—一九九六年迅速成長。於此同時，台積公司的成功吸引了眾多競爭對手投入產業。競爭對手利用台積公司的產能短缺（發生於一九九三—一九九五年和一九九七年的部分期間）及相對高的獲利率，提供台積公司客戶產能和／或較低的價格，侵蝕台積公司的市占率。現今（一九九八年）的市場環境特徵是競爭激烈，一九九六年起，半導體行業的衰退加劇了這現象，目前仍未見此態勢有減弱的跡象。

然而，台積公司專業積體電路製造服務商業模式依舊一如既往，其優勢衍生於以下考量：

（1）設計（無晶圓廠）產業——人類創業精神將推動更多無晶圓廠公司成立。某些無晶圓廠公司可能會陷入營運困境甚至因此失敗，但是新的公司將進入市場並取而代之。無晶圓廠公司沒有大筆投資建置晶圓廠的負擔，相較於大型的整合元件製造公司，他們能夠更迅速地對市場需求做出反應，也成長得更快。他們在半導體產業的比重將會愈來愈大。

（2）整合元件製造公司——晶圓製造技術本身在多數的競爭情況下已經不再是決定性的競爭因素。晶圓廠和其他組織（研發、行銷、企畫等）間的緊密合作仍然相當關鍵。整合元件製造公司面臨耗費巨額資金投資晶圓廠的決策風險，以及日益加劇來自無晶圓廠公司的競爭，將使其選擇與晶圓製造服務公司簽訂製造合約，或成立合資晶圓廠，進而使其風險和資本支出最小化。

專業積體電路製造服務商業模式不僅體質健全，亦是未來趨勢。然而，此商業模式並不保證所有運用此商業模式的公司都能獲得成功。為了實現我們的目標，台積公司必須尋找最能夠滿足客戶需求的策略。

策略

I. 滿足客戶需求

客戶需要什麼？以下列表涵蓋絕大多數的客戶需求，然而個別客戶的優先順序通常有所差異：

（1）能夠使客戶脫穎而出，或至少能夠和對手競爭的技術。
（2）台積公司面對客戶需求的靈活度。
（3）價格低廉。
（4）從產品設計定案到量產的週期時間短。
（5）品質與可靠度。
（6）能夠幫助客戶超越競爭對手，或至少能夠和對手競爭的設計服務。
（7）客戶和台積公司溝通緊密無縫。

（8）全方位的一站式整合服務。
（9）保護客戶的智慧財產。
（10）能夠即時投入且針對可能出現的任何問題提出解決方案。
（11）台積公司對客戶的夥伴關係態度和行為。

台積公司的策略是在上述除了（3）之外的所有面向上，能夠明顯優於競爭對手，方能於（3）中賺取價差（price premium）。策略如此制定有雙重意義，第一，相較於採取低價策略，以此方式獲取的客戶忠誠度和長期合作夥伴關係將更為長久。其次，此具有說服力的計算邏輯可以說明：一〇％的價差獲利（一〇％價差絕非上限）將使我們即使為了更好地服務客戶而必須提升營運成本，相較於競爭對手仍可得到更好的獲利。

上述第（1）至（11）點，不包括（3），皆為我們的策略衝刺。我們重點關注第（1）、（2）、（6）、（7）和（8）點，而將第（4）和第（5）點放在經常營運管理下。第（9）、（10）和（11）點則為我們企業文化的一部分。

再多講幾句我們的價格策略：

（1）我們的價格策略是獲得價差，但不失去業務。
（2）要成功執行此策略，必須擁有絕佳的客戶關係。衡量此關係的基準為客戶是否讓我們看「第一眼和最後一眼」（first and last look）**。

（3）我們可以在一次性的交易上具有彈性訂價空間，但是當向客戶提供此彈性交易時，也需同等對待其他客戶，應向其同一領域之直接競爭對手提供類似交易條件。

II. 組織性地成為市場及服務導向的企業

生產製造或工程導向企業和市場及服務導向的企業間存在巨大差異，我們的目標是成為後者，同時保留前者的核心實力。我們的策略是：

（1）我們必須鞏固一種組織文化，在這種文化中，每位員工都應該是公司的業務。他（她）當然可以是專業工程師、會計、主管等，但他（她）同時也是公司業務。身為業務人員，代表為客戶服務。當客戶需要服務（例如生產時程變更、技術變更或問題修復等）；它必須被視為機會，而不是一種負擔。

（2）高階管理人員（職級三十八以上）除了是優秀的業務和專業人士，更必須是優秀的商業人士（businessmen）。如果他們目前不是，他們應該自我訓練、接受訓練以成為商業人士。

（3）為了落實我們的訂價策略，在很大程度上必須仰賴業務組織的判斷。因此，業務組織應全面配有優秀的商業人才（從專案經理到更高職級的同仁）。他們應該完整地接受公司經濟面向的相關訓練（成本、產能利用率、獲利要求等）。因此，他們必須有別於「商品」業務人員且通常具備更高資歷。一旦他們的技能和判斷能力達到我們要求的高標準，就應該反映在他們的職級和薪酬上，將其做出對應調整。

（4）必須建立世界級的市場（Marketing）部門。此部門的職責可列舉於下：

（a）與研發組織共同確定技術藍圖。

（b）建議新服務或技術。

（c）與業務單位共同開發新客戶。

（d）台積公司在不同應用產品（繪圖晶片、晶片組等）、不同領域（電腦、手機等）、不同地域、不同客戶（在相同市場領域或產品應用）的行銷策略。

（e）市場和競爭資訊。

（f）戰術性訂價調整。

（g）台積公司的品牌認同。

（h）總歸來說，成為最高管理者的業務和行銷「幕僚長」。

III. 擴大核心實力

（1）我們的核心優勢在工程技術和製造能力。我們必須在這些領域擴大領先優勢，具體來說，必須持續努力追求良率、生產週期、生產力、資產利用率等。

（2）積極取得公司內部和外部的智慧財產權，除了數量，更應該重視其品質。

IV. 無晶圓廠、整合元件製造公司及系統廠商

我們的策略是積極追求所有潛在客戶，包括無晶圓廠、整合元件製造公司及系統廠商。

V. 財務策略

（1）維持保守的負債／權益結構：三五％債務／六五％權益。

（2）保守管理財務資產。

（3）僅投資與我們的核心業務直接相關的業務——晶圓製造服務。

（4）在不得已的情況下才會考慮合資成立晶圓製造廠。

VI. 企業文化

我們的企業文化表述於十大經營理念中，其內涵和本策略彼此一致且相互依賴。十大經營理念和本策略應相輔相成。

VII. 理想的量化成果——同仁們應將此視為成功執行此策略應有的成果，而不是目標本身：

（1）維持大於二〇%的股東權益報酬率。

（2）成為全球最大的積體電路製造服務公司，營收領先第二大晶圓製造公司比例至少為二比一。

（3）二〇一〇年之前，營收達美金百億元。

*整體利益是指客戶從理想晶圓廠中獲得的所有理想特質，列於策略I.滿足客戶需求。

**「第一眼和最後一眼」（first and last look）意指為最先被客戶告知商機（第一眼），以及最後一個有機會婉拒此商機（最後一眼）。如我們看了「最後一眼」，就要竭盡所能（例如採取一次性的交易策略等），避免失去此筆交易。

這策略的重點是：運用台積電的核心優勢——工程技術及製造能力，而使它成為一個服務公司。以「優質服務」為導向，以「為客戶創造最大整體利益」為賣點，毫不猶豫地要求「價差」。而且，「一〇％價差絕非上限」。這樣大膽的策略，不但在台灣製造業沒聽聞過（不記得張繼正總裁在台積電募資時的評語嗎？「台灣公司要憑商譽競爭，倒是第一次聽聞。」見第十六章），即使在全世界也很少見的。

但是，這策略出奇地成功了，不但在九〇年代成功，而且一直到我退休，還是繼續成功。當然我們在一九九九年，就加了「技術領先」一項。起初也是「耳提面命」，後來正式成為我們「商標」的一部分：「技術領先！製造優越！客戶信任！」「技術領先」的果實在二〇一一年開始出現（二十八奈米），到二〇一八年，也就是我退休的那年，台積電的尖端技術（七奈米）已到了獨家領先世界，供不應求的地步。

雖然「技術領先」是今日台積電的重要支柱，但我從未忘記，台積電的基礎是「服務導向」打下來的。

第二十二章

經營權之戰落幕，在台灣、美國上市

一九九一—一九九七年，六十至六十六歲

在第十九章〈華路藍縷〉內，我已敘述在一九八九年底台積電業績初露曙光時，飛利浦就提出增加股權至五一％要求。我也敘述我認為此要求為台積電的「經營權之戰」。其實對我而言，台積電「經營權之戰」也是我事業人生的生死戰。如果飛利浦成功增股至五一％，我很難想像他們會讓我繼續充分自由地經營台積電；我將面臨十年內，繼德儀、通用、工研院後的第四次失敗；我的唯一未來，恐怕是回美國辦創業、私募基金之類投資事業，而這條路又完全放棄我幾十年經營半導體業的經驗和心得──這絕非我所要的。對台積電員工而言，他們的前途也會在失去專業經理人的帶領下而比較沒有保障。

一九八九年十月至一九九一年十月──拖延戰術

為了抵抗飛利浦增加股權至五一％要求，我的初期戰術是拖延。在投資協定中，飛利浦的承購價格以三個因素「等量考慮」決定。這三因素中，第二：「轉讓時之公司獲利能力及獲利預測」及第三：「在美國證券市場上市之美國半導體公司之市價／淨值比」都有相當主觀性，因此可以各有各的看法。果然，在一九八九至一九九〇年飛利浦與開發基金一共七次的會議中，飛利浦提出的承購價格總只是十幾元，而開發基金提出的都是七、八十元，甚至一百多元。這樣大的差距無法妥協，雙方就停止開會了一年。

在協商僵持的兩年中，台積電的業績已有飛躍式的成長——營業淨利自八九年的四億五千萬元躍至九二年的十二億四千萬元。同時，我也開始做上市準備。九一年四月，我尊重開發基金的推薦，打了一通電話給當時大華證券的總經理張孝威，告訴他我們想委託大華證券擔任我們上市承銷商，並請他來我辦公室商議。張孝威來了，我把台積電的股東投資協議給他看。這上面有誰派幾名董事，誰派董事長，誰派總經理，財務副總等等……。孝威說：「讓我回去研究一下，再跟你回覆。」

一個月後，孝威又來了。這次他帶了一張皺皺的便條，上面有十幾項「必須改」，例如：誰都不能派董事長、總經理，誰都不能派董事或監察人……等等。更重要的，不能有一個超過半數股權的股東！

孝威告訴我的，其實是：必須廢止當年為了台積電募資時吸引飛利浦投資的「股東協議書」，不然，不要想上市。

我致函飛利浦，要求減低承購比例

一九九一年九月，開發基金及飛利浦的「承購權」談判已僵持了一年餘，我也自大華證券了解：如台積電要上市，最大股東的股權必須限制在一半以下。我想：台積電向上市邁進一大步的時機已到。我就致函飛利浦的台灣總經理羅益強。羅氏同時亦為台積電董事（飛利浦法人代表）。在此函內，我告訴他若台積電股票上市，原始股東可能有好幾倍的投資回收，但飛利浦的股權必須限制在四〇％以內。這「四〇％」的數字是我選的，我認為四〇％既符合上市規定，又是飛利浦可以接受的。

羅益強請示飛利浦荷蘭總部，荷蘭總部原則上接受降低承購股權至四〇％，但雙方還是需要同意一個「合理」的承購價格。

鴨子幾乎已經煮熟，我想，最後一步還是讓開發基金來走吧。開發基金當時歸財政部管，主任委員職亦為時任財政部的部長王建煊兼任。我就在九一年十月走訪王部長，請教如何化解飛利浦對承購價的僵局。王部長果然提出「錦囊妙計」：成立兩個獨立的「TSMC股價評審小組」，每組七位委員，均應是台灣社會賢達或金融專家，開發基金及飛利浦各提名約一半。

王部長的建議很快地被飛利浦接受。兩個小組也很快地成立。事實上，飛利浦只提名了一位委員：曹嶽維。曹君是當時中歐貿易促進會理事長。開發基金和我很快地把兩個小組組成，每組召集人及委員如下：

第一組——曹嶽維（召集人）、施振榮、黃言章、馬秀如、李庸三、果芸、張天鵜。

第二組——江萬齡（召集人）、黃茂雄、徐小波、張春雄、杜榮瑞、史欽泰、張樑。

台積電提供兩小組需要的財務及財務預測資料，我也指定林坤禧副總為台積電聯絡人。

自九一年十一月至九二年四月，這兩小組經過多次討論，各自達到結論。第二小組先在九二年四月二十一日提報告，建議承購股價二十．四四元，第一小組在四月二十八日提報告，建議承購股價十七．八四至十九．一八元。

兩小組的建議股價相當接近，那時期台積電的「未上市股票參考價」也在十七至十八元左右，兩小組報告雖未提及此，但在他們討論時，恐怕也沒有忽視此點。

在成立兩個「TSMC股價評審小組」前，開發基金及飛利浦均事先同意：小組建議不具約束力，只提供雙方參考。所以若要完成承購案，還需要開發基金和飛利浦正式協商；這在九二年八月發生，最後協商價為二十一．七九元，飛利浦增加股權至四〇％，但更重要的是，飛利浦同意廢止一九八六年的「股東協議書」。

至此台積電上市的路已鋪好了！但最後還有一步路要走——「公開發行」。台積電在九二年十月三十日開始「公開發行」。根據證交所規定，「公開發行」兩年後方可上市。

一個小插曲不妨在此一提。根據一九八六年的「股東協議書」，當飛利浦要求承購時，任何原始股東均可把他們擁有的股票賣給飛利浦，但如無人要賣，開發基金就是「最後必須賣方」。九二年十月，在一切轉讓條件都談妥後，王部長以公文徵詢所有原始股東，是否願意以二十一・七九元股價轉讓給飛利浦？結果竟是無一股東願意。在六年內已賺了一倍多後，他們此刻不願意出售股票的意志，與六年前他們不願意投資台積電的意志一樣堅強。

台灣上市

我不知道現在台灣公司上市是否還是很難？但一九九四年台積電上市申請，絕對是「民」懇求「官」。台積電在二月二十八日提出申請，證交所人員於三月十六、十七日兩天來公司查核，並且面試我。他們提出許多質問：當年為什麼要政府（開發基金）出資成立台積電？為什麼要飛利浦投資，讓「肥水」外流？為什麼租工研院的實驗室為一廠？為什麼要付權利金給飛利浦？⋯⋯。他們對當時台積電在極少人看好的情況下募資（一九八五至八六年）的困難，幾乎一無所知——或者，裝成一無所知？被面試的我，感覺像是個罪犯。真的，在台灣想做一些事竟是這麼難！面試後被囑咐寫一篇〈台積公司成立沿革〉。在我的工作日曆上，我在三月二十三日記著：整日寫台積成立沿革。

當然，證交所的質問，至少還有俞國華、李國鼎可以替我作證。但是，九四年是李登輝任總統的第七年，他的權力基礎已很穩固。相對地，俞、李這兩位「老臣」已釋權多年，我也不想再去麻煩他們援助。

幸而這次倒也不需要他們的援救。〈台積公司成立沿革〉繳卷後，證交所似已滿意。六月二十四日，證交所通過我們的上市案。九月五日，台積電以九十元股價上市，但卻是「有價無市」，此後六個交易日，每天都「無量漲停」。直至九月十二日，股價漲到一百四十二．五元才開始有交易。對原始股東而言，如果他們在九四年九月十二日賣出，投資回收是十四倍。當然，更好、更更好的回收還在後面和更後面。

寫此書已是台積電在台灣上市的幾乎三十年後。在這三十年中，台灣對「外資」的嫉妒和恐懼似乎也漸漸消失。三十年前，大家質疑台積電為什麼讓外資（飛利浦）擁有四〇%股權？上市後，飛利浦倒是一直賣台積電股票；那麼，「外資」比例應該減少了？但是不然。「外資」比例反而增加！最高時到達八〇%。「外資」本來就不是壞事，不見中國大陸有許多公司在美國或香港上市嗎？經營權才是重要的。

美國上市

台積電在台灣上市的證券商是大華證券，但在正式上市時，原來對我做建議的張孝威總經理已離職，由宋學仁接替。台積電上市後宋也離開大華而加入美商高盛銀行（Goldman Sachs）。高盛是一家頗有名氣的投資銀行，我在通用器材公司任總經理時已與他們結識，而且頗佩服當時高盛最高層的兩位負責人〔懷海德（John Whitehead）及溫伯格（John S. Weinberg）〕共處一間辦公室的夥伴精神。

宋學仁雖然在大華只待了短時期，但在這短時期內剛巧碰到台積電在台灣上市。他很看好台積電的前景，況且他初入高盛，還不是「合夥人」（Partner），正想快快立功升級為「合夥人」。如能說服台積電在美國上市，將是不小的功勞。

有這背景，宋學仁在我們已通過台灣上市，而尚未承銷之際，就開始遊說我以ADR（American Depositary Receipt）方式在美國上市。

對此我起初很冷淡；我剛經歷在台灣上市，已對上市前的準備工作感覺疲倦；況且，在美國上市又有什麼好處？宋學仁鍥而不捨，在後來的幾個月，終於打動了我。他用什麼理由打動我？他的理由是：飛利浦與開發基金都想出脫台積電股票，而台灣股票市場交易量低；如飛利浦或開發基金大量釋股，將遭遇「愈賣愈賤」的惡運。相對地，美國市場遠較活潑。所以，在美國上市可視為讓飛利浦與開發基金儘快釋股的捷徑。

在飛利浦同意降低承購權至四〇％，並廢止「投資協議」時，我已認定飛利浦已放棄原先要控制及經營台積電的意向，而轉為要賺錢。但是，假如他們因為賣股不易，仍長期繼續保持相當高的股權，那他們的股權仍會像「達摩克利斯之劍」（注1）一般，懸掛在我頭上。何不給他們一條快快售股的捷徑？

開發基金也一樣，雖然他們一向標榜不干涉他們投資的公司，但在台灣政治多變的九〇年代，誰又能保證他們永不干涉？他們又是另一支「達摩克利斯之劍」！

我對「在美國上市」的看法轉為積極後，就與宋學仁說我要與高盛高層建立直接關係；我心裡想的不只是這次在美國上市，而是在長久的未來，如果台積電能如我那時已期許地成功，就的確需要一家關係密切的世界級投資銀行，而高盛恰可充當這角色。宋學仁很配合，把高盛關鍵人物，包括最高層，都介紹給我。此後幾十年，高盛幾乎是台積電的唯一投資銀行，而且把這工作做得很好。幫助台積電在美國上市後，高盛也幫助台積電的兩大原始股東——開發基金及飛利浦，在美國股市釋股。每當台積電需要錢時，高盛變成我們的財務軍師——增資或公司債？在美國或台灣發行？幾十年來，台積電一直視高盛為一個好夥伴。

對我個人而言，與高盛合作也提供了一個學習華爾街的機會。尤其在二〇〇二年，我被邀為高盛的獨立董事；可惜當高盛董事卻是一個相當失望的經驗。當時的高盛董事長在替台積電服務時是一個很好的夥伴，但在主持高盛董事會時卻是一個很獨裁的傢伙，當他的董事可謂索然無味；所以我當了一年董事，遠涉重洋參加了四次在紐約舉行的董事會後，就辭職不幹了。這位高盛董事長就是鮑爾森（Henry Paulson），後來擔任美國財政部部長，在二〇〇七、〇八年金融危機中，扮演了一個關鍵角色，很是稱職。

台積電ADR於一九九七年十月八日在紐約證券交易所，以代號TSM上市。台積電每一單位ADR代表台灣的五股。ADR交易遠較台股交易活潑。就以目前（注2）情形來說，ADR大約占全部股權二〇%，它平均每天交易量為一千萬ADR，相當於五千萬台股；台股占全部股權八〇%，平均每天交易量只是三千萬股；所以ADR交易之活潑度，是台股的六倍多！我的主要目的——讓飛利浦儘速釋股，以消滅掛在經營者頭上的「達摩克利斯之劍」——也逐漸實現。ADR上市前，飛利浦尚擁有三一%股權；八年後（二〇〇五年）已減至一六・四%。二〇〇八年八月全部出清。

飛利浦與開發基金的投資回收

飛利浦在台積電投資上賺了多少錢？我們估計了一下：它的投資是三十億元，總回收（包括股利及出售股票獲利）是四千零三十八億元——二十一年內一百三十五倍回收！非常好的回收！但是，他們原來要經營台積電，要把台積電擁為己有的野心卻落空了。他們本來以為台積電只是一個台灣性、台灣級的公司，而飛利浦卻是世界級的公司。他們在台積電成立後四、五年才發現：這公司會比他們自己更「世界級」。

開發基金呢？他們一直遵守了「不干涉經營」的原則，但他們賣台積電股票的力道，比飛利浦還大。他們在飛利浦執行承購權後，仍擁有三〇．八％台積電，但在這之後的六年內，就在台灣市場賣得只剩一七．四％。ＡＤＲ上市後，他們更是痛快地賣，賣到二〇〇五年九月，只剩六．四％。

此刻我驀然驚覺：一個專業經理人經營的公司需要一個穩定、不干涉經營的大股東支撐，否則他就經常有被購併的危險。開發基金應該就是這個大股東，台積電更是一個值得長期投資的公司。於是我對開發基金要求：不要再賣了！台積電應該是一個重要國家資產，你們已經賣得太多了！

開發基金賺了多少錢？它的投資是二十二億元。出售股票收入及截至二〇二二年一月底股利收入為兩千七百六十七億元。現在尚握有的六．四％，如以目前（注3）股價（約六百三十元）計，約值一兆零四百一十八億元。也就是說，如果現在出清台積電股票（當然我不建議他們這樣做），他們的總投資回收約六百倍。

當然，真正的回收還不能以金錢算。今日台積電的技術和產品，已滲入世界幾十億人民的工作和生活，以及幾十萬公司、組織的作業中。如果台積電忽然消失，世界幾十億人民的生活肯定會受影響。當年李國鼎、俞國華要成立台積電，為的是要發展台灣半導體工業，至於投資回收，我想他們的目標有限——只要小賺就不錯了。

但是我必須承認，沒有政府的投資和協助，我辦不起來台積電。在一片「市場經濟」呼聲中，有些事情還是要由政府來做的。在這三十幾年我離開美國來到台灣，美國政府的政策也有很大的轉變。三十幾年前是美國的雷根總統時代，雷根總統的名言是：「世界上最可怕的話就是有人對你說：『我來自政府，我來幫你忙。』」現在呢？美國忽然驚覺他們在這三十年中已失去了大部分半導體製造工業，而半導體製造對國防、民生又非常重要；所以美國政府要補貼新的、在地的半導體製造工廠。

美國「倒撥時鐘」的效果會相當有限，但已造成相當程度的混亂和投機。我在二〇一八年六月自台積電退休。美國政府「倒撥時鐘」的企圖出現在二〇二〇及二〇二一年。作為一個在「市場經濟」、「自由貿易」旗幟下對半導體業投入六十三年（一九五五—二〇一八年）的我，倒希望混亂和投機都只是暫時現象。

【注釋】

1：達摩克利斯之劍（The Sword of Damocles）。西諺：頭頂上懸於一髮的劍，表示危險的威脅。
2：寫此章時為二〇二三年初。
3：同注釋2。

第二十三章

記憶體的誘惑——世界先進和德碁

本書讀者應該對記憶體這名詞不陌生。記憶體是德儀半導體重要產品之一，在第九章內「記憶體的奮鬥」一節，我詳述我在德儀經營記憶體事業的甜酸苦辣；老實說，在那時期，不如意的日子超過如意的日子；所以在辦台積電時，我已不想碰記憶體。想不到，命運捉弄人，在創辦台積電七年後，我又被推入記憶體的漩渦中。到底是怎麼發生的？

雖然記憶體對我沒有什麼吸引力，但對正想進入半導體業者特別有誘惑力，因為粗看起來，進入記憶體的門檻似乎較其他半導體產品為低。記憶體的市場大，競爭者少。全球ＩＣ市場八〇％是邏輯，有幾百家競爭者；二〇％是記憶體，只有幾家競爭者，而且大部分「記憶體」都是標準型的「商品」，只要依樣炮製，就賣得出去。

但是，我幾十年經營半導體公司的經驗告訴我：雖然記憶體競爭者少，但競爭者都是強大，而且大部分是專做記憶體的公司——七〇、八〇年代是日本公司，九〇年代以後是韓國公司。他們絕對不好惹。

我的經驗也告訴我：「客製化」產品（Custom Products）通常比標準型商品容易賺錢。還有很重要的一點：記憶體的設計和製程開發必須密切配合。八〇年代米德（Carver Mead）與康為（Lynn Conway）把邏輯設計標準化（注1），點出了邏輯晶圓代工的可能。但記憶體設計從未標準化。所以，要成立一家有競爭力的記憶體公司，必須具備設計與製程都強的能力。

在一九八八、八九年，全球記憶體市場已經好幾年缺貨，記憶體價格居高不下，日、韓的記憶體公司都賺翻了，此時台灣就有兩位關鍵人士，中了記憶體的誘惑。

德碁的起源

一位是宏碁集團施振榮董事長。一九八八年七月，施董事長告訴我：宏碁電腦需要大量記憶體，記憶體是它成本的一大塊，所以施董事長預備在宏碁集團下成立一家記憶體公司，既可自給，又可省錢，甚至還可賣給別的客戶賺錢。

但是設計和製程技術呢？施董事長說可以從德儀移轉。當然這要付德儀相當高的技術費。

施董事長的計畫犯了我的大忌：技術不自主！但是在他告訴我他的記憶體計畫時，我已接近任工研院院長的終點。我在工研院的三大改革，至少兩個已失敗；我的副院長已辭職，我已「眾叛親離」；我的兩個上司：經濟部部長和行政院院長，都已說我「不善處理人事」。在這樣處境下，我實在不想質疑台灣電腦界的大老施董事長。於是，我只講了幾句不著邊際的話。事後證明，我這樣做是對的，因為七個月後（一九八九年二月），施要對經濟部長陳履安報告他的記憶體公司（德碁）計畫，陳部長囑我參與，我聽了德儀移轉技術的詳細條件後，覺得實在苛刻，就在會中這樣表達。陳部長立刻打斷我的話，說：「這是宏碁的事，你不必過問。」後來陳部長做結論時說：「政府既不投資，樂觀其成。」

當時我心中想：既然不許我發言，又為什麼要我參與此會呢？但是當時我心中實在有太多對台灣種種的問題，這問題只是其中較小的一個。不問也就罷了。

世界先進的起源

第二位中了記憶體誘惑的是當時工研院副院長史欽泰。欽泰是我在規畫台積電時親密度僅次於胡定華的同事，但是在工研院衍生公司這課題上，他的看法與我很不一樣。我認為衍生公司，要把人也移過去；他卻要工研院保留研發人才，而且認為工研院的半導體計畫不只要衍生一個公司，而是要衍生一個產業。

一個媽媽，要生許多孩子，而且這許多孩子要各有特色；不然，他們會互相競爭、互相殘殺。這樣的媽媽，工研院能做嗎？

假使有人問我，我的答覆會是斬釘截鐵的「不能」。但是，我在八八年十二月已被調任為無權、不領薪、也沒有什麼事的工研院董事長，欽泰已不必問我。大概他知道如果問我，我會反對，所以也不問了。

另一方面，工研院的美洲技術顧問團（注2）在八九年竭力推薦記憶體為工研院「下一個半導體計畫」。於是，以記憶體為載具的「次微米計畫」就在九〇年上路。這計畫有一特點：自始就預備衍生一個記憶體公司。所以，它的「實驗室」就蓋在新竹科學園區，實際上是一座廠房——以便「衍生」新公司後立刻可成為工廠。

我在九〇年才陸續知道「次微米計畫」的內容，立刻就認為這是一個野心極大的計畫。它的目的是五年後（一九九五年）衍生一個記憶體公司；既然要衍生一個公司，這公司當然要有競爭力，那麼，從製程技術面來說，「次微米計畫」必須緊緊跟隨「摩爾定律」——這是它的前身（VLSI計畫）在十年內（即一九七五到一九八五年間）都沒做到的事；除了製程技術外，記憶體公司還需要記憶體設計技術。工研院一直就沒有好好發展設計技術，而且發展的只有簡單的邏輯設計，幾乎從未涉獵記憶體設計。

就這樣要在五年內衍生一個記憶體公司？看來一九八九、九〇年的工研院電子所正陷入了一種「自我偉大」的幻想中。台積電的衍生看起來是那麼容易。我的苦心：創造了一個新的商業模式，以避開工研院VLSI計畫顯著的耀眼的缺點——跟不上摩爾定律和沒有設計技術，完全被忽略了。現在，電子所要在五年內重演一次衍生台積電的劇本。

但是這次沒有新的商業模式，「次微米計畫」的弱點就赤裸裸地暴露在市場競爭的狂風暴雨中，悲慘的結果幾乎可以預料。

李健熙的「忠」告（一九八九年一月及四月）

一九八九年一月，我剛卸任工研院院長職；施振榮董事長已告訴我他想自德儀購買記憶體技術，成立德碁記憶體公司的大致構想；但「次微米計畫」還在史欽泰副院長心中醞釀，我尚不知情。此時我忽然接到韓國三星電子公司台北辦事處的電話邀請：董事長李健熙（注3）正在台灣，想邀請我早餐。

當時大部分美國半導體公司已退出記憶體業，日本公司仍占據大部分記憶體市場，但因為《廣場協議》（注4），日幣在一九八五至八八年的三年內升值了一倍有餘，所以日本記憶體公司已漸漸不支；相反地，韓國三星公司漸露頭角，大有記憶體業未來霸主之姿態。

我為了好奇而赴約，畢竟台積電不做記憶體，為什麼李健熙要請我吃早餐？因此我也邀施振榮及史欽泰同去。邀施，因為我已知道他想辦記憶體公司；邀史，因為他是工研院研發半導體的頭號人物，也是我成立台積電的重要助手。見面後，發現原來這次李健熙的角色是「說客」。他大致的意思是：記憶體業需要很大資本、很多人才。他不相信台灣出得起這資本，聚得到這人才；所以，還是死了進入記憶體業的心吧！為了要我們見識三星已投入的資本和人才，他邀請我們前往韓國參觀三星記憶體工廠。如果我們真的還是要進入記憶體業，最好的辦法就是與三星合作。

我事後才知道，李健熙在邀我早餐時，已知道施董事長要辦德碁（李的情報可能來自德儀管道）。至於為什麼用我做媒介？大概因為他從我在德儀的經歷以及之後在台積電創立「專業晶圓製造」商業模式，知道我是一個「內行的半導體經營者」。

總之，我和史、施接受了李健熙的邀請訪問三星，也在兩個半月後（一九八九年四月十三至十五日）實踐了我們的訪問。在韓國接受了三星誠懇的款待。十三日晚上到達首爾，住進三星開辦的旅館；十四日參觀三星記憶體工廠。在此之前，我已看過不少記憶體工廠——德儀日本、德儀美國，還有好幾個日本記憶體公司。的確，與我看過的工廠相比，三星的工廠毫不遜色。三星的工程師和經理人相當熟諳他們的工作，也都相當誠懇回答我們的問題。

十五日上午，李健熙在一個布置華麗的大會客室接見我們。也有幾位三星經理人員陪同。我們入見，在我腦海中一瞬即逝的印象是：有點像古代中國邊疆酋長進貢時拜見中國皇帝。李健熙問我們：怎麼樣，你們看到了吧？記憶體需要很大資本，很多人才⋯⋯。

我已不記得我們的詳細答覆，總之是謝謝他，也說了些很佩服三星成就之類的話。當天下午我們就登機回台北。

這次訪問，絲毫沒有改變施董事長、史副院長對記憶體的看法。施董事長的德碁計畫木已成舟，他在與李健熙早餐（一月）及訪問三星（四月）中間，已在二月對經濟部長報告要成立德碁。看了三星後，他還是繼續積極進行德碁的開辦。

史副院長在與李早餐前，已開始在心中醞釀以記憶體為載具，以五年內衍生記憶體公司為目標的「次微米計畫」。訪問三星後，他更積極對經濟部倡議「次微米計畫」。終於在一年多後，一九九〇年七月，此計畫正式開始。經濟部初期撥給工研院的五年經費預算是新台幣五十八億九千萬元，後來計畫改成八吋晶圓，預算也改為新台幣七十億五千萬元。

至於我呢？在訪問三星後倒有多種感觸。我已有好幾年沒看到一個世界級的半導體工廠，今天重見，覺得欣慰。我也希望台積電即將落成的晶圓「二廠」能與三星的廠同樣有朝氣、有效率；關於記憶體重心先自美國移至日本，又自日本移至南韓，我也有很大的滄桑感；但是，我也很高興我在德儀時做的「日、美記憶體良率差異分析」（見第十一章），現在看起來也可以適用於「韓、美」的記憶體廠。

這些感觸與切身工作無關。與切身有關的是一個「山雨欲來風滿樓」的預感。看起來史欽泰相當堅持地要做以記憶體為載具、以衍生記憶體公司為目標的「次微米計畫」。那麼，衍生給誰？誰來接手？

難道會是我？難道自從德儀奉贈我領全薪去史丹佛讀博士後，我又會有一個「無法拒絕的機會」（注5）？

次微米計畫

工研院的「次微米計畫」在九〇年七月正式開始。史欽泰副院長深知開發記憶體需要設計及製程人才密切配合，他自己親到美國求才，找到了盧志遠、盧超群兩兄弟。哥哥盧志遠在貝爾實驗室開發製程，弟弟盧超群在ＩＢＭ設計記憶體。兩人在各自領域都相當傑出，把他們兩人找進「次微米計畫」的確會是一個不錯的安排。

但是問題發生了。志遠願意受聘為電子所副所長，並主持「次微米計畫」，但超群志在創業，要在台灣開一家記憶體設計公司（即是後來的鈺創科技），所以只願意做「次微米計畫」的設計承辦者。史副院長在沒有更好選擇情形下，也同意了這安排。

這安排的確在第一個產品的開發相當成功，四年後（九四年中期），電子所和鈺創團隊已成功開發四ＭＤＲＡＭ。

但是這安排的另一任務卻被忽略了。四ＭＤＲＡＭ的設計可以由鈺創承辦，但是下一個產品呢？本來要在「次微米計畫」下建立自己的設計團隊，但是等到真的要做，就發現有基本的矛盾和困難。台灣的ＩＣ設計人才本來就少，遇到好的，誰僱他（她）？是電子所還是鈺創？何況競爭僱設計人才的公司還不只鈺創，九三年又有另一家記憶體設計公司從鈺創「衍生」出去。

總之，直至九四年，在世界先進衍生的前夕，隸屬工研院「次微米計畫」的ＤＲＡＭ設計工程師只有兩、三位。我的二十年前德儀的十六ＫＤＲＡＭ記憶，仍痛切在心（本書第九章）。那時德儀有十幾位設計工程師，還是沒有做成。現在，世界先進下一個產品是十六ＭＤＲＡＭ，比當年十六ＫＤＲＡＭ密度高一千倍，但設計團隊卻比當年德儀還小好幾倍，這樣子做得成嗎？

假使只看當前，九四年四ＭＤＲＡＭ景氣仍非常好。每顆市價高達十二美元。如果量產，應該可以大賺錢。

更巧的，九四年秋，台積電在台灣上市，上市幾天後股價就漲到一百四十二．五元，是原始投資成本的十幾倍（見第二十二章）。不少台積電的原始團隊都發了一筆不大不小的財，被「次微米計畫」的團隊羨煞。「他們能，為什麼我們不能？」

趕快衍生一家公司！趕快量產！趕快上市！趕快發財！

「無法拒絕的機會」

在「次微米計畫」團隊急著要量產四M DRAM，工研院電子所絕對看好衍生公司的情緒下，經濟部在九三年底決定以「招標」方式決定誰主導衍生公司。

「招標」的方式如下：有興趣主導衍生公司者先在台灣民間募資。募到足夠資本後再祕密告訴經濟部投資者願意給經濟部多少「技術股」，然後經濟部做最後決定。

經濟部宣布「招標」方式後，聯華電子表示他們有興趣主導衍生公司。

台積電呢？如我在本章開端說，我離開德儀後，已不想碰記憶體。九四年台積電的總經理是布魯克；布魯克是我德儀屬下記憶體部門總經理，與我同嘗過記憶體的甜酸苦辣。他也不想再碰記憶體。但是，當時台積電第三號人物——營運副總，也是原來核心團隊之首曾繁城，雖不太了解記憶體業，卻十分看好「次微米計畫」團隊，認為我們必須「競標」。

即使我和布魯克能夠說服曾繁城的熱誠，我也認為如不投標，對台積電和我都會是很大的負數。原因有二：第一，自八九年至九四年，我是工研院董事長，雖然在「次微米計畫」醞釀時未被徵詢，但在此計畫執行時我也自以為要盡董事長責任，充分支持此計畫，現在又怎麼能在這計畫即將產生成果時撤手？

第二，當初我為了替工研院的VLSI計畫找出路，衍生了台積電，而台積電又非常成功。現在工研院又要衍生一個半導體公司，難道我拒絕參與？換一個角度看，如果台積電失敗，大家也不會期待我再接辦一個公司，但也正因為台積電成功，大家才會對我有這樣期待。

在「自傳上冊」，我曾提起：當德儀奉贈全薪、全費讓我去讀博士時，我曾想到，我的前途在管理，不在研究，如讀博士，將犧牲未來幾年的升遷機會。但是我還是接受德儀給我的機會了。我認為德儀給了我一個「無法拒絕的機會」。如拒絕，我會被認為「沒出息」，恐怕以後也不會升級了。

現在，又一個「無法拒絕的機會」出現。還是去投標吧！不要辜負大家的期望。

再募一次資，再辦一個公司。

成立世界先進半導體公司

九四年為記憶體公司募資，比八五至八六年為台積電募資容易得多了。重要原因是台積電在成立後的七年內已有爆發性的成長（九三年營收新台幣一百二十三億元，營業淨利四十四億元），因此投資人認為新的記憶體公司也會同樣成功。新的公司在幾個月內就募集到一百二十二億元。投資者由台積電領銜（四十二億元），包括華新麗華、台聚等十三家公司以及工研院與台積電的員工。與八五至八六年的台積電募資相比，台積電當年只募到五十五億元。

下一步要「投標」，也就是要決定以多少新公司的股票回饋政府對「次微米計畫」的付出。在投標前，業界盛傳至少台積電與聯電會投標，所以「標」的數字必須保守機密。所有投資人都授權我決定，不必告訴他們。

想了幾天後，我決定對政府合理的回饋就是政府對「次微米計畫」真實的經費付出。這數字是五十七億五千五百萬元（五億七千五百五十萬股）。

開標了。我們得標。驚奇的是：我們是唯一投標者！

聯電董事長立刻發布：他成功地抬高了我們對政府的回饋。

當時我雖稍有被玩弄的不快，但這不快很快地過去，畢竟，更大的挑戰還在後面。

這事還有一段後話。二十二年後（二〇一六年），交大前校長張俊彥來訪，談及當年「次微米計畫」的「投標」。他哈哈大笑，說他當時是經濟部顧問，也參與決定政府能接受的最低數字，「想不到，你們的數字比我們的底標高一倍多！」

得標後，立刻成立新公司，初期資本總額一百八十億元。（其中五十七億餘元是經濟部的「技術股」，一百二十二億餘元才是現金。）新公司的名字，世界先進，是後來盧志遠取的。志遠也同時帶領「次微米計畫」同仁共兩百餘人過來到新公司，成為新公司的核心團隊。志遠成為新公司的營運副總。

我自經濟部決定要招標時，就開始物色總經理。第一人選是史欽泰。他是「次微米計畫」之父，也是台灣資深半導體研發者，所以是當然人選。史在九三年底也答應接受此職。但九四年初，史忽然被升任為工研院院長，他就告訴我：他寧願當工研院院長，而不來世界先進做總經理了。

我的第二人選是當時在美國摩托羅拉擔任靜態記憶體（SRAM）總經理的華裔美國人孔毅（Roger Kung）。經過孔毅夫婦訪問台灣及幾次面談後，孔毅同意參加。但當他向摩托羅拉辭職時，摩托羅拉給了他一個新職位。孔告訴我：他寧願留在摩托羅拉，接受新職位，就不來世界先進了。

第三人選是一位我德儀的舊屬，當時在英特爾當副總，但聽說不甚得意。但他在考慮我的邀請幾天後，也回絕我。

三個人回絕我後，我有點著急了，就想到了一位老朋友——艾凡斯。我在本書第十四章曾提及艾凡斯。九四年時，艾凡斯已擔任多年行政院科技顧問。他曾任ＩＢＭ副總裁多年，一度頗為ＩＢＭ最高層重視，但後來不甚得意，就離開ＩＢＭ參加Ｈ＆Ｑ創業投資。我想他雖不曾經營半導體事業，但對半導體不陌生，而且以他多年電腦企業高階經驗，應該能領導世界先進的年輕一輩。艾凡斯欣然接受我的聘請，在九五年一月報到。

此後十個月世界先進在興奮的忙碌中度過——忙碌擴廠，購置製造設備；在製造設備陸續到位後，忙碌擴產。四ＭＤＲＡＭ——世界先進唯一能量產的產品——市價持續高於十二美元，而製造成本約五、六美元。營收從第一季幾乎零，到第二季四億元，第三季十五億元！到了八月，公司首次收支平衡。艾凡斯摹仿台積電首月收支平衡的做法，宣布員工分紅！他比台積電更先進。台積電當時只發半個月薪酬，他發一個月。只是世界先進這次分紅，沒像台積電首次分紅那麼提升士氣，因為世界先進員工對未來的期待更高。

十二月下旬，艾凡斯忽然驚慌地告訴我：四ＭＤＲＡＭ價格迅速下降，因為客戶已開始採用下一代記憶體：十六ＭＤＲＡＭ。但世界先進的十六ＭＤＲＡＭ呢？還在開發過程中，而且離量產還遠得很。

九六年新年假後，四M DRAM市價繼續崩跌；第一季平均價格是七．五七美元，第二季三．九四美元，第三季二．二九美元。自第二季起，世界先進進入虧損狀態，而且生產愈多，虧損愈大。當然，基本解決方案是儘速推出十六M DRAM，但每天開會檢討進度也沒用，十六M DRAM就是急不出來。

類似這樣的危機，我在德儀也經歷不少次，而且在我聘僱艾凡斯時，我也以為艾凡斯能沉著應付，但是他撐不住了。這一切，與他接受總經理職位時的期待，相差太遠。九六年四月的一個週末，他約我在台北美僑聯誼社午餐。我知道他要訴苦，但那天的情形比我想像的更壞。他告訴我四M DRAM會愈虧愈多，而我們的十六M DRAM又遙遙無期。他不知道怎麼辦？「這麼好的生意，怎麼被他們（意指三星等競爭者）搞得這樣。」那天有點傷風的他，簡直涕淚交流了。

我憐憫這位老朋友，但同時也決定他不能繼續做世界先進總經理了。剛巧那時台積電營運副總曾繁城不滿他的總經理布魯克，想從台積電辭職，我對曾說：「你不必辭職，暫時去世界先進當總經理吧。」曾欣然同意。五月八日我就對世界先進幹部宣布艾凡斯辭職，曾繁城（大家都稱他為FC）任總經理。

FC自始看好工研院「次微米計畫」團隊；在經濟部決定「招標」成立記憶體公司時，他又非常主張台積電投標。現在有他當世界先進總經理，我覺得世界先進已有恰當的經營團隊。

但是不到一年後（九七年四月），布魯克就決定離開台積電，我暫時兼任台積電總經理，FC就急著要回台積電。我告訴他，「讓我自己先兼一陣子。你在世界先進做出一點成績後再回來吧。」

再過一年，世界先進的虧損愈來愈大，FC更急著要回台積電。我原來的意思就是讓FC接布魯克，現在我也不堅持他留在世界先進了。九八年五月，我宣布FC回台積電任總經理職，盧志遠暫代世界先進總經理。同時我竭力鼓勵當時台積電營運副總蔡力行去世界先進當總經理。蔡很不願意，但經我力勸後，他終於同意。

蔡力行只做了十三個月（一九九九年二月至二〇〇〇年三月）世界先進總經理，但他做了一件很重要的事——他對我說：「世界先進做記憶體沒有希望，把它轉成專業晶圓代工！與台積電一樣的專業晶圓代工！那麼，台積電可以幫助它慢慢再站起來。」

我同意。自二〇〇〇年起，我們把世界先進轉型。二〇〇一至二〇〇二年全球半導體業不景氣，台積電和世界先進都不能倖免，但二〇〇三年後，世界先進的晶圓代工業務就慢慢茁壯。這十幾年來，世界先進已是一個很健康的專業晶圓代工公司。

德碁的結局

德碁比世界先進早五年開始，但它的命運與世界先進相似。世界先進雖有部分自主記憶體技術，但技術跟不上競爭者，所以失敗。德碁沒有自主記憶體技術，它的技術來源——德儀，在九〇年代決定退出記憶體業。德碁變成技術上無依無靠的孤兒，看來只有倒閉一條路。幸而在九九年台積電因為自己來不及擴充產能，決定為增加產能而購併德碁。自此德碁的招牌消失，它的工廠變成台積電的晶圓「七廠」。

記憶體夢碎

九〇年代德碁和世界先進在記憶體上的努力，是台灣企圖強力進入記憶體業的勇敢一搏。那時台灣流行的口號是：「愛拚才能贏」。世界先進和德碁拚了，但沒有贏。幸而有台積電這一支救兵，才不致「死傷慘重」。此後台灣也有不少記憶體嘗試，但規模都不大，也沒有很顯著的成功。至今，三星仍占全球記憶體的大半個天下。

當年李健熙的「忠」告：「台灣出不起記憶體業需要的資本，也沒有足夠人才……要是真的要做記憶體，還是與三星合作」，至少有一半是對的。的確，德碁和世界先進人才、資本都不夠，但是李健熙漏了另一個重點：「學習曲線」！在九〇年代德碁和世界先進開始做記憶體時，三星已遠在「學習曲線」的前面。

至於李健熙提的另一個可能：「與三星合作」，世界先進即使在記憶體失敗後也沒有去試探。不試探也就罷了。不知道的魔鬼，也許比知道的更險惡。

【注釋】

1：*Introduction to VLSI Systems* by Carver Mead and Lynn Conway, Addison-Wesley Publishing Company.

2：工研院美洲技術顧問團（Technical Advisory Committee, TAC），為美國華裔產學人士組成。

3：在一九八九年李健熙是南韓三星集團的「老闆」，有錢有權也有能力。

4：《廣場協議》（Plaza Accord）是美、日、英、法、德五個已開發國家財政部長和央行行長於美國紐約的廣場飯店會晤後，在一九八五年九月二十二日簽署的協議。目的在聯合干預外匯市場，使美元對日圓及德國馬克等主要貨幣的匯率有秩序性地下調，以解決美國巨額貿易赤字問題。

5：見《張忠謀自傳：上冊一九三一——一九六四》第四章第一五八頁。

第二十四章

爭取客戶信任

現在回想起來，台積電的三塊基石：製造優越、客戶信任、技術領先；前兩塊在九〇年代都已奠定。第三塊：技術領先，也在九〇年代後期開始成形。

我在第十九章〈華路藍縷〉，已敘述台積電如何經過與世界級客戶的互動，增強了原來就有的製造優勢。至於「技術領先」，容我以後再寫。在這章中，我想談談台積電如何在九〇年代奠定「客戶信任」的基礎。

九〇年代台積電產能供不應求

台積電一廠是規模甚小的廠，但在開張兩年後才有足夠訂單把它填滿。二廠在一九八九年落成，九〇年開始量產，雖然並不是很快就產能滿載，但是客戶自工廠落成後就給我們很樂觀的需求預測，使得我們也很樂觀。果然，九二年他們的實際需求甚至超過他們原先以為樂觀的預測。同時，新的無晶圓廠ＩＣ設計公司紛紛成立，成為我們的新客戶，更增加了我們的訂單。這真是我們興奮的時光！我們立刻決定建三廠，三廠在九五年落成。

事實上，除了九六、九七、九八這三年世界半導體業不景氣，台積電營收也只能以三六％、一一％、一五％成長率稍緩成長外，整個九〇年代台積電都在產能不足、供不應求狀態中。在這情形下，客戶最殷切的要求就是要我們大膽建新廠，積極擴產。這點，我們做到了。三廠在九五年落成時，我們立刻為四廠、五廠動土。限制我們的已不是我們的決心或財力，而是新竹科學園區土地不足。設計五廠時，新竹科學園區土地不足逼得我們把兩座潔淨室上下相疊，後來在九九年九二一地震後，發現五廠受創較其他廠嚴重，以後就不再採取「重疊潔淨室」方式了。

台南科學園區（南科）

一九九六年國科會宣布建立台南科學園區。這是政府對科技業的重要德政。台積電是最早加入的公司之一。我在九七年接受《中國時報》專訪時表示：

「十年前我在台灣成立台積電時，當時我看到一個趨勢，許多小型的積體電路設計公司即將成立，但晶圓製造工廠是一種資金非常大的投資。這些設計公司多半沒有太多資本用來興建自己的製造工廠，我相信這就是專業晶圓製造工廠生存的空間。

現在，我又看到第二波正在形成，也是南科製造中心的基本出發點。這個新的趨勢是，目前即使大的積體電路公司也不見得有能力或意願興建自己的晶圓製造工廠……但對台積電這種專業晶圓製造工廠來說，我們的客戶不只一家，當某一種半導體產品不景氣時，我們可以為其他半導體客戶服務，這是『專業積體電路製造服務工廠的優勢，不景氣對我們的影響比較小。……』」。

一九九七年四月，我宣布台積電將在未來十年在南科投資四千億元，並將提供五千個以上就業機會。

當時台塑集團王永慶董事長譏我的投資計畫為「膨風」。王先生差矣。事實上，此後十年台積電在南科投資六千餘億元，提供就業機會超過一萬七千個。

台南成為我們新竹後的第二大基地。六廠於九七年七月在南科動土，二〇〇〇年初量產，光是潔淨室面積即有十九萬平方英尺（約相當四個美式足球場的大小），是當時全球最大八吋單一晶圓廠。

六廠是我們在台灣自建的最後一座八吋廠。

二〇〇〇年後，我們繼續在台南科學園區建廠。但是公元二〇〇〇年後的故事，待我在下篇「滾滾新世紀」再說吧。

WaferTech

一九九〇年到一九九五年當中，台積電營收的平均年成長率超過六七%。一九九五年營收接近十一億美元，而營業淨利更高達五億餘美元（營收的四八%），客戶唯一的抱怨是我們產能不足。九五年是我和總經理布魯克自信心最高之時，我雖沒忘記設立台積電的主要憑藉——台灣的晶圓製造良率，但覺得即使美國廠成本較台灣高，只要看我們台灣廠四八%的營業淨利率，美國廠的獲利率應該不會太差。恰巧九五年時，新竹園區已沒有土地可租給我們，台南科學園區又還沒有成立。我與布魯克就在這陰差陽錯之際，決定與Altera、亞德諾半導體（Analog Devices, Inc., ADI）、ISSI（矽成）這三個客戶合資在美國華盛頓州卡馬斯（Camas）設晶圓製造廠，並命名為WaferTech。

一九九六年，僱肯尼・史密斯（Kenneth G. Smith）為總經理。史密斯以前在美光（Micron）這家成功的美國記憶體公司擔任資深營運副總。以他的資歷看，應該可以勝任這個新廠的總經理職。同時，我們在卡馬斯買了四倍立刻需要的土地，以備以後擴充，隨後於九六年七月開始動土興建八吋晶圓廠。

僱了總經理，動土後的五年（一九九六至二〇〇〇年）WaferTech連續不斷地給在新竹的我「驚奇」。這驚奇分兩類：

第一類是「成本」的驚奇。一言以蔽之：「什麼都比原先估計的貴」。台積電在九五年已有很專業的成本估計單位；但是這單位的專業是估算台灣的成本；對美國的成本估算，他們等於是瞎子。在一九九六至二〇〇〇年五年中，首先是工廠及潔淨室建築等遠超預算，接著是製造設備、薪酬、甚至辦公室用具等等，都超出原來預算。俟 WaferTech 工廠在九八年開始量產後，更發現製造成本遠超預算。本來以為「美國廠成本雖比台灣高，但獲利率不會太差」的假設，完全錯誤。WaferTech 不但不獲利，而且虧損了好幾年！

虧損令我失望，但更令我沮喪的是「人事」的驚奇。WaferTech 是我和布魯克的共同決定，我們沒有徵詢新竹的營運團隊，所以在我們宣布要在美國設廠時，新竹的營運團隊就大有反彈，這當然是我和布魯克的錯誤，我也立刻設法彌補。

然而，我更大的驚奇來自美國方面。僱史密斯不久後，我就發現他不太尊重台積電的製造技術，也不太尊重台積電的既有成就。至於台積電的經理人，除了布魯克和我外，他一個都不服。僱他時，他直接對布魯克報告；但布魯克一年後就離開台積電，他改為對我報告；再一年後新總經理曾繁城就任，我要他對曾報告，他首先不肯，我告訴他 WaferTech 必須獲得新竹的援助，如果他不對曾繁城報告，他也不可能獲得新竹的援助。這樣對他講了兩、三次後，他才勉強同意對曾報告。

但是在曾第一次視察 WaferTech 之旅，兩人之間的壕溝又出現了，也許這也是台、美企業文化的壕溝吧。曾在行前告訴史密斯他抵達的飛機班次和時間，高度期待史密斯會去機場接他，但史密斯沒去，曾只好自己僱計程車去旅館。

我和布魯克在僱史密斯時，給他太大的僱人權。初期 WaferTech 人員，幾乎都是史密斯僱的，當然，在對台積電總部的態度上，他們也受史密斯的影響。

WaferTech 自九八年開始量產後，虧損加劇，又與新竹總部不和。到了二〇〇〇年，已成為台積電的爛攤子，需要行動了。

我的第一步行動是買回合資夥伴的股份，而且讓他們稍賺一點。在買回時，合資夥伴已因為 WaferTech 的虧損，正在很擔心他們的投資；我讓他們在獲利條件下出脫這投資，他們都很高興。本來以合資方式成立 WaferTech 的目的，也就是要鞏固我們與合資夥伴的客戶關係。現在 WaferTech 雖沒有成功，客戶關係還是鞏固了。

第二步是解僱史密斯。新竹和 WaferTech 不能合作，人事不和是主因。

第三步是派台積電營運資深副總左大川出任 WaferTech 總經理，並直接對台積電總經理曾繁城負責。此後數年，新竹派了不少工程師和經理人員到 WaferTech 協助。

左大川在 WaferTech 待了幾乎四年，WaferTech 營運漸趨穩定。「穩定」的意義是什麼呢？在同樣的產品、同樣的售價上，WaferTech 的毛利率大約比台灣廠的毛利率低二十至二十五百分點。通常台灣廠的毛利率是四五％；WaferTech 的毛利率是二〇％至二五％，但是 WaferTech 的營業淨利還是正的。既然還有正的營業淨利，我們決定把它維持下去，但是我們不擴充了。原先買來預備做擴充用的土地，後來也都賣出。直至今日，WaferTech 仍是台積電的一部分。

SSMC

九七年中期，飛利浦忽然對我要求合資在新加坡建 SSMC（Systems on Silicon Manufacturing Company Pte. Ltd.），它是一座八吋晶圓廠。顯然這方案在飛利浦內部已規畫有些時日，因為飛利浦已得到新加坡政府單位經濟發展局（EDB）同意，亦為合資夥伴；只是，二〇〇六年底經發局就依照先前合資協議把它的股份全數賣回給飛利浦及台積電。總之，根據飛利浦的建議，最後的結局會是台積電出資三九％，飛利浦六一％。總經理由飛利浦指派，營運副總由台積電指派。八吋技術由台積電供應。我們與飛利浦分別可用的產能與出資比例相同。

我聽了這建議立刻的反應是：飛利浦又想討我們便宜。在九〇年代，飛利浦每年都是台積電最大客戶之一，有幾年他們甚至是最大客戶。現在他們不想讓台積電單獨賺這些錢，而要用台積電的技術，自己做產品。所以在第一次聽到這建議時，我婉拒了。

但是飛利浦鍥而不捨，在此之後兩次台積電董事會，飛利浦的法人代表重複提此建議，對我施加高度壓力。

我考慮繼續拒絕的得與失。從「政治」層面看，飛利浦在九七年底仍擁有台積電二八．二%股權，而且占十席董事的四席；如果他們真的因為這件事而與我作對，倒也是一件麻煩事。從正面看，我從德儀經驗就很欣賞新加坡的生產力，接受飛利浦的建議也可以當作台積電在費最小力氣下，增加一個小工廠。至於台積電對SSMC的技術移轉？八吋技術發展已近尾聲。事實上，台積電的第一個十二吋廠時程上只晚SSMC一年。

在考慮各種得失後，我決定接受飛利浦的SSMC合資建議。SSMC在九九年動土，二〇〇〇年開始量產。後來成績頗佳。從台積電立場看，我的決定是對的。第一，SSMC是一個頗賺錢的公司，每年為台積電注入「非營業獲利」；第二，即使在SSMC量產後，飛利浦仍為台積電大客戶。後來飛利浦半導體部門被賣給私募資金，變成NXP（恩智浦）。NXP承繼了六一％SSMC的股權，但仍是我們的大客戶。第三，我對SSMC合資案的同意維持了台積電董事會的和平，一直到二〇〇八年，飛利浦完全釋出台積電股權為止。

購併德碁及世大

一九九八年曾繁城剛自世界先進回台積電任總經理不久，公司事務又因為嚴重的「供不應求」而繁忙起來。那時，我常約繁城夫婦同進晚餐，藉機輕鬆一下。忽然，在九九年初的某一晚，繁城說他要早點走，去「看看」德碁的工廠。

如上章所述，德碁那時已因為美國德儀決定退出記憶體，而喪失了技術來源；在實際營運上，也已在嚴重虧損狀態中。在那晚繁城突然告訴我要去「看看」德碁前，我和他早已談過購併德碁的可能，但德碁是一記憶體公司，把記憶體產能轉成晶圓代工產能，要添加不少設備，費時又費錢，也不能立刻解決台積電的產能問題，所以我們擱置了購併德碁之議。現在，客戶的壓力不斷地增加，繁城認為必須重新考慮購併德碁。

在這賣方不但想賣，甚至必須賣的情形下，只要買方肯出合理的價格，談判可以很快順利結束。九九年六月台積電與德碁簽約：台積電先買德碁三〇%股權，並開始經營德碁為晶圓代工公司；如沒有「驚奇」，台積電在一年後購併全部德碁股權。簽約後，我們立刻派陳健邦為德碁總經理。健邦是台積電原來自工研院轉移過來團隊之一位資深經理。到了德碁後，他要什麼支援，台積電就給他什麼支援。這與WaferTech起初情形截然不同。

我們與德碁的簽約啟動了另一家公司也要賣給我們的要求。那另一家公司是世大（世大積體電路股份有限公司）。它成立於一九九六年。創辦人張汝京從前在德州儀器負責建廠工作，並無經營半導體事業經驗，但看到台積電的成功，也想成立一家晶圓代工公司。他找到了中華開發銀行及其他幾家台灣公司成為世大的大股東。中華開發總經理胡定吾兼任世大副董事長。胡也沒有半導體經驗，但是一個很精明的生意人，也是一個很能抓住時機的談判者。九九年底，正是我們最缺產能的時期，胡抓對了時機，又製造了一個若有若無的競爭者（聯華電子），對我們開出高價。

與世大的談判，有一點使我想起我為台積電募資時與飛利浦的談判。當年，飛利浦有大規模的半導體部門，但它的財務、法務部門的談判能力遠勝於它半導體部門的經營能力。世大沒有經營能力，但副董事長的談判能力很強。胡定吾對我們開出高價，對他說是一個很大的賭博。假如我們不買，我想他就賣不出去，因為那時聯電的增加產能壓力不如我們那麼大。如果賣不出去，世大必須自己經營，它的失敗可以預料。

但是當時我無意與胡定吾糾纏。我們的大方向，包括專業代工商業模式、開闢美、歐市場以及贏取客戶信任的策略，還有同仁的執行力在內，通通都是對的；我們正全速馳向世界半導體業中自五〇年代德儀、七〇年代英特爾、八〇年代三星以來最大的成功；我們不能因為要在所有細節上都不吃虧而降低我們的動能。

台積電在二〇〇〇年初宣布購併世大案。當時飛利浦仍是擁有二八・二%股權的台積電最大股東。我在與世大談判時並未徵詢飛利浦意見，但在宣布當天打電話給荷蘭飛利浦總部做口頭報告。飛利浦對我們要付的價錢表示高度震驚。掛電話後我想飛利浦的情緒要及早安撫，不然他們可能在董事會杯葛。遂在次日立刻派遣台積電總經理曾繁城、會計長何麗梅前去荷蘭解釋為什麼這件購併案是我們在贏取客戶信任策略中必須要做的事。為了壯大此行的陣容，我也邀請台灣飛利浦的技術長，同時也是代表飛利浦的台積電董事許祿寶君同行。此行頗成功。曾、何、許與我都站在同一陣線上。經過他們有力的解釋，飛利浦也不再杯葛世大案。

世大購併案又掀起另一波瀾。我本來以為已結案的德碁購併案，現在因為我們宣布購併世大的價格高於原來議定的德碁價格，德碁股東聚會集體抗議，並要求德碁董事長施振榮重議購併價格。施董事長對我攤攤雙手，說他也沒有辦法。為了撫平他們，我們只得又調整德碁的購併價。

二〇〇〇年七月，德碁和世大購併案正式生效。德碁和世大的招牌從此消失。德碁的晶圓廠變成台積電的七廠；世大的晶圓廠變成台積電的八廠。

十年內產能增加十六倍

九〇年代初，我們只有一廠及「二廠第一期」。一旦客戶（主要來自歐美）發現了我們可以提供給他們的價值，我們立即供不應求，也立即瘋狂地建廠。租不到科學園區土地了，只得購併已存在的晶圓廠。這十年的新建及購併晶圓廠的紀錄摘要如下：

新廠	性質	量產年
二廠第二期	六吋廠	一九九二年
三廠	首座八吋廠	一九九五年
四廠（注1）	八吋廠	一九九七年

五廠	八吋廠	一九九七年
WaferTech	美國八吋廠	一九九八年
六廠第一期	八吋廠	二〇〇〇年
SSMC	與飛利浦合資新加坡八吋廠	二〇〇〇年
七廠	購併德碁	一九九九年
八廠	購併世大	二〇〇〇年

總產能（每年「約當」十二吋晶圓）

一九九一年	八萬四千片
二〇〇〇年	一百四十五萬片

在一九九一至二〇〇〇年內，台積電的產能增加了十六倍；同時，我們的製程技術也逐步前進；在這十年內，我們最高的技術「節點」（Node）自九〇年的一微米，到九二年的〇．八微米，九六年的〇．三五微米，九八年的〇．二五微米，在二〇〇〇年已進步到〇．一八微米。

同一「節點」的晶圓售價通常會每年減價；但如「節點」晉級（例如：自〇・二五微米晉級到〇・一八微米），則售價增加。我們的技術「節點」在十年內進步了六代，使得我們的「平均售價」（ASP）幾乎每年都在增加。此外，「產能使用率」是另一決定公司盈虧的因素。在一九九一至二〇〇〇年十年內，台積電產能幾乎都是滿載。所以，十年內我們的營收自九一年的新台幣四十五億元，跳躍到二〇〇〇年的一千六百六十二億元，增加了三十六倍，遠超過產能增加的倍數。

在這樣有利的條件下，台積電一直到二〇〇〇年購併德碁與世大時才需要「現金增資」。一九九〇至一九九九年的增強技術「節點」，積極建廠、擴充產能，都來自每年「保留盈餘」的財源。

麥肯錫顧問公司的發現

一九九六年，總經理布魯克與我有一個關於公司組織的爭執。台積電自成立後，一直都是「功能式」組織，即：營運（製造）部、研發部、市場行銷部……等。布魯克認為應採取德儀形式「業務單位」組織（見本書第三章）。我則相當堅決認為「業務單位」組織不適用於台積電。布魯克不服，要找國際級顧問公司的意見。我雖然相信我是對的，但為了撫平布魯克，也同意找麥肯錫研究這題目。

麥肯錫花了兩、三個月時間，先在內部了解我們的業務後，再與我們的十幾個主要客戶談。結論是完全同意我的看法：「業務單位」組織不適於台積電，還是繼續「功能式」組織較好。

麥肯錫的結論解決了我和布魯克在組織上的爭執，但正如一般國際級顧問公司的做法：回答你給他的問題後，他會發現一個新問題，讓他再為你效勞。這次，麥肯錫說：「在我們與你們的客戶討論你們組織問題時，我們發現你們客戶與你們的關係不是那麼好。」

這樣的說辭，當然引起我的高度注意。十幾年來，爭取客戶信任一直是我們主要目標之一，怎麼會搞得關係不好？麥肯錫說他們無法做詳細的回答，但推薦另一家專做客戶滿意度調查的顧問公司。

自一九九七年起，我們就僱用這家顧問公司，每年為我們做客戶滿意度調查。每年調查報告總是厚厚的一本，包括了所有我們為客戶服務的項目：產能足夠否？反應度夠快否？價格合理否？交貨如期否？……等等。作為第三者，這家顧問公司較我們自己更會聽到客戶的真話。每年我都親自聆聽顧問公司的報告，並主持報告後的檢討會議。每年總有許多大大小小的改進項目，我與高階主管指定需要改進的單位。同時，我們設立了一個專責追蹤改進項目的單位。

這整套制度——每年專業性找出客戶不滿意處，認明需要採取改進行動的單位、追蹤改進，的確幫助客戶對我們的信任。自一九九七年起，我們年年都做，到我退休，已做了二十一年矣。

一九九九年九二一大地震迅速恢復

一九九九年九月二十一日凌晨一時餘，我在台北寓所睡夢中被地震驚醒，直覺認為樓下應比較安全，狼狽下樓，在樓梯中間遇到第二震，比第一震更厲害。拚命抓緊扶手時，聽見樓上樓下啪啦啪啦東西掉在地板上的聲音，真的以為這是末日了。但是過了一會，倒又不震了——這還不是末日。幾分鐘後，當時台積電總經理曾繁城及世界先進總經理蔡力行，先後打電話給我。第一問我安好否，第二告訴我他們立刻就去各自的工廠看受損情況。接了這兩位的電話後，我又回到床上睡覺。

二十一日上午我得知凌晨的地震強度達芮氏規模七・三，是台灣百年來最強地震。我也接到初步報告：（1）台積電和世界先進兩家公司的人員都安全；（2）地震後兩家公司的每個工廠都立刻有許多該廠的員工回工廠看他們能做什麼。聽到這點，我非常感動。曾經在德儀服務長達二十五年的我，覺得德儀的工程師和經理人員，如果在同樣情形下，不會這麼熱心；（3）全部工廠和辦公室都斷電，所以業務在停頓狀態中。

二十二日我到新竹，又有新的壞消息：美國那斯達克（NASDAQ）股價大跌，原因是害怕台灣地震會使美國科技公司的半導體供應斷鏈。此後幾天我與同仁在沒有電力，當然也沒有冷氣的悶熱會議室商量對策。第一要解決的問題是恢復電力。我與當時的行政院院長蕭萬長在他任經濟部部長時就熟識。我打電話請他盡力幫忙時，他正在直升機上視察災區。當然，他早就知道恢復電力是首要，我的電話只是又一個提醒而已。

謝天謝地，二十四日我們獲得近六成需求的穩定電力，二十七日五成生產設備恢復正常運作並逐步出貨，三十日九成以上產能恢復正常。

那斯達克股市也很快漲回。

九二一芮氏規模七．三的大地震，起先引起客戶的大恐慌。但是，我們在兩星期內幾乎完全復原，客戶對我們的信任增加不少。政府的高效率恢復供電固然是重要因素，但同樣重要的是全體同仁對危機的反應：各就其位，不辭辛勞，鎮定應付。

客戶「實質上的」晶圓廠

我在德儀的經驗告訴我：自己擁有晶圓廠的ＩＤＭ半導體公司，其設計部門與晶圓製造部門因互不隸屬，常常各玩「公司政治」，爭風吃醋，鮮少合作。倒是台積電，作為純粹晶圓製造公司，可以與ＩＤＭ客戶的設計部門合作無間。當然，無晶圓廠的設計公司更是我們真誠合作的客戶暨夥伴。在九〇年代中期，我們對所有客戶進一步宣示要成為大家「實質上的」晶圓廠（Virtual Fab）。

既然是「實質上的」晶圓廠，那麼與客戶，尤其客戶的設計部門應該溝通無礙。就在九〇年代中後期，我開始對重要客戶以及公司內部提倡與客戶「多層面」溝通。所謂「多層面」溝通，就是除了我及行銷部門外，我亦鼓勵客戶的設計部門與台積電為他們製造晶圓的部門溝通。

雖然我們自九〇年代中期就有一百家以上客戶，二〇〇〇年後更有數百家客戶，但在每一時期，最大的十五至二十家客戶總是占台積電營收八〇％。我在九七年自兼總經理後，就把熟悉這十五至二十家大客戶的ＣＥＯ當作是我的重要責任。他們幾乎都在美國與台灣，大部分密集在加州。我每年訪問每位ＣＥＯ至少一、兩次，他們也常來台灣訪問他們「實質上的」晶圓廠。儘管如此，我自一九九七年自兼台積電總經理至二〇一八年退休的二十一年中，雖然常與這些大客戶的CEO會面，但與「老朋友」敘舊的場面卻不多見。因為不只大客戶常常變，大客戶的CEO也常變。所以，我雖不常有與「老朋友」敘舊的歡悅，卻常有認識「新朋友」的樂趣。總之，我自定的與他們「熟悉」的標準是：假使有事，雙方可隨時打電話給對方，而對方一定會接。

至於「多層面」溝通，大部分在有製造問題時發生，但有時也在製程研發階段發生。總之，客戶工程師與我們工程師的直接溝通，省了許多第三者代言的誤會，也增強不少互信。對台積電同仁而言，「多層面」溝通也與我的策略：「每位員工都應該是公司的業務」，以及「高階管理人員（職級三十八以上）除了是優秀的業務和專業人士，更必須是優秀的商業人士（businessmen）」，完全相符（見第二十一章）。

【注釋】

1：四廠與三廠為雙子型工廠，已於二〇〇二年合併，並統稱為三廠。

第二十五章

作者及教授

一九九五—一九九九年，六十四至六十八歲

一九九五年初，友人虞有澄寄了一本他寫的，但尚未出版的《我看英代爾》（注1）給我，並囑我為他作序。我問他要多長？他說：兩千字左右吧。

我花了一整天的時間讀《我看英代爾》，讀後百感交集。一九九五年正是英特爾「如日中天」的年代。有澄很早就加入英特爾，所以他講的英特爾故事的前一段正是我在德州儀器竭力與英特爾競爭的時候（見第九章）。當時勝負未分，但後來我離開德儀後，英特爾領先了。當年這段「現存強權（德儀）面對崛起強權（英特爾）」的故事，無論是公司對公司，或國家對國家，在歷史上不斷出現，也帶來不少可歌可泣的事蹟（參閱此章「後記」）。

我讀了虞著《我看英代爾》後，又花了一整天時間為有澄寫序。雖然他說「兩千字就夠了」，我信手寫來，寫了四、五千字。這是我幾十年來少有的中文「長篇」，寫起來還算順手。

想不到這篇序竟成了我成為作者的「進身階」。虞書出版後幾個月，天下文化創辦人高希均教授就來看我，勸我寫自傳。其實我認識高教授已有好幾年，但他大概一直以為我一身洋氣，不可能寫中文，直到看了我為虞寫的序後，才決定「試」我一下。我卻貿然答應了。

接下來是幾乎兩年的煎熬。回憶是享受，動筆卻是煎熬。但那時我只六十幾歲，體力旺盛，有時感情來了，邊寫邊泣，可以寫到深夜二、三時，第二天照樣上班。終於在九七年年底，《張忠謀自傳：上冊 一九三一——一九六四》完成。九八年三月出版。

新書發表會裡，有人問高希均創辦人，對我的「中文打幾分」？高教授聳聳他的肩膀，不經意地說：「七十分左右。」

雖然高教授只打它七十分，「自傳上冊」倒是很受歡迎。它是二十幾年來台灣最暢銷書之一，直至今日，我還不時地拿兩、三萬元的版稅。美國文豪海明威對想做作家青年的忠告：「簡單的字句，真實的感情」，似乎很有道理。

對台積電內部講授「經營」

九六、九七年，公司規模漸大，中階管理人員中已出現不少我不認識的面孔，我想：應該趁這時機對中、高級經理做一系列的「經營台積電」講授；現在講，可能十分之二、三聽課的人還會注意聽，甚至傳授給他們的手下；現在不講，將來公司更大，更沒有機會了。

於是我開課了，每星期一小時。所有高、中階的主管都被邀請參加，共七、八十人。

我很喜歡教書，但又不喜歡準備。每次上課，我都有一個題目，然後以自然會話方式講這題目。黑板或白板是我唯一工具。有時我的教材缺乏整理和次序，但我認為一個好學生應該在自己腦子中做這整理，這樣他才更有收穫。

這樣的講授，大約也舉行了二、三十次吧。有收穫嗎？有。但恐怕不在經營技術上。畢竟台積電的組織是「功能型」的——研發部、製造部……等等。各部的經營都相當專業，而我的講授卻是「一般性」的——價值、願景、策略……等等。

最大的收穫是：我們在這快速成長的關鍵年頭，把台積電的價值觀，也是我們的「經營理念」落實了。我在第二十一章已詳述台積電「經營理念」，現在再簡單講一遍：（一）堅持高度職業道德（誠信正直）；（二）專注於「專業積體電路製造服務」本業；（三）放眼世界市場，國際化經營；（四）注意長期策略，追求永續經營；（五）客戶是我們的夥伴；（六）品質是我們工作與服務的原則；（七）鼓勵在各方面的創新，確保高度企業活力；（八）營造具挑戰性、有樂趣的工作環境；（九）建立開放型管理模式；（十）兼顧員工福利與股東權益，盡力回饋社會。

在台積電三十一年，我和公司同仁都犯了不少錯誤，但絕少觸犯這十條「經營理念」；在極少數觸犯的案例上，我們都施予嚴厲的懲處。

當交大「榮譽管理講座」教授

我在台積電內部講授「經營」的消息，很快地傳到同在新竹的交通大學。張俊彥校長及管理科學系朱博湧教授都很熱心要我開一門有學分的課，朱教授還自願做我的「助教」。「經營管理專題」課就在九八年秋季學期出現。大約有一百位學生報名，其中一大半是EMBA學生，一小半是管理科學系大學生或別的學系學生，還有幾位旁聽生。每星期一堂課，每堂課兩小時，當中休息幾分鐘。我一共教了十二堂，還有兩堂考試——考試都由朱教授負責，打分也由他負責。我只負責講十二堂。

這十二堂的題目是：（一）企業願景；（二）企業文化；（三）組織結構與設計；（四）決策與授權；（五）功能性組織；（六）溝通；（七）激勵；（八）績效評估；（九）學習曲線與市場占有率；（十）策略與年度規畫；（十一）開會；（十二）世界級企業。

這十二堂課包含了我所有經營經驗及心得，從德儀到通用到工研院到台積電。當然，許多經驗和心得是負面的，但是我認為負面的教訓往往比正面的經驗更銘心刻骨。知道不做什麼與知道做什麼一樣重要。

在我開始這門課時，我對我的約一百位學生說：「假如十年後，有十位學生覺得我在此講的對他有一點用處，對我這已是很好的回饋。」

如今二十餘年過去，我還未遇見任何人對我說：「啊，我是你當年交大的學生。」更沒有人對我說：「啊，你當年講的對我很有用。」事實上，想想我自己，不要講小學了，從初中到博士班，我也有過一百位以上老師，其中好幾位影響我後來的人生。我曾經告訴過他們嗎？沒有。大部分在課程結束後，就變成陌生人了。

後記：補充一段在此章之初，我寫到當年這段「現存強權（德儀）面對崛起強權（英特爾）」的故事時，所感受到的強烈諷刺意味：四、五十年後的英特爾，這個幾十年半導體霸主，正在面對新興的台積電。雖然鹿死誰手尚未可測，但台積電占有優勢卻是明顯的事實，只要台積電不自踩自己腳，應該勝算在握。難道這是我的「復仇記」嗎？我沒有這個意思。反正上次英特爾領先時，我已離開德儀；這次儘管我情繫台積電，但無論誰得勝，我也已經退休多時了。

【注釋】

1：「英代爾」後來通用的譯名是「英特爾」。

第二十六章

九〇年代建立的幾個重要客戶

布魯克「淨離」台積電，我自兼總經理

布魯克是台積電第三任總經理。他在德儀做了我十幾年的得力下屬，在一九九一年三月加入台積電。起初他不怎麼看好台積電，對我說：「做一年就回美國。」一年後，他覺得台積電比他想像的好，就說：「再做一年吧。」再一年後，他就開始有比較長遠的計畫：「不會超過兩、三年。」

我僱用布魯克，主要是用他在歐、美市場的行銷技能。的確，在這方面，他一點沒有使我失望。至於台灣這邊的經營，我倒不很需要布魯克；第一，我們的台灣團隊在九〇年代中期已經相當堅強；曾繁城自工研院帶過來的核心團隊到了台積電後一直在成長，我們也僱了許多位優秀人才，包括蔡力行、劉德音、林坤禧等；第二，布魯克本人並未贏得本土團隊的尊敬和信任；倒是我自己不遺餘力使我們的製造部門配合行銷——數度否決布魯克要求僱美國人擔任營運副總，且不讓曾繁城辭職而讓他去世界先進任總經理就是例子。

到了九六年底，本來只想在台積電做一年的布魯克已經做了六年，這次他真的想回美國了。但是他還是想留在台積電，做什麼事呢？起初他認為他可以住在美國，仍做總經理，我認為這是一個不可思議的建議，立刻否決了。經過兩、三次會議後，我答應讓他管美國行銷

以及WaferTech，直接對我報告，那時WaferTech剛成立不久，大家還對它寄以厚望。布魯克似乎也同意接受這任務。那我們也就有一個留住布魯克的方案了？但是不然。布魯克把他真正要的留到最後：「我要保留我的董事席。」他說。

這，我不能給他。台積電自始就是一個專業經理人經營的公司，我自己的股權非常微小。在九七年，兩位大股東（行政院開發基金及飛利浦）占董事會十席董事的七席，他們同意給我一席，給總經理一席，還有一席留給其他原始股東的代表。現在布魯克不做總經理了，我的計畫是自兼一陣子後，讓曾繁城當總經理。如果我讓布魯克保留他的董事席，豈不造成一個奇怪的局面：新的總經理不是董事，而只管美國行銷及美國廠的經理倒是董事？

我堅決拒絕布魯克的董事要求。布魯克靜默了一下，冷冷地說：「那我還是『淨離』（clean break）吧。」當時我不太了解「淨離」的意思，「離」就是「離」，還有什麼「淨離」？幾個月後，布魯克加入一個競爭者，我才了解「淨離」深一層的用意：再沒有什麼牽掛，緣已盡了！

九七年一月三十日，布魯克告訴我他「淨離」的決定，但他要到四月底才走；十天後（二月十日）我就去矽谷訪問了九個大客戶。對我，訪問客戶是「重拾舊技」，我任德儀事業部總經理時就喜歡訪問客戶。這九個客戶都很穩定；畢竟，我們多年來「爭取客戶信任」

已有相當成效。

二月十九日，我自矽谷打電話告知飛利浦布魯克即將離去，我擬自兼總經理的消息。飛利浦稍表不安。我也知道他們為什麼不安，他們看到的台積電十年歷史，有六年是布魯克當總經理，而我從來沒有自己做過總經理——這就是為什麼飛利浦在半導體業一直平庸，他們只看表面，沒有真正了解為什麼台積電這麼成功。雖然他們表示不安，但我堅持要自兼總經理，他們也接受了。

四月中旬我們為布魯克舉辦了歡送會，但是氣氛一點不「歡」。歡送會上很少笑容。當布魯克致詞時，他淩厲地說：「我會常常到台灣來，我在台灣還有很多投資。」我覺得很奇怪，我不知道他在台灣有很多投資；我也很感慨，六年前我們給他的歡迎會裡，他的美國口音跟著大家喊：「一百億！」還在我耳中蕩漾。今天卻是一個截然不同的布魯克。是台積電改變了他？還是台灣改變了他？還是他本來就是一個多變的人？

每年變動的「十五大」

從本書第三章：〈總經理的學習〉，讀者也許可以領會到：在我三十三歲躍升為德儀業務單位總經理時，我已有相當深厚的技術及生產背景，所以我任總經理後的學習重點，起先是行銷及市場，兩、三年後是策略。至今，我仍認為策略、技術、生產、行銷及市場是一個半導體企業總經理必須有親身經驗，或至少深度了解的重要領域。事實上，在我五十四年總經理／董事長職業生涯（自一九六四年我任德儀鍺電晶體部總經理算起，至二〇一八年自台積電退休），在以上每一個「重點領域」內都曾度過不少愉快時光。

所以在九七年布魯克「淨離」台積電，我自兼總經理時，我幾乎有「如魚得水」的興奮感。公司的策略除「技術領先」外早已定調，而且執行相當順利；技術和生產的進展也可圈可點；而且「無晶圓廠設計公司」正如雨後春筍般成立，爭取它們成為我們的客戶是九〇年代的要務——我在這方面應有可為。

台積電的客戶數，自八七年成立時的十五戶，到九七年我自兼總經理時，已增加到一百九十九戶；二〇一八年我退休時又增加到四百八十一戶。但在這三十年內，占公司營收七〇%至七五%的客戶，通常只有十五戶。我給自己的任務，就是好好照顧這十五家客戶；更重要的，隨時展開與有潛力的新客戶合作，因為任何時間的「十五大」總有幾戶的成長率不如我們。我們需要與高成長者一起成長。

在九〇年代，「十五大」的變動相當快。舉例來說，九七年的「十五大」，只有五戶還在二〇〇〇年的「十五大」內。失去的十戶，有幾家倒閉，有幾家自己的業務衰退，被台積電更成功的客戶替代。

二〇〇〇年後，「十五大」的變動比較少。二〇〇〇年的「十五大」，有九家還在二〇一八年「十五大」內。

在我任董事長兼CEO時期，我訪問「十五大」至少每年一次，有特別問題時甚至在一年內三、四次。「十五大」的CEO也常來台灣，來時也常找我。雖然這些往來都是嚴肅談生意的場面，但絕大部分都能愉快結束。

在九〇年代，我們增加了四戶「十五大」，而且這四戶一直到二〇二二年仍在「十五大」內。現在，我依我們開始與這四戶合作的時間次序簡單地敘述這四個重要客戶。

英特爾

英特爾無疑是與我們關係最悠久的大客戶，與我個人的歷史也最長。五〇年代後期及六〇年代初期，我與後來創辦英特爾的諾艾斯和摩爾同在華盛頓參加每年十月舉行的IEDM（國際電子元件會議）。三十歲左右的我們，會後與別的會友去附近餐廳用餐，餐後在華盛頓深秋夜晚中唱歌回旅館（見第九章）；初期我為台積電募資時，也找過英特爾，但遭他們拒絕（見第十七章）；但台積電成立後一年內，英特爾總裁就來訪問台積電（見第十九章）；此後就有密切的接觸，英特爾的訂單也在九〇年開始流入台積電。

九〇年代的英特爾，以他們自己的晶圓廠及生產技術為傲。那麼他們為什麼要找台積電代工呢？原因是他們產品的「節點」每一年半或兩年都有進步，他們寧願把所有的生產資源（工廠、設備、人才）都放在先進產品上，而讓台積電生產較老的產品。

在英特爾眼中，台積電的好處是什麼？他們最驚奇的是台積電居然能用同一個技術，同時為許多客戶做不同的產品。對英特爾，這是一個不可思議的能力。其實，這只是台積電「商業模式」的結果。英特爾的商業模式是自己設計及製造高科技產品，所以在執行這商業模式時，每一關節必求最高效率。英特爾的高紀律規定：每工廠必須與別的廠一樣（copy exactly），就是一例。反過來，台積電的商業模式是「專業為人人做晶圓代工」。在執行此商業模式時，必先顧到「為人人」。

除了「為人人」的能力外，台積電的特殊商業模式也給台積電別的特點。我們自視自己為服務業，所以只要台積電也能獲利，總是以客戶為尊。台積電也不歧視老技術，只要客戶要這個技術，如台積電有這技術，就會替他做。台積電的二廠是六吋廠，做一微米技術，已有三十幾年歷史，但至今仍在運作。

多年後（二〇一〇年後），英特爾也想做晶圓代工。但是他們的ＩＤＭ積習難改，在代工業中一直沒有成功。二〇二一年初，英特爾換了新的ＣＥＯ，又矢志要兼做晶圓代工。但同時，對台積電的訂單卻不斷增加。對於這個又是台積電客戶，又與台積電競爭的公司，我祝它好運！只是，它不要把好運出在台積電頭上！

博通

兩個亨利：亨利．山繆利（Henry Samueli）及亨利．尼克拉斯（Henry Nicholas），在一九九一年創辦博通（Broadcom）。兩人都出自加州大學洛杉磯分校（ＵＣＬＡ）。山繆利是該校電機系教授，尼克拉斯是他的學生。兩人在學校時就籌備以他們的專長——無線及寬頻電訊ＩＣ設計，創辦博通。

九〇年代出現了不少以創辦者ＩＣ設計專才為基礎的ＩＣ設計公司，但成功的並不多。要成功，設計公司的產品要有相當廣的市場，又要比它的競爭者好，而且要找到一個能夠和它充分合作的晶圓代工公司。

博通是少數成功者之一，成立之初就選中台積電為它的晶圓代工廠商；而相對地台積電則看中了它的潛力。兩個亨利先是與台積電當時總經理布魯克聯繫。布魯克辭職，我兼任總經理後，就由我接洽。自九九年至今，博通一直是台積電最大客戶之一。

輝達

九七年，正當布魯克自台積電辭職之時，我忽然收到一封自郵局寄來的信。來信者是輝達公司（Nvidia）CEO Jensen Huang（黃仁勳）。信中說輝達正想找晶圓製造代工者，但數次與台積電聖荷西辦事處接洽，都未受重視，希望我能親自和他見面。

接到黃仁勳來信時，正是我自兼總經理不久，很想親自與客戶建立關係之時。幾天後我開始原定的美國客戶之旅。在加州時，我打了一個電話給黃仁勳。他自己接電話，但背景相當吵雜，似乎有好幾個人在爭論。當我介紹自己，忽然黃仁勳大聲地吼：「安靜！安靜！莫理士．張正在打電話給我！」

自此開始了二十幾年我與 Jensen 的友誼以及台積電與輝達的合作。

與輝達的合作，跟與許多別的客戶合作很不一樣。第一，輝達的確有傑出繪圖晶片

（graphics chips）設計團隊；第二，在挑選代工夥伴時，Jensen 願意孤注一擲，挑選台積電獨家為他代工；第三，我也抱著惺惺相惜的態度，全力支持，甚至在九八年時，輝達人手缺乏（當時全公司只有八十幾名員工），業務又在急遽成長，台積電還特地派了兩位「生產計畫師」進駐輝達一個月之久，為他們規畫進貨、存貨、售出等等，並協助訓練他們的新進員工。這是一個很不尋常的客戶服務。

在這樣的齊心合力下，輝達業績大放異彩，營收自九七年的兩千九百萬美元，到二〇〇六年的二十四億美元，淨利自九七年負的兩百六十九萬一千美元，到二〇〇六年正的三億美元。台積電也增加了一個大客戶；自九八年起到現在，輝達一直在台積電頭五大客戶之列，有許多年它還是最大客戶。同時，我也增加了一個忘年之交。我與 Jensen 相差三十多歲，住處相隔一萬公里，但我、Sophie 與他及他的夫人常有最好朋友之間的來往。

「客戶是夥伴」是我們重要的經營理念，與另一重要經營理念：「高度職業道德」互相呼應。台積電的成功，我認為「客戶是夥伴」是一個非常重要的因素。我們與許多客戶都建立了夥伴關係。輝達就是很好的例子。

高通

高通（Qualcomm）成立於一九八五年，早台積電兩年。首任ＣＥＯ厄文．雅各布（Irwin Jacobs）亦為共同創辦人，也曾經當過麻省理工及加州大學聖地牙哥分校電腦科學系教授。自成立後，高通就以資訊晶片的建構及設計為主業。它的兩個業務是（一）授權它的發明，收取權利金；（二）自己設計晶片，找晶圓製造商代工，然後銷售晶片。高通自成立就在資訊晶片的建構及設計技術上享有很好的聲譽。它位在加州聖地牙哥總部入門大廳的牆上，滿滿的都是它的專利權的牌子。一個專利權一張牌子，大約總有成千牌子吧。

這樣高技術聲譽的公司，當然是台積電爭取的對象。但是高通在選擇晶圓代工者上，也非常謹慎。它當然不願找一個可能競爭者，但它也要找一個製程技術能和它的設計技術匹配的晶圓製造商。在八〇年代以及大部分九〇年代，它找到了ＩＢＭ。

對九〇年代的台積電，ＩＢＭ是一個可畏的競爭者。雖然ＩＢＭ的晶圓製造技術在九〇年代已落後領先者例如英特爾，但與台積電仍在伯仲之間。撇開技術，ＩＢＭ還有它過去在資訊界如「神」一般的形象，但也有隨這形象而來的高傲；台積電卻有「客戶是夥伴」的謙卑。

事後看來，台積電在這場競爭中獲勝應該不是意外，但是在九八年高通總經理告訴我高通要開始和我們合作時，我還是非常興奮。那時我已爭取高通近兩年，現在開始有成果了！我相信高通會是一個大客戶。何況，獲得高通為我們客戶是對我們技術的一個認證。

果然，自二〇〇一年起，高通是我們「十五大」之一，有許多年，它是我們最大的客戶。

我們的凱歌也是IBM微電子部門（即半導體部門）的暮鼓。現在，他們知道他們的製造技術在快速地落後，連台積電這樣的後起之秀都追上他們了。現在，他們要擔心的是如何保護他們製程技術的剩餘價值。

IBM的擔心也是下章的故事之一。

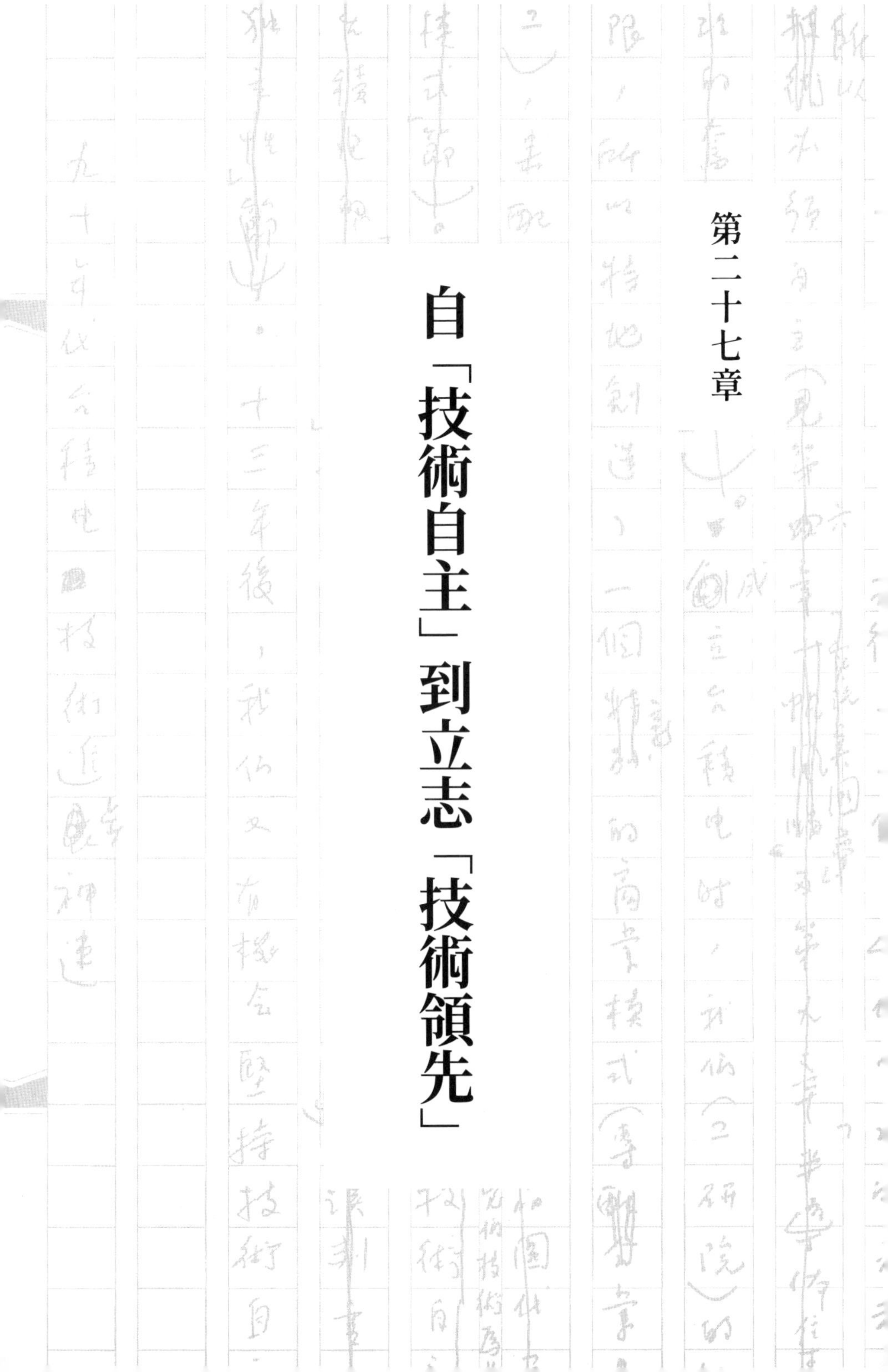

第二十七章

自「技術自主」到立志「技術領先」

在德儀，我學會了技術是一個半導體公司的靈魂，所以必須自主技術。成立台積電時，我們（工研院）良率占優勢，但節點技術落後國外先進公司，所以特地創造了「專業晶圓代工」這個嶄新的商業模式，來配合我們的優勢及劣勢。在向飛利浦募資時，我們拒絕了飛利浦以「它們技術為基礎」的誘惑，堅持了「技術自主」。十三年後，我們面臨另一次技術的誘惑，並再一次堅持了「技術自主」。

九〇年代台積電技術進步神速

雖然台積電的商業模式避開了設計技術，也讓落後的「節點」技術繼續有銷路。但是半導體業的「節點」技術進步得很快，這就是所謂「摩爾定律」。摩爾定律的大意是：可置於矽晶片上同一面積的電晶體數目每兩年增加一倍。然而，許多舊的ＩＣ設計仍適用舊的「節點」技術，這也正是舊的「節點」技術繼續有銷路的原因。但是，新的設計絕大部分都需要與時俱進的「節點」製造技術。所以如果台積電不趕上「節點」技術，我們的業務不會成長很快。

在這方面，我一點不需要擔憂，因為台積電的進步神速！在成立後的十四年內（一九八七至二〇〇〇年），台積電的「節點」從一九八七年自工研院移轉的二·〇微米開始，就逐步進步到一九八八年的一·五微米，一九八九年的一·二微米，一九九〇年的一·〇微米，一九九二年的〇·八微米，一九九三年的〇·六微米，一九九五年的〇·五微米，一九九六年的〇·三五微米，一九九八年的〇·二五微米，一九九九年的〇·一八微米——十四年內「節點」進步了九代（注1）！

與別的半導體公司比，在一九八七年台積電「節點」技術大約落後一般半導體公司二至三代。別的公司已量產一·二五微米或一·〇微米，台積電只能量產二·〇微米。但到了一九九九年，台積電已趕上九〇%的半導體公司，大家都能做〇·一八微米。只是，相較於其他業界，台積電不做自有產品而僅做專業代工，而且，良率比別人好。

與之前在工研院時技術開發速度比，工研院在一九七六年自RCA移轉七·〇微米「節點」，開發了十一年——自七·〇到五·〇微米，再到三·五微米，再到一九八七年的二·〇微米——十一年中僅僅三代而已！

為什麼台積電能做得比工研院快？其實答案很簡單。第一，台積電的研發經費比工研院充裕。工研院VLSI計畫、「次微米製程技術發展計畫」扣除建廠及購置設備的資本支出後，平均每年研發經費不超過新台幣四億元，而台積電隨著業務發展，研發費用在一九九五年已達七億五千萬元，在二〇〇〇年更到達了五十一億元！有了充裕經費就能吸引人才；第二，工研院的研發在沒有競爭壓力下進行，而台積電的研發不但有壓力，還有誘因──分紅、股票升值等等。

蔣尚義的驚愕

九七年四月，布魯克辭職，我自兼總經理。除了與重要客戶持續強化夥伴關係外，我也想好好地在研究、開發上幹一番，因為我認為研發人才的素質及勤奮敬業的精神應該是台灣的一個優勢。我接兼總經理後，曾繁城幾乎立刻推薦一位研發長給我，我在台灣面試蔣尚義。蔣有不錯的學術背景及工作履歷──台大電機系學士、普林斯頓碩士、史丹佛博士，先在德儀，後來到惠普做研發工作。我與蔣談了三小時，談得很投機，我當場就邀請他加入台積電，做我們的研發副總。那時我已有「技術領先世界半導體業」的念頭，但是我想，還是不要第一次見面就跟他談這吧，會把他嚇壞了。

蔣尚義在九七年七月七日報到。我想：現在要講了。新的研發副總，應該知道我們的長期研發目標。

幾年後的《商業周刊》相當生動地描述了這個場面：

報到後，蔣尚義第一次與台積電董事長張忠謀開會，張忠謀開門見山，要求他必須將台積電研發水準拉到全球領先地位。

蔣尚義初來乍到，當時台積電的技術世代距世界領先廠有兩年之遙，看著研發部門僅一百二十人，一年經費不到一億美元，他想：「如果能做到第二排的第一個，就很不錯了，」於是婉轉地回答張忠謀：「技術領先者在研發技術的投資，必須是當老二者的三倍。」

「董事長馬上聽出我話裡的意思」，訓了蔣尚義一頓，說左大川（為蔣尚義之前的台積電研發副總，現為資深副總暨資訊長）不會像蔣尚義這樣，就是知道台積電要做 technology leader（技術領先者），「大概覺得我很沒出息，」蔣尚義回憶當年，笑著說（注2）。

「技術領先全世界」的目標，一直到二〇一八年，七奈米量產才實現，但是這個目標的建立，產生了一個副產品：它鞏固了我們「技術自主」的決心。時機也正對，因為誘惑又要來了。

IBM的誘惑

在此承接上章「高通」節。我與市場及行銷人員歷經多次看似毫無進展的拜訪後，高通終於在九八年決定要與我們合作。對台積電來說，這是非常振奮的消息，因為我們知道高通會是一個高技術、重量級的客戶；但對當時高通的代工者——IBM，這當然是非常壞的消息。IBM微電子部面臨即將失去一個大客戶，而且他們最大的憑藉——他們的製程技術，看起來也已被台積電追上。

怎麼辦？客戶的喪失看起來已無法避免，但技術也許還可以挽救。挽救的辦法就是與後起之秀台積電合作開發下一代的製程技術（〇．一三微米）。

九九年，IBM提他們的合作方案給台積電總經理曾繁城及研發副總蔣尚義。曾和蔣不需要，也沒有問我，就堅決拒絕了。畢竟，我們已立了「領先世界」的志願，這志願與「合作開發」格格不入。

其實，即使我們沒有「領先世界」的志願，「合作開發製程」也很難成功。要有好的結果，兩個研發團隊要在同一屋簷下工作。以九九年IBM與台積電的相對實力與「名望」而言，IBM一定會要求我們送我們的研發團隊去IBM。那麼，我們已無力量做自己開發，一切都要靠遠在萬里外的合作。如果因為任何原因合作成果不佳（例如：我們團隊在國外人地生疏，兩團隊間溝通不良，或沒有互相的尊重等等），我們的下一代節點開發也就完了。

找不成台積電，ＩＢＭ轉身找聯電合作。聯電同意了，但是三年半後，《工商時報》報導（注3）聯電董事長曹興誠表示：三年半前與ＩＢＭ結盟移轉製程技術，讓聯電栽了一個大跟頭。

【注釋】

1：「節點」技術的「代」，與摩爾定律的「代」呼應。摩爾定律預測每兩年電晶體密度加倍為一「代」；「節點」技術的「代」，大約是閘極長度（gate length）的平方減半為一代，例：二的平方是四，一・五的平方是二・二五。大約是四的一半，所以一・五微米被視為二微米後的一「代」。

2：《商業周刊》第九百七十二期（二〇〇六年七月六日），撰文者：王仕琦。

3：《工商時報》二〇〇三年十月二十五日第十二版，王仕琦／台北報導。

台積電篇三

滾滾新世紀

二〇〇一——二〇一八年

七十至八十七歲

第二十八章

結婚

二〇〇一年一月，六十九歲半

我在一九八一年底與前妻分離。此後二十年，在職業上歷經德儀、通用、工研院、台積電；在住處上歷經達拉斯、紐約、台灣；在年齡上，已自中年開始邁入晚年；在心情上，可謂飽經風霜。本來已無再婚意願，但是在台灣遇到了張淑芬，Sophie。她比我年輕十三歲。她的活潑、好動、樂觀忽然使我感覺又年輕起來。於是我們就決定於二〇〇一年一月二十三日結婚了。

我們兩人都是第二次婚姻，「重作馮婦」，已無第一次婚姻的「人生才剛開始」的新鮮感覺，當然也不想驚動很多朋友，所以選擇在美國加州聖荷西市政府的小禮拜堂舉行儀式，當晚在矽谷一個高級中國餐館開了三桌宴席，與住在加州的近親同慶。Sophie 的父母都參加了，我的父親已逝世，母親九十一歲，已在失智初期，而且遠在紐約，不能參加；直至兩個月後，Sophie 和我去紐約，母親才見到新媳婦。

在我們決定結婚日期時，我不知道一場暴風雨即將侵襲台積電——二〇〇一年第一季的訂單，竟比前一季的訂單少了四分之一！而且看起來，這場暴風雨正要開始，沒有停止的跡象。待得我們知道了，我和 Sophie 決定不改變結婚日期，但延遲蜜月。

新婚後的第一天，我一早起床，到聖荷西機場趕搭早上七時的飛機飛奧斯汀，當天下午去達拉斯，次日又飛波士頓，第三天飛回聖荷西，晚上與客戶晚餐。三天內飛了近萬里，訪問了五個大客戶。

一月二十七日，星期六，婚後第四天，再飛萬里回台北，星期日清晨到達，星期一早上去新竹上班。

Sophie 諒解，但也驚異了，原來這是她要分享的我的生活。

一月三十日，我們在各大報刊登結婚啟事，宣布我們的婚訊。二〇〇一年的台積電已是相當成功的公司，因此我也算是一個新聞人物。將近七十歲的結婚，難免引起一些好奇。究竟新娘是何許人呢？

忽然我們有外援了。二月二日陳水扁總統及夫人在圓山大飯店宴請駐華使節。陳總統臨時知道我新婚，就邀請我們夫婦同往，並坐在主桌。那晚 Sophie 輕妝淡抹，清麗照人，穿著一件綠色衣服，在一個一百多位外賓的場合舉止溫雅。圓山大飯店十二樓閣樓上的十幾座電視鏡頭，大部分時間不朝向陳總統，也不朝向外賓，而朝向這位以前沒有見過的麗人。

這是一個很好的見面禮。

至於延遲的蜜月，卻要等一年後才實現。二〇〇二年的春節假期，我們去紐西蘭南島，人煙稀疏的皇后鎮，在那兒度了安靜甜蜜的十天。我也藉這機會，好好地讀了一遍黃仁宇的《中國大歷史》。蜜月後，Sophie 總是說我獲得的比她多。

人生的戀，大約可以以年齡定義，少年（十八至三十歲）戀充滿了憧憬、理想、情慾；中年（三十至六十歲）戀重於工作或事業的相互扶持；晚年（六十歲以後）戀卻是相當純真的相互照應、「執子之手，與子偕老」的戀。最理想的戀，當然是同一伴侶，百年不渝，隨年齡邁進的戀。但是天下能享受這種戀的，又有多少人？我享受了少年戀，錯過了大部分中年戀，現在享受純真的晚年戀，已經算是福氣了。

第二十九章

自「咆哮」至「絢爛」

九〇年代至二〇〇〇及二〇一〇年代

九〇年代是台積電的「咆哮」年代，公元二〇〇〇年台積電營收及獲利更有驚人的成長。全年營收自九九年的七百三十一億元成長二．二七倍至一千六百六十二億元！營業淨利自九九年的兩百四十八億元成長二．四七倍至六百一十三億元。當年七月，我們完成德碁及世大的購併，當晚有一個慶祝派對。天上似乎沒有一片烏雲。

雖然七月沒有烏雲，但八、九月就有了，而且很快密集。台積電從接訂單到交貨，大約需四、五個月，所以二〇〇一年第一季的營收，我在二〇〇〇年十一月底就大約知道，很可能會比二〇〇〇年第四季低二六%。這是台積電自成立後最大的挑戰。

半導體業的週期性

其實半導體業的週期性，至少對我不應該是一個驚奇。自一九六四年我在德儀開始擔任半導體業務單位總經理，至二〇〇〇年，半導體業已經過一九六七、一九七〇至七一、一九七五、一九八一、一九八五、一九九〇、一九九六至九八年──七次不景氣。頭三次我在德儀處理，第四次我仍在德儀但已不在其位，故不謀其政；第五次我在通用器材應對，一九九〇年那次，台積電剛成立不久，二廠也才加入生產，我們不太感覺到不景氣，只覺得二廠起步慢了些；到了一九九六至九八年的不景氣，台積電處在「咆哮」地成長階段，產能供不應求，只覺得客戶要求產能的壓力稍緩，並不感受到任何「不景氣」。

但是二〇〇一年台積電已有相當規模，照我的粗略估計，當年我們供應全球邏輯IC一五％左右。我們的規模，已使我們不能倖免整個行業的不景氣。

為什麼半導體業有週期性？我認為完全因為建半導體產能需要相當長的時間。在七〇、八〇年代，如果要從建廠房開始，大約要三年；即使有了廠房，從建潔淨室開始，大約也要兩年。時至今日四十年後，製程更為複雜，設備更為精密，投資更為巨大，新人員的訓練需要更長時間，所以建產能的時間比七〇、八〇年代還須增加至少一年。

「直線」投資

既然建產能需時三、四年，業者投資心態就成為供需平衡與否的重要因素。通常當需求強勁時，業者猛建產能，幾年後產能過剩，業者一面殺價搶訂單，一面縮手不建產能，再幾年後就會產能不足。

我七〇年代在德儀時就倡議「直線建產能」。在一九七四年的德儀全公司策略會議中，我建議每年以「滾動十年計畫」為根據，增加一定數量的產能。也就是：景氣好時不猛建，景氣壞時不縮手。我的建議在策略會議中頗受讚許，但到真正執行時，我的上面兩層上司（公司的COO及CEO），以及他們上面的董事會，還是把我的計畫打折扣到連我都不認識的地步。

在台積電，我終於可以實行我的「直線」投資理念了。表三是台積電一九八七至二〇一八年資本支出的紀錄。

讀者可以看出：一九九二至二〇〇〇年我們盡全力投資但還是每年產能不足，供不應求，二〇〇一至二〇〇三年很不景氣，但我們沒有縮手太多，二〇〇四至二〇〇九年我們相當穩定地每年投資（建產能）約二十五億美元，二〇一〇年至二〇一二年我們看到自己開始技術領先，以及隨技術領先而來的營收機會，所以大幅增加資本投資至八十餘億美元，二〇一三至二〇一八年（我退休的一年），一直以每年百億美元左右水準做資本投資。

「直線」投資是很成功的策略，與「技術領先、製造優越、客戶信任」三位一體的競爭優勢相搭配，不但為台積電帶來穩定的成長，同時提升了市占率。

表三 台積電資本支出（1987-2018） 單位：百萬美元

年	1987	1988	1989	1990	1991	1992	1993	1994
資本支出	20	26	118	77	111	106	146	280
年	1995	1996	1997	1998	1999	2000	2001	2002
資本支出	598	798	1,354	1,227	1,192	3,326	2,077	1,597
年	2003	2004	2005	2006	2007	2008	2009	2010
資本支出	1,100	2,418	2,485	2,457	2,557	1,886	2,671	5,936
年	2011	2012	2013	2014	2015	2016	2017	2018
資本支出	7,286	8,322	9,688	9,522	8,123	10,186	10,859	10,463

二〇〇一至二〇〇三年的不景氣

此章起頭時敘述我在二〇〇〇年底即已感知的不景氣，後來延續了近三年。直至二〇〇三年第三季，我們的單季營收才恢復到二〇〇〇年第四季水準。在這期間，毛利率也自二〇〇〇年的四六%跌至二〇〇一年的二七%，二〇〇二年的三二%，及二〇〇三年的三七%。直至二〇〇四年，毛利率才又回復到四五%。幸而營業淨利仍每季為正數。

在這不景氣期間，我實施了我在德儀已領悟到，但無權完全實施的「不景氣時期經營法則」。要點有三項：

（一）全力與客戶及供應商維持夥伴關係。不景氣導致需求的突然萎縮，使得一切都亂了。本來吵著我們說供應不足的客戶，忽然要砍掉一半訂單。另一方面，我們本來要求供應商供應的材料或設備，現在也要減少了。而我所持的立場是：半導體業長期一定會成長，目前的不景氣是短期的、暫時的，我們要做好準備，蓄勢待發。至於夥伴關係的意義是：我們與客戶及供應商互相體諒對方的難處，做合情合理的協調；同患難，才能共同享受長期的利益。

（二）不裁員。我一直認為過去日本企業的「終身僱用」習慣，對員工向心力很有幫助。況且，假使裁員後在一年內又要僱用新人，那麼裁員在經濟上也不划算，因為裁員費大約是半年的薪資，而訓練新員工的費用又差不多是半年薪資。事實上，二〇〇一年底員工人數只略低於二〇〇〇年底，因為我們沒有完全填補自動流失人員；但二〇〇二年底員工人數已超出二〇〇〇年底；二〇〇三年底更高。

（三）不但不削減研發經費，反而急遽增加。台積電研發費用自二〇〇〇年五十一億元，增至二〇〇一年的一百零六億元、二〇〇二年的一百一十七億元。不景氣時期別的公司不僱人，是最好僱到人才的時機。

半導體業長期成長率轉緩

二〇〇一至二〇〇三年的不景氣，雖然只延續了三年左右，但它帶來了一個長期的變化：半導體業的長期成長率顯著地變慢了！

讀者可能還記得我在第九章敘述：

五〇年代後期……我每年都參加十月在華盛頓召開的「國際電子元件會議」……有時還與別的會友一起出去喝酒、吃飯、在深秋夜晚唱歌回旅館，那時我們都年輕，三十左右，自以為已進入了一個前途無限的行業，自己也變成前途無限了；年輕人在他們的憧憬和希望裡，享受無窮的樂趣。

今日白髮蒼蒼，回想六十餘年前的年輕興奮，不免有「時不我與」的傷感。當年對半導體這個「前途無限的行業」的期望，倒是真的兌現了。自一九六〇至二〇〇〇年這四十年中，半導體業雖有好幾次景氣起伏，但是這四十年的平均「年成長率」，卻是高得驚人的一六％。

二〇〇〇年以後呢？成長率明顯轉緩。二〇〇〇至二〇一〇年的平均年成長率是四％。二〇一〇至二〇一八年的平均年成長率是五％。為什麼？我想這是因為摩爾定律漸漸老了。雖然光是在台積電就有幾千位工程師努力地每兩年把電晶體在晶片上的密度加倍，但這樣做的成本愈來愈高；也就是說，摩爾定律的經濟效益愈來愈差，所以晶片市場需求的成長也轉緩了。

台積電的成長率

隨著半導體市場「年成長率」自一六％轉緩至四至五％，台積電的平均年成長率也自九〇年代的五二％轉緩至二〇〇〇年至二〇一八年的一一％。

一一％年成長率是母市場（半導體市場）的一倍多，長久維持，台積電才能在世界半導體業傑出，後來的發展的確證明這點，但我必須強調：使我們有能力維持母市場一倍多年成長率的原動力還是我們的基本價值：技術領先、製造優越、客戶信任。

第三十章

建構理想的董事會

自二〇〇〇年，六十九歲起

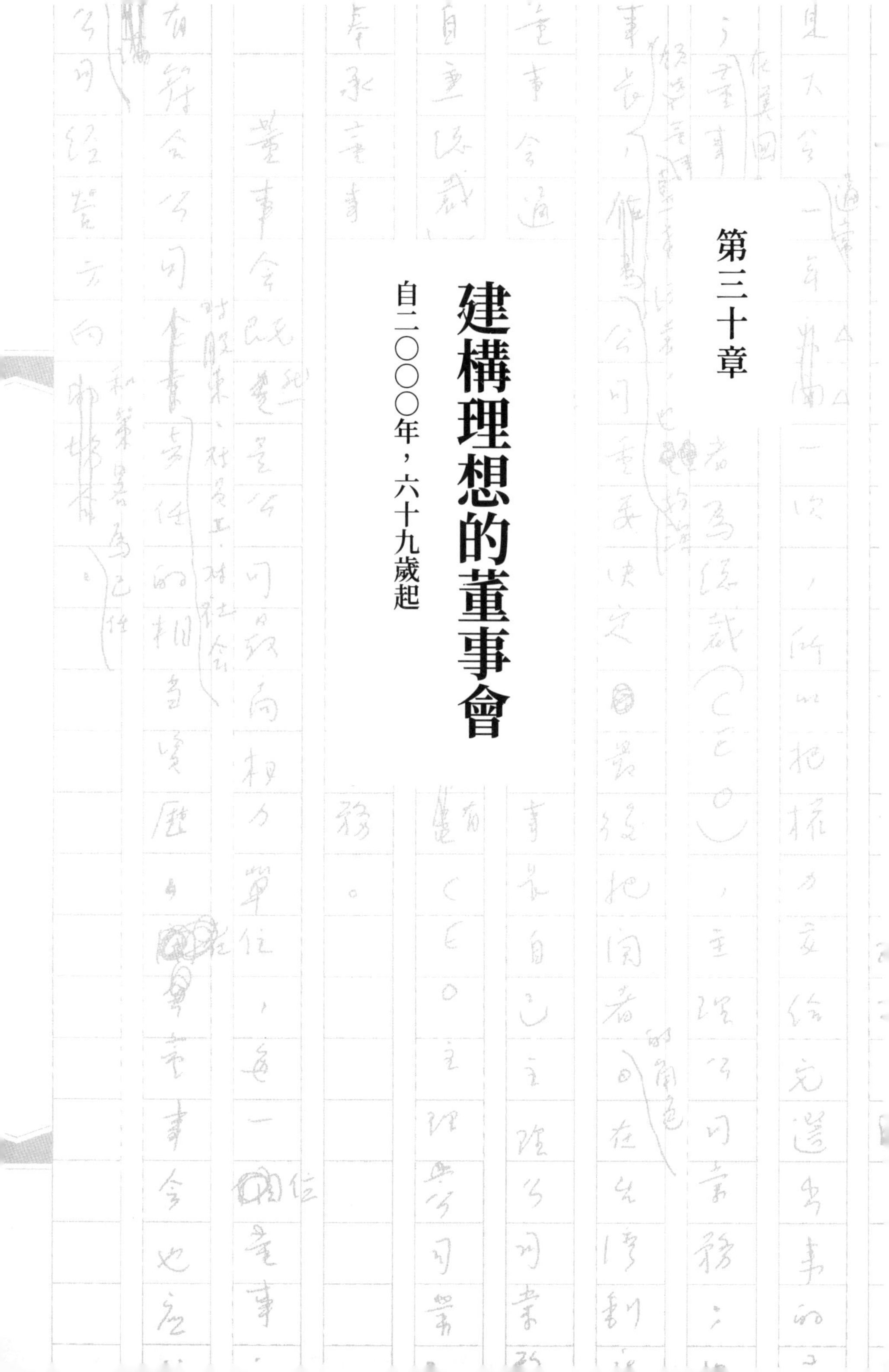

理論上，一個公司的最高權力機構是股東大會，但股東大會通常一年只開一次，所以把權力交給它選出來的董事會；在美國制度下，董事會選任有能者為總裁（CEO），主理公司業務；也選出董事長領導董事會，監督總裁，也扮演公司重要決定最後把關者的角色。

董事會既然是公司最高權力單位，每一位董事應該都有符合公司對股東、對員工、對社會責任的相當資歷。董事會也應該視公司經營方向和策略為己任。

但大部分台灣的董事會並不如此。大部分董事會都被大股東控制，而董事人選，當然也傾向大股東能控制一類。開會議程都由大股東或大股東所派的董事長決定。每次開會行禮如儀，絕少討論，更無異議。除非有危機，儘量快快結束會議。

我在創辦台積電前，已有不少參與董事會經驗。在德儀，我雖不是董事，但因為我主持他們最重要的業務單位，多年來常常列席董事會，後來任通用器材以及亞德諾半導體的董事，又以天使投資人身分任好幾個初創公司的董事。在台灣我也當過遠東水泥的董事，後來，我又當了美國高盛銀行總公司的董事。

我心目中理想的董事會

有了這些經驗，我在創辦台積電時，對董事會的運作已有相當成熟的意見。這些意見大約可以摘要如下：

（一）台積電董事的資歷，應與半導體有關。「隔行如隔山」，如果找一個不懂半導體業的人來做董事，他（她）的貢獻可能很少。

（二）董事的社會聲望，應該與我相彷彿，或比我高。如此，才可免掉被我控制的顧慮。

（三）董事會人數應該少於十人。人數太多時，各方意見常不易整合；人數少一些，相互之間的顧慮較少，更能夠敞開心胸表達意見。

（四）獨立董事（獨董）獨立於經理階層及大股東，應占董事會的多數。因為經理階層平日就在經營公司業務，而董事會應該代表更高一層的監督、策畫和治理。大股東（占股權五％以上者）占董事會席次的比例，應少於他的持股比例。

（五）董事會先設兩個委員會——審計及薪酬。這兩委員會都以所有獨立董事為成員，又以資深獨董為主席。兩委員會都非常認真。審計委員會（審委）還僱了一位顧問，他是前飛利浦半導體部門的財務長，而且曾以飛利浦法人代表身分當過台積電的董事，後來自飛利浦退休就當我們審委顧問，他每次在董事會開會前三天就到新竹，先花兩天時間查公司的帳，然後在審委開會時報告查帳的結果。台積電也有全職內部稽核人員，長駐新竹，平日對我報告，審委開會時對委員們報告。薪酬委員會（酬委）參考經理階層的建議，決定一般調薪的幅度，也逐一決定高層人員的分紅。每次開會，我總以董事長暨 CEO 身分列席，並逐一報告每位資深副總及副總的表現和潛力，及建議每人的當季分紅。我報告後即自動離席，讓委員們閉門討論我的分紅。台積電中、高級人員的分紅，往往是本薪的好幾倍，所以酬委的決定，與中、高階經理人員的荷包密切相關。

（六）董事會正式開會時的討論，依法要列入會議紀錄。許多董事都不願意把他們有時尚未成熟的意見列入白紙黑字的紀錄上，因此就不發言，或少發言。為了要大家充分發表意見，我在每次董事會前一晚必先舉行「會前晚餐會」，所有獨立董事都參加，經理部門只有我一人並且是晚餐會的主人，也無記錄祕書。這個「會前晚餐會」在我任董事長的三十一年內從未中斷。在台積電尚未有獨立董事前，我只邀請飛利浦的法人代表董事參加，因為他們最可能對我的提案有異議。無論被邀請者是飛利浦董事或獨立董事，都對「會前餐會」有很好的評語，因為他們表達意見的機會大幅增加。我也常常從善如流，改變、延遲，甚至撤回我原來的提案。

當董事長十三年後才有機會提名新董事

儘管我在創辦台積電時心中已抱有上節所述理想的董事會，但真正開始實現這些理想，還要等十幾年！因為董事會的結構早在「股東協議書」定了（見本書第十七章）。公司成立時，十席董事中，開發基金占四席，包括開發基金指派的董事長席；飛利浦占三席，「總經理」（創始時由開發基金提名，飛利浦實施股票承購權後由飛利浦提名）占一席，「其他原始股東」占兩席。三席監察人中，開發基金、飛利浦，及「其他原始股東」各占一席。

直到二〇〇〇年四月。開發基金持股已降至一四．八%，飛利浦持股已降至二八．二%，「其他原始股東」或已售出股權，或自願退出董事會，我才有機會提名一席董事，並立刻提名施振榮。施振榮是台灣電腦界巨子，也辦過半導體事業（德碁）。再等兩年，到了二〇〇二年，開發基金持股已降至九．七%，三席監察人也空出一席，再加上公司章程可設十名董事，那時只有八人，所以我又有機會提名兩位董事、一位監察人。

二〇〇一年底，我在法國巴黎參加世界盃橋牌比賽，每天早上看歐洲版《華爾街日報》。有一天忽然看到彼得・邦菲即將自英國電信公司退休的消息。邦菲是英國人，也是我在德儀的舊屬，與我有「同患難」之誼（見本書第十章）。他在德儀兵荒馬亂時期離開德儀，回到英國。回英國後事業順利，做到英國電信的總裁，還被英國女皇封為「爵士」。

邦菲完全符合我理想中台積電董事的條件。我有他的倫敦電話號碼，見到他即將退休新聞的當天就從巴黎打電話給他，問他願否擔任台積電董事。當時他很高興接到我的電話，但還未決定退休後做什麼，要我俟他正式退休後再找他。幾個月後，我從台灣再打電話給他，他欣然答應任台積電董事。

二〇〇二年我還提名了另一位董事雷斯特・梭羅（Lester Thurow）。他是MIT史隆管理學院教授及前院長，也是ADI的董事。我在當ADI董事時認識他，後來又在台灣時代基金會與他更認識。梭羅算得上管理學「大師」級人物，而且因為長期擔任ADI董事，對半導體業亦熟悉。

二〇〇二年我提名的監察人是麥可・波特。波特是哈佛商學院教授，競爭學大師，在競爭學上著作等身。關於他，我還有一段有趣的故事，不妨在此一提。

關於波特的小故事

一九九九年四月，波特應《天下雜誌》之約來台灣演說，我也去聽了。波特的演說一向很精彩，這次也不例外，但他講英語，而且講的內容對沒有管理學理論背景的聽眾而言，也稍嫌生澀，所以聽眾的反應不很熱烈，波特似乎也察覺了。演講後《天下雜誌》還安排了我與另外兩位台灣企業家與波特對談，波特更顯得沒精打采，似乎已認定台灣是管理學蠻荒之地，他在這裡完全浪費時間。對談一結束，他就拔腳想走。我喊：「請留步。」他轉過頭來，我問：「您認識布魯斯．韓德生（Bruce Henderson）嗎？」

波特的眼睛突然亮了，居然在此管理學蠻荒之地，有人問他認不認識競爭學的鼻祖，不只是「學習曲線」的創始者，也是波士頓顧問集團的創辦人。波特轉過身來，以詫異的口氣反問我：「你知道他嗎？」

我不但知道韓德生，他還是我「競爭學」的啟蒙者，我與他的得意門生貝因密切合作一年多，奠定了我「競爭學」的基礎，此後幾十年，一直在運用「學習曲線」（見本書第三章）。

我與波特有十五分鐘愉快的談話。他回到波士頓後還派兩位助理到新竹花了兩星期時間為撰寫台積電「個案研究」蒐集資料。在此個案首次在哈佛商學院授課時，波特邀請我去哈佛現身說法。學生在那堂課前已預讀「個案研究」。在兩小時的時間中，第一個小時由波特講授台積電個案，休息十分鐘後，第二個小時由學生對我提問。波特的講授很精彩，學生提問的水準也很高，當然我也不是省油的燈。總之，那天我度過了愉快的兩個小時。

陸續增加獨立董事

隨著飛利浦繼續減低台積電持股，我更有機會提名董事。二〇〇三年，我提名當時負責台積電營運及行銷的執行副總蔡力行，九席董事中，三席屬經理人（我、總經理曾繁城及蔡力行），三席獨董（邦菲、梭羅及施振榮），開發基金仍占一席，飛利浦仍占兩席。三席監察人中，開發基金及飛利浦各占一席，波特占一席。

二〇〇六年，飛利浦又減少了一席董事，我們增加了一席獨董：卡莉・菲奧莉娜（Carly Fiorina）。她是前惠普董事長暨總裁。

二〇〇八年，飛利浦出盡台積電股票並辭去最後一席董事職位，使得台積電董事會自公司成立後第一次沒有飛利浦的蹤影。前後二十年，飛利浦自當初一心要想控制台積電，到後來見厚利出售所有台積電股票，飛利浦對台積電有恩亦有怨。當然從我的立場看，要經營一家公司還是一開始就獨立自主最好。

隨著飛利浦的全部撤離，我建構董事會的工作也可完成，而且後來加的幾位獨立董事一樣都是很傑出的人選。卡莉非常精明認真，有話必說。卡莉之後我們又加了湯馬斯·延吉布斯（Thomas Engibous），前德儀董事長暨總裁，他的膽量和魄力，把德儀從一敗塗地挽救出來；鄒至莊，著名經濟學家；陳國慈，前台積電法務長，離開台積電做社會工作，八年後回來做獨立董事；麥克·史賓林特（Michael Splinter），前應用材料（Applied Materials）董事長暨總裁及前英特爾執行副總裁。

這麼多年聘台積電董事會獨董的過程中，我只有被婉拒一次。故事是這樣的。

二〇〇八年底，我想在二〇〇九年增一名獨立董事。恰巧遇見當時英特爾總裁歐德寧（Paul Otellini）。當時台積電與英特爾互認對方為友好的同業，況且，英特爾還是我們的客戶。我問歐德寧他有沒有適當的人可以推薦？

歐德寧的回答使我吃驚：「你不妨試試巴瑞特。」巴瑞特當過英特爾總裁後，是當時英特爾的董事長。我與他熟識，我為成立台積電募資時，曾向英特爾募資，巴瑞特當時代表英特爾拒絕投資（見本書第十七章）。

我說：「他不是你們的董事長嗎？」歐德寧說：「是。但是根據英特爾的退休年齡章程，他就要退休了。」停頓了一下後，歐德寧又說：「我可以先為你試探巴瑞特一下。」我立刻說：「請！」

過了幾個星期，歐德寧果然告訴我巴瑞特有意。我就打電話給巴瑞特，他回答有興趣，但一切得等他正式退休後再說。

但是過了幾天，我就接到他的電郵：「莫理士，我非常尊敬您，也非常尊敬台積電。但是，我一生事業，幾乎都在英特爾，而我相信，將來總有一天，英特爾與台積電會互相競爭。那時，假使我任台積電獨董，我又如何自處？所以，我想還是現在就婉謝你的邀請。」

幾星期後的台積電獨董「會前晚餐會」中，我把這電郵讀給獨董們聽，大家都覺得很可惜。只有卡莉說：「沒問題，莫理士，沒有巴瑞特，我們也過得很好。」

二〇一一年，台積電董事會九席董事中，獨立董事占五席，經理階層占三席，開發基金主委占一席。

二〇一五年六月改選第十三屆董事，任期三年，也就是我任董事長的最後一屆董事會。八席董事中，有五席獨董，另外，開發基金占一席，董事長（我）占一席，曾繁城（前總經理，時任副董事長）占一席。

董事會的角色及運作

台積電董事長（有異於總裁或CEO）最重要的工作，就是領導董事會，這是我的看法以及做法。董事會不是我的橡皮圖章，也不是我的敵人。我需要他們的支持，但是我也要聽他們的意見；如果他們的意見不同於我的，我要關起門來與他們協調，而不是公開在正式董事會議中爭論。

董事會的兩個委員會（審計及薪酬）都應該非常獨立，在我任董事長期間內，我從未干涉它們的運作。

董事常會每季召開一次，雖然好幾位董事要從英國、美國來，但在我董事長任內，所有常會都是面對面。除常會外，我們也很少有特別會議，要開特別會議時就用視訊方式開。

每次常會需時一晚加兩整天，通常開始於星期日我與獨立董事的「會前晚餐」。由於董事們在兩星期前已收到詳細議程，如果他們對議程或任何議案有意見，在晚餐時就可提出；即使對議案沒有意見，我們也可以隨意聊聊與公司有關的事。這些與獨董的「會前晚餐」，我認為是我任董事長最愉快經驗之一，好幾位獨董也這樣認為。

星期一上午審計委員會開整個半天的會。下午薪酬委員會開會兩小時。下午四時全體董事會開始，先是高階經理人的業務或研發報告。當天晚餐算是社交場合，好幾位高階經理人會與董事們共進晚餐。

星期二繼續開董事會，上午通常是多項議案的表決。既然已有「會前晚餐」達成的共識，有問題的議案已被修改或撤回，所以議案的通過通常非常順利。下午是「策略討論」，所有研發、競爭、員工福利、購併等議題均在檯面上討論。

董事會對台積電的貢獻

在我任董事長的三十一年內，有二十七年（一九八七—二〇〇五年，及二〇〇九—二〇一八年）我也擔任CEO。從外面看起來，台積電一帆風順；事實上，我們也度過、經歷不少危機，抓住許多機會，避免了許多陷阱。當然我是責無旁貸的掌舵者，但是董事會對我的支持及諍言，著實功不可沒。

第三十一章

釋出（二〇〇五年，七十四歲）又收回（二〇〇九年，七十八歲）CEO職

自二〇〇一年第一季開始的「互聯網泡沫破滅」引起的半導體不景氣，在二〇〇三年第三季結束。二〇〇三年台積電第三季營收回到泡沫破滅前水平（二〇〇〇年第四季）。二〇〇四年又是一個破紀錄的一年，無論營收或獲利，都超出上次紀錄（二〇〇〇年）不少。

來到二〇〇五年，展望台積電可預見的未來，天上沒有一片烏雲，而我也七十四歲矣！雖身體健康，但也應該為公司準備「繼承」問題。思考後，決定先走第一步：釋出CEO職，但仍保留董事長職。

台灣的公司法沒有CEO這個職位，一般的譯名：「執行長」也不正確。事實上，CEO這個職位和這職位的權力，都是美國在十八世紀末期的發明。據說發明者是亞歷山大．漢彌爾頓（Alexander Hamilton）。他是美國憲法起草人之一，後來又擔任華盛頓總統的財政部長。在美國憲法裡，總統是國家的Chief Executive，擁有實際大權。漢彌爾頓在他的財政部長任內設立美國第一銀行時，也要讓該銀行首長在銀行內擁有類似總統在國家擁有的權力。他就沿用了總統在憲法上的頭銜，但是為了尊重國家總統，所以在Chief Executive後面加了Officer一字，就變成CEO了。

台灣對CEO的譯名：「執行長」甚不正確。CEO的職權豈止「執行」！他應該把外面的世界（包括國際政經、客戶、競爭者）帶進公司，動員公司的財力及人力資源，迎接他帶進來的機會和挑戰。一個公司的CEO，應該是這公司的主要對外接觸者，也是策略規畫者及執行者。

那麼董事長做什麼？董事長領導董事會！在好的公司治理下，一切最重要的決定都需要通過董事會，所以董事長自然而然地成為公司重要決定的最後把關者。

自台積電成立，我一直是董事長兼CEO，也一直有一位總經理（除了一九九七至一九九八年，我自兼總經理），但歷任總經理都沒有我上述的CEO權力。現在，我要董事會任命一個名符其實的CEO。任命誰？

在二〇〇五年，我嚴肅考慮的只有兩位——曾繁城和蔡力行。曾繁城在他的工研院的長官都不願參加台積電的情形下，帶領工研院的「核心團隊」來台積電（見第十八章），建立了不少汗馬功勞。除此之外，他還建立了一個重要的功勞，就是引進了好幾位優秀的旅美華裔人才，蔡力行就是其中之一。事實上，蔡力行是相當早（一九八九年十二月，台積電成立不到三年）就認知台積電潛力而參加台積電之一人。

論人情，論資歷，應該讓曾繁城先有機會做CEO，但在半導體這個無情的、變化迅速的行業裡，又豈能只講人情和資歷？蔡力行當時正值盛年（五十四歲，小曾繁城七年），在台積電也已建立了不少功勞。他的潛力也為我、曾繁城，以及許多同仁所欣賞。

二〇〇五年五月，我提請董事會任命蔡力行為台積電 CEO。

專任董事長的生活

此後四年，我的工作生活有相當大的改變。我放棄了公司給我在新竹的公寓。如無特別事情，每星期大約只去新竹辦公室一天。這一天內，固定的時程是 CEO 單獨對我的簡報（約兩小時），以及財務長、法務長對我的簡報（約各一小時）。我也主持每月一次的「經營委員會」午餐。當然，我最重要的工作是準備及主持每季一次的董事會。在那時期，董事會都在台北辦事處的會議室召開。

在待遇上，我自動放棄了分紅，只保持薪水。台積電高級人員的待遇，一直以分紅為主，尤其在那時期，分紅主要是以股票面值發給。所以我的放棄分紅，在待遇上是一個相當大的損失，但這本來就是「單任」董事長的一部分。

那麼我空閒下來了？倒不見得。我開始參加許多國際政經論壇。對我來說，這是一個新的、有趣的、也有益的經驗。在這以前，我已經參加過許多國際性會議，但它們絕大部分都是半導體業專業性的。而在「單任」董事長之後，我參加的大多是國際性的政經論壇。

雖說是國際性，但仍以美國為中心。二〇〇〇年代是美國的全盛時代——與蘇聯的冷戰已在一九九一年結束，美國獲得全面勝利。日裔美籍政治學者法蘭西斯・福山（Francis Fukuyama），在有一次會議中他還是我的鄰座，甚至預言美國主導的政經制度——民主及市場經濟，就是「歷史的終結」。

幾個政經論壇

我自少年時期就留意時事，每天讀報紙。十八歲到了美國後，受了「國破家亡」的刺激，更加強了這習慣。開始參加政經論壇時，我先專心聽政經學者、國會議員、政府官員，以及少數企業家誇誇而論。幾次之後，覺得自己也有意見可以貢獻，發言就愈來愈多——這是我參加論壇「有趣的、有益的」經驗。在這過程中，也認識了好幾位政、經人物。雖然只是萍水之交，但在討論問題時，也互相獲益。

在二〇〇〇年代中期，我分別參加了好幾次三邊委員會（Trilateral Commission）年會、美國企業研究院（American Enterprise Institute）大會、「美國艾森豪獎金會」（Eisenhower Fellowships）董事會；我也參加了其他幾個「一次性」的政經會議，現在把幾次難忘的經驗記下來。

三邊委員會在七〇年代早期成立，「三邊」指的是美國、歐盟和日本——那時全球經濟最強的三邊，而受邀參加的也都是美、歐、日的政治、學術、經濟精英。當時德儀董事長海格底是起始時的會員，大約一九七三或一九七四年吧，海格底去東京參加此會，我恰巧也在東京，海格底就攜我同到會場。與他寒暄者有義大利汽車大亨暨「花花公子」，當時美國媒體的「閒談欄」正盛傳他與美國某女影星的交往，當海格底問他：「近來如何？」他的回答是：「生意一點都不行，私人生活倒是不錯。」又有當時任美國喬治亞州州長，後來任美國總統的吉米．卡特（Jimmy Carter）。卡特與海格底聊喬治亞州及德儀都已開始執行的「以零為基礎編製計畫和預算」制度（Zero-Based Budgeting）。海格底也對這兩人介紹我，說我是「年輕傑出的經理人」，但他們只是對我冷眼一瞥，略一點頭後，就不理我了。

等到會議正式開始時「非會員」就被請離場，但是會前海格底與這兩位的閒聊，已留給我強烈的印象。原來這些要人們的社交對話，也與平常人差不多。三十年後，原來的「三邊」已不是「唯三」經濟強權，而我也被邀請成為會員，也能夠無懼地與「要人」們寒暄。在會議進行中，我也相當踴躍地發表意見，或質疑別人的意見。

美國企業研究院是美國的一個傾向共和黨的智庫，每年舉行一個長達三天半、議程豐富的年會。主講者多是該智庫的「學者」。卸任的共和黨政府官員也常成為這智庫的「學者」，靜待共和黨再執政時他們就又有機會做政府官員。至於被邀請者多半是企業界人士。我相當喜歡美國企業研究院的年會，因為它的內容很豐富，它的程序也很非正式而隨便；與我比鄰而座的常常會是一位美國政府要員，或參議員。開會都在春天或秋天，午餐是自助餐，都在戶外吃，幾十張小桌子，你可選擇與已在進餐的人同坐，或自己「開發」一桌。記得有一次我與參議員喬・李伯曼（Joe Lieberman）同桌，他在二〇〇〇年時還是民主黨副總統候選人。李伯曼是「第一代美國人」（美國習慣：移民入籍者為「移民者」，他們的子女則被稱為「第一代美國人」）。我們談到「愛國」觀念。李伯曼認為移民者是最愛國的人，「沒有一個人比我母親更愛國！」又有一次，我與曾任小布希總統的競選總指揮卡爾・羅夫（Karl Rove）同桌，我問起幾個所謂「搖擺州」的選情，他滔滔不絕地逐郡逐市談那幾個州的選情趨向，如數家珍。他的專業知識令我大感佩服。回台灣後問台灣政界要人：「台灣有沒有這樣的人？」我得到的回答是：「絕對沒有。」

我做了幾年美國艾森豪獎金會的理事，我出任理事的第一年（二〇〇六年），也正是亨利・季辛吉（Henry Kissinger）任理事長的最後一年。那年我們在費城召開的理事會中相遇。季辛吉事先已經知道我在美國上大學及研究所，也在德儀做事多年，之後才到台灣創辦台積電，所以特別找我單獨談話。我先問了一個當時很熱門的伊朗核武問題，他自己知道答案，但他說：「讓比我更知道這問題的人告訴你吧，」接著他就向我們鄰桌的他的繼承人（國安顧問）招手，那人以跑步方式過來，季辛吉轉達我的問題，那人很完整地解釋為什麼當時媒體（包括《紐約時報》）建議的方案不可行。

接著季辛吉將話題轉向台灣。首先他談一九七一年他第一次到北京訪問周恩來。他說毛澤東掌權時，毛、周兩人對「世界只有一個中國，就是中華人民共和國，而台灣屬於中國」，是無可妥協的堅決；然而對當時的美國而言，想要把中國從蘇聯的圈子拉出來又是多麼重要。季辛吉真是一個不錯的外交家，在娓娓道出三十幾年前的故事時，他也表達了無可奈何的遺憾和淡淡的哀傷。臨別時，他還給了我一張名片，希望我到他的紐約辦公室去看他。

我接受了他的名片，但後來一直沒去看他。我想，除了閒聊世界大事外，也沒有什麼理由要找他，而季辛吉豈是一個免費與你我閒聊的人！只是到了二〇二三年我在電視上見到他已一百歲，高度駝背，而且身材萎縮得像一個小孩，走每一步路都要人扶著的情況下，還飛去北京見習近平，回想我在二〇〇六年見他時，他還相當健壯英挺，不禁有些感慨。

至於「一次性」的國際論壇，我在二〇〇五至二〇〇九年的四年中，參加過許多次。印象比較深刻的是二〇〇七年十二月十二日，我受邀在華盛頓美國外交關係協會（Council on Foreign Relations）致詞，那次會議地點在國會大樓。為了方便白天忙的公職人員參與，我的致詞是從下午六時開始。果然在七、八十位聽眾中，幾乎全數是美國財政部、商務部、聯邦準備理事會的官員，以及國會議員助理等。我簡短致詞內容大約是台灣在半導體製造方面的競爭優勢。致詞後開始問答，問題紛沓而來，但是大部分和我的致詞無關，而是問台灣經濟及金融現況。從他們的問題，我感覺到他們的焦慮：我們（美國）已經擔心金融、銀行的不穩定，和經濟蕭條，你們（東南亞）難道一點感覺都沒有？

這次演講是少數演講後，我感覺我從聽眾的問題學到的，比聽眾從我的演講學到的更多的一次。演講前，我對未來至少一年世界經濟及台積電業務泰然自若；演講後，我有「山雨欲來風滿樓」之感。

事實上，二〇〇七年十二月十二日晚在國會演講後，次日我就照原定行程啟程返台，十五日清晨抵達台北，當天晚上恰巧高盛集團合夥人宋學仁設宴，約有十餘位賓客。既然我剛從華府回來，學仁就要我報告一下在那邊的見聞，我就把「山雨欲來風滿樓」的感覺講述了一番。想不到的是，當晚一位我不很熟悉的客人在兩、三年後又見到我，特別謝謝我，說他那晚聽了我的話後，出清他的股票，因此躲避了二〇〇八年全球金融危機股價狂瀉的災難。

拒做「管理層收購」（二〇〇七年）

台積電在台灣成立的第二年，一九八八年，在美國發生了金融史上首見的「管理層收購」（Management Buyout）案。一個大規模上市公司雷諾納貝斯克（RJR Nabisco）的CEO，為了要炒高公司的股價，並增加自己的持股比例，與一「金融機構」結盟，企圖以高於當時市價的價錢，收購所有市面上該公司的股票，而且仍由自己經營——這就是所謂「管理層收購」。這樁案子的結局呢？股價被炒高了，但收購者不是該CEO結盟的金融機構，而是另一家「私募基金」。CEO反而失去了他的職位（注1）。

雖然這樁「管理層收購」案並沒成功，但此後不少此類案子都成功了。我沒有想到的是：居然「管理層收購」的可能性，也會發生在台積電頭上。

二〇〇六年是台積電破紀錄的一年，營收近百億美元，營業淨利近四十億美元，當時市值（每股股價乘以股票總數）已超過五百億美元。二〇〇七年二月二日，高盛集團合夥人宋學仁來訪，建議高盛銀行結合別的金融機構，再加上向其他銀行的貸款，便可與台積電管理階層結盟做「管理層收購」。宋的說辭是：

（一）總共出資七百億美元，收購市面上所有台積電股票，但管理層已擁有的股票除外。而這七百億美元的資金約一半來自貸款。

（二）對管理層的好處是：藉貸款的槓桿作用，可以增加我們的持股比例。

（三）貸款利息（當時約為八％）可以用不發股利省下來的現金支付。

（四）公司的資本支出、員工紅利等都可以不變。

聽了宋的說辭後，我答應考慮。一星期後我照原定的行程去舊金山做一次演講後順便去了紐約一趟。專管此類購併投資案的高盛資深合夥人康奈爾（Henry Cornell）及他的副手弗里曼（Rich Friedman）也是一位資深合夥人，來我紐約家討論此案。他們的言辭與宋大致符合，但對此案是否能做成，似稍較宋保留。

在此之後，我從紐約去德國法蘭克福，參加思愛普（SAP）的企業領袖會議，再回美國紐約，之後又去波士頓，參加MIT的理事會及經濟系的「訪問委員會」，然後才返台灣。返抵台北已是三月四日，在這將近一個月的美歐旅程中，我有空閒時常在想這「管理層收購」一案，所以在返台時，對此案已有相當定見，但仍請台積電財務處長做數字分析，並與CEO蔡力行有數次討論，蔡自二月知悉此案時即表示反對，我在三月返台後他仍繼續反對此案。

三月八日，康奈爾來台，與宋學仁到我辦公室，要聽我的決定。我告訴他們：我們不做！宋有點失望，但康奈爾卻有如釋重負的表情，並對我說，通常管理層非常熱心要做「管理層收購」，我是稀有的不願做者。

其實我不要做的原因很簡單，主要的只有兩個：

（一）財務規畫太勉強。所謂「員工紅利、資本支出、研發投資一切不變，只把股利轉做貸款利息」簡直不可能。事後證明這個判斷是對的，因為貸款三百多億美元，利率八％所要付的利息的確比後來數年台積電所發放的股利多。

此外，若做了「管理層收購」，台積電就會變成非上市公司，籌措資金的管道只會剩下股東增資與借款。因為股東數目有限且已投入龐大的資金，增資機會不大。又因為舉債金額已非常高，能再借的也有限。而且原本借我們三百多億美元的銀行團，勢必要求嚴格的貸款條件，不僅大部分的資產得抵押給他們，對財務比率的要求也會很多。

如此一來，如果營業淨利有任何風吹草動（事實上，次年，二〇〇八年市場就不景氣），必將影響我們資本投資及研發投資。

（二）「管理層收購」是一個對管理層富有誘惑性的名詞，但是真正的收購者是出錢的財團，收購假使成功，公司的主權也在他們手上。我自一九八八年雷諾納貝斯克案後，就常注意類似的案件，在九〇年代，曾有機會與摩根士丹利（Morgan Stanley）主管此類投資的經理人請教，他說了一句話我至今還記得：「一旦管理層同意參與『管理層收購』，管理層就失去控制。」

總之，在二〇〇七年三月，我覺得台積電在公開上市的環境下，大有可為。如果做「管理層收購」反而綁手綁腳。至於管理層持股比例低，那就把公司市值做大嘛。

事後看來，二〇〇七年「不做管理層收購」的決定絕對是對的。兩、三年後，我們看到市場成長的機會，迅速地增加資本投資幾乎三倍，不僅花光所有的自有現金，還要舉債，當然相應的結果是連續多年快速的成長——假使我們當年做了「管理層收購」，收穫這樣的獲利與成長就是不可能的事。

二〇〇八年市場不景氣、八百餘「績效評估」不佳員工被離職、被離職員工抗議（二〇〇八至二〇〇九年）

二〇〇七年底我在華府感受到全球經濟與金融業的「山雨欲來」，終於在二〇〇八年夏季真正來臨到台積電的訂單簿上。我在第二十九章曾敘述「台積電從接訂單到交貨，大約需四、五個月」，所以二〇〇八年夏季我們就知道第四季的營收會相當差。這次市場萎縮程度，甚至高於二〇〇一年第一季互聯網泡沫破裂時的萎縮。二〇〇八年第三季的營收是創紀錄的三十億美元，但第四季營收只有二十億美元。二〇〇九年第一季的營收更差，只剩十一億三千萬美元。營業利益更大幅縮水，看來二〇〇九年第一季已到達盈虧邊緣上。

這樣大的萎縮，即使對有相當經驗的經理人來說都會是一個大考驗，但是對擔任CEO才三年，而這三年又相當順利的蔡力行，尤其如此。通常具有積極性格的經理人，在這種危機時刻，都會有本能性的反應，而這類反應，除了全面節省開支外，往往就是「裁員」！

我對「裁員」，在德儀時已有相當定見及經驗（見第六章「一九七〇年裁員」節），我也猜想力行在考慮裁員，所以特別告誡他：如果你要裁員，務必把這議題提到董事會來，讓董事會決定。

但是力行沒有這樣做，大概是為了不想把「裁員」的責任轉嫁在董事會身上吧。他採取了一個迂迴方式——「資遣」了「績效評估」最差的八百餘人。台積電一直都實施「績效評估」，但績效最差的員工最多只會被「留職觀察」。我一直認為「留職觀察」對被「觀察」的同仁是一個正面行為，因為不少「績效評估」不好的同仁，是因為他們不在適任的職務上，而「留職觀察」正可以讓「人力資源」部門幫助他們調到適任的職務。而即便是真的不夠努力的員工，被「留職觀察」對他也會是一個嚴厲的警告。

但以「績效評估」作為裁員的依據一直是我在德儀竭力反對的做法。德儀也因為我的竭力反對，在一九七〇年決定採用「年資」作為裁員標準（見第六章）。

現在，台積電出毛病了。

二〇〇九年一月，八百四十位同仁因績效不佳「被離職」，雖然他們領取略優於法令標準的資遣費。

三月，被離職員工成立「自救會」。「自救會」很快擴大。

四月，我除了數次與在台灣的董事施振榮及曾繁城討論此事，也徵詢了海外幾位獨立董事的意見。

四月九日，有一百二十位左右被離職的同仁到大直我住的公寓前面的狹窄巷子陳情，高喊「假淘汰，真裁員」、「企業巨無霸，說謊欺負人」等口號。公司事先獲知此行動，也通知警察局派警察維持秩序，警察局派出了九十名警察。警察和陳情者一共兩百多人，自上午十時半至下午二時半，把一條小巷子擠得水洩不通。

四月三十日，六十位被離職員工在法說會場地示威，法說會後，三十位又到我家前面示威，並決定在離我家僅一條巷子的附近小公園搭帳篷過夜。公司亦預知這次示威，也通知警察局請他們維持秩序。警察局的反應是：「怎麼又來了。」但仍派出若干員警。鄰居開始抱怨。

四月三十日晚至五月一日晨，Sophie 幾乎徹夜未眠，好幾次起床把我驚醒，到窗口遙眺斜對面小公園的動靜。五月一日清晨六時許她就起來，與一位隨扈同去附近的豆漿店買足夠三十人吃的豆漿及燒餅油條，攜到小公園慰問過夜的「自救會」同仁。大家都很感動，也決定取消原來計畫的「凱達格蘭大道示威」活動。

五月一日，我指派台積電高級主管組成「五人小組」，與「自救會」溝通，並提出最後處理辦法。

五月十三日，我授權「五人小組」召開「處理方案說明會」，會議結論及最後結果如下：

公司邀請所有被離職同仁返回公司任職。最終有近三成（約兩百五十位）同仁回任，另外七成（約五百九十位）同仁不回任。對於不回任的同仁，公司改以資遣方式，讓他們可以請領失業給付等相關政府津貼。此外，公司再額外加發關懷金。

五月二十日，我對台積電全體同仁的錄影談話經由公司內部網路播送，大意是：（一）我對整個事件的開始及發展感到痛心與遺憾；（二）我們已於五月十三日邀請離職同仁回來公司；（三）從創辦以來，我們堅守的信念是「台積人是台積電最重要的資產」；（四）「績效評估」是一個正向、有建設性的制度，「績效評估」不是拿來作為遣散同仁的手段，未來也不會如此。

五月二十三日，「自救會」召開會員大會，發表聲明，大意是：（一）感謝張董事長及其夫人的關心；（二）感謝張董事長本著誠信原則與「自救會」協商，並盡可能對被離職同仁提供實質補償；（三）「自救會」自即日起解散。

「變相裁員」事件，在此告一段落。

收回CEO職（二〇〇九年）

「變相裁員」事件給了我很深的感觸。身為主管的同仁對公司的管理（management）及治理（governance）制度，似乎還不夠了解。我在此書已不只提過一次：董事會是公司的最高管理及治理權威，所有重要決定都要經過董事會。做公司重要決定不但是董事會的權，而且是董事會的責。

那麼什麼是重要決定？每次董事會，同仁們習以為常地提許多資本投資案件。CEO或總經理也常提人事晉升到副總案件。難道裁員案沒有比一個資本投資案重要？

還有，我的確一直以為「績效評估」制度——也許名字應該改為「適任與績效檢討」，應該是一個正面制度，一個對公司、員工都好的制度，但這次卻淪為裁員的工具。

蔡力行是這次事件的受害者，他做的決定後來被我反轉。但他也是我最看重、最可能繼承我在台積電職務的人。我該怎麼處理他？

讓他做「新事業」總經理吧！同薪、同階。當時台積電的「新事業」是太陽能和LED，那時已成立一個新事業單位，現在請現任CEO轉任這大家都看好的「未來科技業」的總經理，也可以讓他在新領域發揮一番，同時保留了繼承我職位的機會。如果他像德儀的我，他不會為一個挫折灰心，他會繼續準備「東山再起」。

想定了這個辦法，我在五月下旬與董事們個別通電話，徵求他們同意，他們都同意了。

六月十一日董事會全體無異議通過：我重兼CEO職務，蔡力行任新事業總經理（注2）。

【注釋】

1：*Barbarians at the Gate*, by Bryan Burrough and John Helyar, (Harper & Row Publisher, 1989)，敘述這個引人入勝的故事。

2：「為蔡力行保留繼承我職務的機會」並沒有圓滿的結局。外在因素使得台積電的「新事業」並不成功——大陸大力投資太陽能，造成太陽能產能過剩。LED又是少數廠商霸占智慧財產權的局面。力行在努力數年後，於二〇一四年離開台積電，轉任中華電信公司董事長，又於二〇一七年轉任聯發科CEO。台積電栽培的人才，最後為別家公司所用，對台積電來說，是非常可惜的事。

第三十二章

老驥伏櫪，志在千里

二〇〇九—二〇一四年，七十八至八十三歲

二〇〇九年五月我決定召回「被離職」員工一舉，提升了所有同仁的士氣。我在德儀有史以來第一次裁員時就體驗到：裁員時沮喪的不只是被裁的員工，而是全部員工。未被裁的員工，包括中高層經理人，一般的感想是：難道公司已停止成長？或者是：最高階層一點都不在乎員工，一有問題就把員工當開銷。總之，未被裁員工的懷疑會是：這樣的公司，我還要待下去嗎？

事實上，我自台積電在九〇年代初期成功立足後，就堅信：以我們的創新商業模式、價值觀及策略，再加上因為我們成功逐漸為人所知，吸引了源源而來的新人才，台積電會是一個空前的成功。即使短期因為市場不景氣而生意不好，也會相當快恢復，那麼，為什麼要裁員呢？

二〇〇九年六月重兼CEO後的幾年，是我成就頗為豐富的年代。

解決四十奈米良率問題（二〇〇九年）

就在我重返CEO職前的幾個月，台積電的最新節點技術──四十奈米──已開始量產，但並不順利──良率過低，且有品質問題。我似乎又回到了一九六八年夏的德儀（見第六章，「我的雙極積體電路策略（二）」節），但是四十一年前的經驗，也給了二〇〇九年的我可用的教訓。二〇〇九年的我，已遠離生產技術的細節，所以絕不重複一九六八年我的上司彪希所為——「加忙」遠過於「幫忙」。我把信心寄託在生產團隊主管秦永沛副總上，從不參加他的技術會議，只是隨時都抽出時間聽取他主動給我的報告。

我還做了一件「公關」事。在我重返CEO職的二〇〇九年六月時，台積電的「四十奈米生產問題」已廣為投資人及股票分析師所知；大家都在猜測這問題到底多嚴重？台積電是否有能力解決？

我決定給投資人及分析師一個比較完整的「現狀報告」，加上一點「戲劇化」和「幽默性」。二〇〇九年七月底，在我返任CEO後的第一次「法人說明會」，財務長做了每季的例行報告後，我站起來宣布：「大家都很關心四十奈米的生產問題，我們也很努力要解決這問題。現在，我想請負責我們營運的資深副總劉德音博士報告生產線現狀，但他在生產線工作太忙，不能親自來此，所以我們以網路直播連線方式，請他做此報告。」

接著，會場的螢幕上出現德音穿著白色實驗室長袍，站在潔淨室門前，開始做他的專業性報告。我看一百多聽眾的臉色：又驚異又感動。我想：這是一個吉兆。

果然，幾個月後，四十奈米良率問題解決，一切回歸正常。我對劉德音、秦永沛以及他們生產團隊的信心沒有白費。

解決與輝達的懸案（二〇〇九年七月）

輝達是台積電四十奈米節點技術的主要夥伴及客戶，台積電在四十奈米初期的生產問題使輝達遭受了嚴重損失。輝達在我返任CEO一年前就開始與台積電爭議，但一直沒有結論。我返任CEO後的頭幾天，幾乎全部時間都在電話上告訴重要客戶我返任的消息。在與輝達CEO黃仁勳（Jensen Huang）通話時，他也特別提醒我們兩家公司之間的懸案，並要求盡速解決。

此後三星期，我花了幾十小時，與公司內有關同仁深入探討此案。二〇〇九年七月初，我認為我已清楚了解此事，並且有解決方案，我電郵Jensen：「我下星期來矽谷，擬於七月十五日下午六點半到你家吃沙拉和披薩。」

那時我和Jensen已是十幾年的老友，也常去他家吃沙拉和披薩。但是這次他接到我的電郵著急了。我們兩家公司間有這麼嚴重的爭論，怎麼我只管吃沙拉和披薩？他回電郵說：「那麼，我們什麼時候談生意？」

我立刻回覆：「六點半到你家，先和你全家吃披薩，八點整我和你到你的書房談生意。」

七月十五日我準時到Jensen家，與他全家有一個簡單而愉快的披薩晚餐。八點整，我對 Jensen 說：「我們去你書房吧。」進書房後我們關起門來，開始嚴肅的談話，我提出我與台積電同仁研究了三星期的和解建議——上億美元的賠償金，並且強調：這建議是我們唯一的建議，它的有效期是四十八小時，如你在四十八小時內仍不同意，我們只得找仲裁人了。

Jensen 在兩天內同意了。直到現在輝達仍是台積電最大客戶之一，而且 Jensen 與他夫人 Lori 仍是我與 Sophie 的好友。

調整降價速度（二〇一〇年及以後）

經驗和「學習曲線」理論都告訴我們：同一節點技術晶圓的單位成本會隨累積產量而下降。因為供應商的成本降低，再加上「搶單」競爭激烈，所以半導體的降價已成慣例。只是在二〇〇五至二〇〇九年，台積電降價的幅度超過了成本降低的幅度，以致毛利率降低。在這期間，管理團隊又提出了一個營收大幅增加、但利潤不增加、無法接受的五年計畫。我只得把這五年計畫原封退還，要求管理團隊再提。

二〇〇九年六月重任 CEO，我的首要工作之一就是降低降價速度，使得我們的毛利率能逐步上升。通常台積電每年的價格，在前一年底就和客戶商定，所以我在二〇〇九年六月重任CEO時，對二〇〇九年的價格已無能為力，我只能致力於二〇一〇年的價格。經過半年我自己、總部「訂價」幕僚單位，以及全球行銷組織的努力，使得二〇一〇年的降幅縮小到二〇〇九年降幅的三分之二；後來繼續努力，把每年價格的降幅再進一步降低到二〇〇九年降幅的一半。

隨著售價比較穩定，「減低成本」運動又每時每刻都在推行，我們的毛利率也有顯著的進步，二〇〇四至二〇〇九年（除二〇〇六年特別好外）都在四〇％至四五％間，二〇一〇至二〇一八年都在四五％至五〇％間。五年中毛利率有五個百分點的進步！

改變兩千四百多位「派遣人力」為「正職同仁」（二〇一〇年）

在同一地區內，如果一個僱主僱用的人員有「同工不同酬」現象，這個僱主是自找麻煩，他（她）的麻煩小則士氣不振，大則工會干涉，群體抗議。但是我在返任CEO後，發現台積電約有兩萬兩千位「正職員工」，卻有三千兩百位「派遣人力」。其中約五百位「派遣人力」是屬於一些不同於一般「正職員工」的專業，例如保全、醫護、團膳、宿舍管理等；但是絕大部分約兩千七百位「派遣人力」的工作與既有的「正職員工」相似──僱用

「派遣人力」的原因是降低人事成本。

在二〇〇九年底，我發現了這問題後，就找了五位與此問題有關的副總，成立「專案小組」，要求他們擬出辦法，以「正職員工」取代「派遣人力」。二〇一〇年三月我們對全體同仁公布此辦法，並在六月至九月執行。辦法是在原本兩千七百多位工作與既有「正職員工」相似的「派遣人力」中，遴選兩千四百位新任「正職同仁」。未經遴選的三百多位，台積電也經仲介公司為他們找到新工作，或領取我們提供的「關懷金」離去。

此「替代案」還有一個我未預料，但也不驚訝的後果——兩千四百位自「派遣人力」改為「正職同仁」的生產力，竟與原來兩千七百位「派遣人力」的生產力一樣，我們不需要多添人。

做對的事，常有好報。

合併先進技術事業組織及主流技術事業組織，成立業務發展組織（二〇〇九年十月）

在蔡力行任CEO期間內，他成立了先進技術事業組織及主流技術事業組織。這兩個單位的主力都是生產線（在台積電，我們亦稱生產為「營運」），先進組織負責十二吋廠，主流組織負責六吋及八吋廠。除生產線外，各組織也有一個小的業務發展單位。

但是，研發、行銷、財務、法務、計畫、人事……等等重要單位仍直接對CEO負責。

我想力行的目的無非是：（一）事業組織負責人可以為CEO分憂；（二）培養未來的CEO。事實上，這兩個目的都沒有達到，反而有負面效果。因為事業組織負責人的主權太少，既不能為CEO分憂，也不足為培養未來CEO的途徑。負面效果是：分割營運組織減少了我們「規模」的優勢。

力行的事業組織其實也是一九九六年布魯克主意的重演（見第二十四章）。一九九六年我否決了布魯克的主意，十幾年後沒有否決力行。為什麼？我想是因為布魯克只是「總經理」，不是CEO，而力行是CEO，應該給CEO更多空間。

但是現在我回來做CEO，這個錯誤也應該改掉了。所以在我處理最急迫問題（調整降價速度，解決與輝達的懸案）後，就把先進組織和主流組織的業務發展單位抽出來，再把這兩個組織合併為全公司的營運組織，其實這就是原來的營運組織，只是幾年過去，員工人數及資產都有增加。

接著，合併兩個抽出來的業務發展單位，並且賦予它新的使命——台積電的Marketing

Department。

歐美大公司通常把行銷（Sales）和 Marketing 放在一起。台灣企業界了解行銷，但常忽視 Marketing，甚至連好的譯名都沒有，我查英漢辭典，它對 Marketing 的譯名是：市場學。其實 Marketing 豈止是一門學問，對以「客製」產品為主的台積電，它是每天都要執行的專業。

既然 Marketing 沒有好的譯名，我們就稱它為 Business Development 吧。這名字譯成中文容易，就是「業務發展」。

我賦予業務發展組織的使命是：

（一）了解並預測世界晶圓代工市場。

（二）了解台積電前三十大客戶（約占台積電總營收的八〇%）。

（三）了解台積電自己的研發及製造能力，因而配合客戶的新產品要求，提高台積電的市占率。

（四）因為要做到（一）、（二）、（三），所以要常與客戶接觸。

我對CEO（包括自己）的期許是：把外面的世界帶進公司裡面，動員公司的人力、財力資源來應付外來的挑戰及機會。其實，業務發展組織的負責人就是一個小型的CEO。蔡力行已把公司裡最被看好的兩個經理人——劉德音和魏哲家，分別擔任先進技術組織和主流技術組織的負責人。現在，我把這兩個組織合併了，產生出營運組織（約兩萬多人）及新的業務發展組織（約六、七十人），我怎麼善待德音和哲家？

這兩位過去都有相當豐富的研發及營運經驗，但都缺乏行銷、市場，以及對外談判、交涉的經驗。我認為，對這兩位，業務發展組織會是一個新的學習機會和經驗。我先把業務發展組織的職位徵詢兩位中較資深的劉德音，但他拒絕了：「我現在（先進技術事業組織）就有一萬多名員工，怎麼要我接受只有六、七十名員工的位置？」

事實上，以員工數目衡量主管職位的重要性是一個錯誤的迷思。與最高層接觸機會也許是更好的衡量。

接著我徵詢魏哲家，他倒欣然接受業務發展組織的職位。那麼就這麼定了。當然，劉德音也得到了他所要的營運組織職位。

召回蔣尚義（二〇〇九年九月），確定營收八%為研發費用（二〇一〇年）

蔣尚義在一九九七年加入台積電，是第一個我賦予「技術領先」使命的研發主管（見第二十七章），但是他在蔡力行任CEO期內選擇退休。我認為他是不可多得的研發主管人才，所以在我回任CEO後，請他到我的新竹辦公室共進牛肉麵午餐，並要求他回台積電重任研發主管一職。尚義慨然答應，並於二〇〇九年十月初，亦即我回任CEO後不到四個月，重任研發資深副總。

雖然我立志台積電製程技術要領先全球半導體業，也願意投入足夠經費，研發同仁也沒有埋怨經費不足，但是我想：應該把我們對研發的承諾數量化。在那「滾滾新世紀」的頭十年，我也常常追憶我在德儀任全球半導體集團總經理時，想把德儀的半導體研發經費自營收的四．七%增加至五．五%，而累被拒絕的痛苦（見第九章）。在二〇〇九年回顧台積電的研發經費占營收比例，自一九九七年至二〇〇九年，一直在五%至六%範圍內，我想：還有增加的空間！就隨手拈了八%這個數字，作為我們研發經費占營收的「模型」，果然，二〇一一年以後，幾乎每年研發經費都是當年營收的八%左右。隨著營收的成長，研發經費也達到了二〇二三年的五十六億美元（新台幣一千八百億元），相當可觀的數字，已超過麻省理工學院整年的總經費！當然，我們只做製程的研發，如果與客戶夥伴的設計研發經費一併算起來，又有哪個半導體IDM公司的研發經費可以與我們相比?!

大幅增加資本支出（二〇一〇至二〇一八年）

二〇〇八年的不景氣，來得急，但也恢復得快。與二〇〇一年的不景氣相比，台積電營收自二〇〇一年第一季急降，一直到二〇〇三年第三季才回到二〇〇〇年第四季的水準——不景氣時期共十一季。二〇〇八年台積電營收自第四季急降，但二〇〇九年第四季就已幾乎回到二〇〇八年第三季水準——不景氣時期只有四季。

事後看起來，二〇〇八年的半導體市場不景氣完全因為金融危機——投資工具過於氾濫而使得金融機構的槓桿太高，其實與半導體的基本需求無關。一旦各國政府出手拯救金融業，半導體的需求不但復原，而且比「不景氣」前成長更快。

這就是我在二〇〇九年六月復任CEO後看到的。幸運地，同時我們逐漸解決了四十奈米的良率問題；更好的消息：研發單位報告在下一個節點技術上（二十八奈米），他們有很快的進展。二十八奈米是一個關鍵技術，如果我們能在兩年內開始量產，正在迅速發展的智慧型手機內的半導體，將是我們的天下！

這是一個莎士比亞的「高潮」時刻！

There is a tide in the affairs of men
Which, taken at the flood, leads on to fortune;
Omitted, all the voyage of their life
Is bound in shallows and in miseries.

William Shakespeare, *Julius Caesar*

世事的起伏本來是波浪式的，
人們要是能夠趁著高潮一往直前，一定可以功成名就；
要是不能把握時機，就要終身蹭蹬，一事無成。

莎士比亞《凱薩大帝》（注1）

怎麼才能跨上這高潮？

我們必須立刻增加投資四十及二十八奈米的產能！

在這「滾滾新世紀」內，自二〇〇一至二〇〇九年，台積電的資本投資相當穩定，每年大致在二十至二十五億美元範圍內。二〇一〇年，我發狠了，我要跨上在我想像中的、新節點技術給我們的高潮，我加倍產能投資到五十九億美元，比二〇〇九年的兩倍還多！

我的發狠是因為我看到了台積電的機會，但是當我發出第一訊息時──二〇一〇年第一季董事會議程，好幾位獨立董事擔心了，要在董事會前與我通電話。在他們心目中，市場景氣還未完全恢復，怎麼我要投資那麼多產能？二〇一〇年一月二十六日，台灣的晚上八點半、美國的清晨、英國的下午，我和三位在台灣、美國和英國的獨立董事電話會議，他們質問我為什麼要投資那麼多，我告訴他們四十及二十八奈米技術的機會，他們半信半疑。最後我說：「這件事您們就讓我做吧，畢竟我是公司的負責人。」

他們這才不反對。

二〇〇九至二〇一〇年我看到的是四十及二十八奈米的機會。但是隨著台積電研發經費繼續增加，研發能力繼續增強，新技術層出不窮，以後營收及獲利成長機會愈來愈多，也愈來愈大，在二〇一〇至二〇一八年八年內，台積電的資本投資自前述二〇一〇年的五十九億美元，成長到二〇一八年的一百零五億美元。營收自二〇一〇年的一百三十三億美元，成長到二〇一八年三百四十二億美元；獲利也自二〇一〇年的五十一億美元，成長到二〇一八年的一百一十六億美元。

二十八奈米的汗與淚

我們當時以為大膽對二十八奈米產能的投資，事後看來，還嫌太少。但是二十八奈米的大客戶——高通，也必須負相當大的責任。當我們試產成功準備二〇一二年量產時，高通起初估計他們二〇一二年全年的需求是四萬片晶圓，幾個月後（二〇一一年八月）他們發現他們給客戶的樣品受到超過預期的歡迎，就修改需求估計到十二萬片；對我們而言，一下子增加一個新產品三倍已是很艱難的任務，但是高通的需求還繼續增加，最後達到三十萬片。

二〇一二年二月九日，當高通的需求與我們供應能力已有相當落差時，高通董事長及總裁聯袂來訪，他們的開場白就是：「我們只是要多點晶片，我們願意付較高的價錢。」我誠摯地告訴他們，並且找了好幾位副總幫忙：漲價無補於事，我們也不會做，我們已正在盡全力增加產能及產量。

一小時後，他們悻悻而去，臨走前撂下一句狠話：為了對他們股東負責，他們必須再找一個供應來源。我回答：「等到你們新的來源可以供應時，我們也可以供應你們完全的需要了。」

高通的確找了另一個來源——格羅方德（GlobalFoundries），但是我的預言是準確的。二〇一二年九月十三日，我去高通的美國加州聖地牙哥總部訪問高通總裁，他微微嘆息似地說：「你說的話是對的，現在我們的新來源可以供應我們的邊際需要，但你們也可以供應了。」

結果是二十八奈米的產能過剩。我們另一位客戶也跑來對我說：「現在二十八奈米有新的來源，而且價錢比你們便宜，所以我們要在你們這邊減單了。」

我既失望又驚訝，因為這位客戶是我們一直認為忠誠的夥伴，驚訝失望中我只說出兩個字：「你也……。」

他倒振振有辭：「這個新的來源不是我們建立的，而是高通建立的。既然高通建立了這個來源，你總不能說我們不能用他吧？」

我無言。

二〇二四年記：多年後，每次我想起二〇一二年二十八奈米的故事，情緒總還是有點激動；但是，再借一句莎士比亞的話吧：「有好結果的事都是好事（All's well that ends well）」，二十八奈米的故事有很好的結果。二十八奈米是台積電打進智慧型手機世界的第一代技術。上文所述的「產能過剩」也只是暫時性的。自二十八奈米後，手機應用成為台積電的最大市場——直至最近。如果我們沒有二十八奈米的成功，我的自傳恐怕也不會有下一章。

【注釋】

1：朱生豪譯，《莎士比亞戲劇集（七）》，台灣數位出版聯盟。

第三十三章

蘋果來敲門

二〇一〇—二〇一六年，七十九至八十五歲

蘋果自一九七六年成立後（注1），一直就是一個傳奇性的科技公司。一九八〇年它的股票在美國上市，蘋果市值立刻比歷史悠久、規模巨大的福特汽車公司還高。記得蘋果上市後不久，我正訪問台灣，對李國鼎政務委員提起蘋果與福特的市值比較，李政委頻頻搖頭，並說：「怎麼有這樣的事，」我回答：「這就是現代科技公司的神妙。」這句話在四十幾年後的今天，都還用得著。

一九八五年，蘋果創辦人賈伯斯（Steve Jobs）因公司政治被迫辭職，九〇年代蘋果一度家道中落，一九九七年賈伯斯返任，蘋果又復興，尤其在二〇〇七年推出「智慧型手機」，轟動全世界，幾乎人手一支，也改變了千千萬萬人的生活習慣。後來，蘋果的智慧型手機及其他多種消費者產品使得公司業務蒸蒸日上，二〇二三年市值攀升到三兆美元，高居世界前兩名。

智慧型手機是一個相當「半導體密集」的產品，所以台積電自二〇〇七年後，就視蘋果為潛在的大客戶，只是蘋果除了以創新成名外，也是一個非常保密的公司。那時我們只聽到它已開始設計自用的積體電路，而且找韓國的三星電子代工。三星本來就是世界最大的記憶體公司（見第二十三章），一定也是蘋果的記憶體供應商；所以蘋果找它代工邏輯產品，也不稀奇。

只是，蘋果打開智慧型手機市場後不久，雄心勃勃的三星會長李健熙，忽然宣布三星也要做智慧型手機了。三星既是蘋果的主要供應商，也變成蘋果的主要競爭者。

假使我是賈伯斯，我一定會有「是可忍，孰不可忍」的感覺。

台積電的機會來了，但是，我們仍找不到進蘋果的門。一直到……。

晚餐桌上的不速之客

二〇一〇年十一月九日是一個星期二，下午六時，我剛在台積電台北辦事處結束了為期兩天的第四季董事會，六時半回到台北家。Sophie 在家門口截住我，說：「郭台銘下午來了一個電話，說他晚上帶一個蘋果副總到我們家吃飯，八點到。」

郭台銘是 Sophie 的表弟，我們常有親戚間的往來。他也是鴻海集團的創辦人和董事長。鴻海是蘋果的主要裝配商，與蘋果有很密切的關係。一聽到 Sophie 的話，我就知道蘋果副總的來意——我們原來擔心蘋果無門可入，現在蘋果來敲門了。

台銘帶來的是傑夫．威廉斯（Jeff Williams），他在蘋果的地位不只是副總，而且是營運長。

為了有兩位客人，Sophie 添了幾道菜。坐定後，傑夫單刀直入，說要台積電替蘋果生產蘋果自己設計的邏輯晶片。他顯然已對台積電做了相當研究，知道台積電不是他習慣合作的「單位數毛利率」組裝工廠，所以他說：「我們會讓你享有四〇%毛利率。」事實上，台積電的毛利率在他來之前就已在四〇%至四五%之間，而且我正想把它推到五〇%。所以他的這句話，在他來說是要我們放心，他不會在價格上太苛刻；我聽了，倒是提高自己警覺：在價格上他不會很大方。當場我沒說什麼，這只是第一次見面，雙方要討論的事情多得很，價格問題儘可留到最後。

我問了一句：「是否二十八奈米？」因為那時我們正在試產二十八奈米，而且預備一年後開始量產。傑夫搖頭：「不是二十八奈米，而是二十奈米。」我心中開始嘀咕，二十八奈米下個節點是十六奈米；二十奈米只能說是一個「半節點」。在我們的長期研發計畫裡，如果做二十奈米，會是一個「繞道」。

傑夫要求次日就與台積電高階主管集會，討論後續時程。次日（十一月十日）上午我到辦公室後，就召集台積電高階主管，為下午二時半與傑夫開會做好準備。會議中傑夫表示事不宜緩，他要派遣蘋果的設計、技術，以及採購人員儘早到台積電開始討論雙方的合作，雖然十一月下旬就是美國的感恩節，此後又接著有耶誕節及新年，未來兩個月正是美國人喜歡度假的時期，但他仍擬在感恩節後，耶誕節前，派遣蘋果與此案有關的主要人員來新竹，與台積電人員開始密切溝通。

後來，在十二月十五、十六日，蘋果及台積電主要有關人員在新竹進行了兩天密集討論。

如此開始了蘋果與台積電的合作關係，這是一個對兩家公司都重要的關係。

對我來說，蘋果來敲門也帶來一個額外的安慰，我在此之前一年建立的業務發展組織（見第三十二章），以及那時任命的主管——魏哲家，現在派上大用了。在這個新的客戶關係上，他們發揮了很大的功能。

兩個月「暫停協商」（二〇一一年三月五日至五月五日）

正當蘋果與台積電雙向溝通如火如荼時，忽然，在二〇一一年三月三日，我接到傑夫·威廉斯的電話：「英特爾的最高層與提姆·庫克（Tim Cook，蘋果總裁）聯絡，要求蘋果考慮英特爾為蘋果代工，提姆答應了。所以，我要我們之間的協商暫停兩個月。」

雖然這個要求來得突然，但二〇一一年的英特爾，已無它在上世紀末期令人聞其名即肅然起敬的威風。掛了電話後，我默思我們和英特爾的比較。我覺得我們在技術上不輸英特爾（這是二〇一一年，再過幾年，我就會認為我們在技術上勝過英特爾）；在製造成本及客戶服務上都勝過英特爾——蘋果沒有理由棄台積電而選英特爾！

雖然充滿自信，但對蘋果表示關切總不會是錯吧？所以在四月我的矽谷之行（那時我每一、兩個月就出國訪問客戶，而矽谷又是客戶最密集之地），我於四月五日約訪傑夫。傑夫回電：他那天不在辦公室，但總裁提姆．庫克在，已經安排好讓我見他。傑夫這麼自在地把訪客交代給他的上司，倒也令我佩服。我在德儀二十五年，只有在呂斯是我上司的三年當中，才有這種自由（見第五章）。

四月五日我赴蘋果總部與提姆共進午餐，提姆很熱誠地接待我。我們先到蘋果的自助餐廳拿了些食物，再回到他的辦公室用餐。提姆一開始就叫我不必擔心。他沒有提英特爾的技術或製造成本，只淡淡地說：「他們不擅做代工。」

五月五日，準確地在傑夫「暫停協商」電話的兩個月後，傑夫來電話：「恢復協商。」

多年後，大約二〇二一年吧，英特爾又換了一個總裁（十年內的第四個），傳出話來，說當年沒接蘋果生意是一個大錯誤，但原因是嫌蘋果出的價格太低。聽起來，這與提姆對我說的「他們不擅做代工」似乎不很一樣，但其實是一樣的。不肯接受客戶能接受的價格等於

「不擅做代工」。台積電的本領就是在客戶能接受的價格中賺取合理利潤。

台積電的製造及財務規畫（二〇一一年）

在二〇一一年之前，台積電經由營業活動產生的現金，經常都足以發股利及投資未來廠房及生產設備。但二〇一一年，蘋果給了我們一個相當高的二〇一四年晶片需求估計，如果要能完全供應他們估計的需求，台積電必須在未來幾年內投資廠房及設備約兩百億美元。這已超出我一向保持的「智慮的」財務規畫範圍（「智慮的」是英文「prudent」的翻譯）。台積電可採行的應付方案有以下幾項：

（一）告訴蘋果我們只能承諾為他們生產估計需求的一部分。這並不是「不可能的任務」。客戶不需要投資產能，所以常傾向於高估他們未來需求（第三十二章「二十八奈米的汗與淚」節所述的高通低估他們二〇一二年的需求，是一個稀有的例外），如果台積電「照單全收」所有客戶未來需求估計，又照他們的估計投資產能，結果幾乎一定是產能過剩。台積電贏得客戶信任的辦法是：對客戶做他能接受、我們在盡力下也能實現的承諾，然後不計代價，實現這承諾。

（二）停止或減少每年的股利。

（三）在股票市場做現金增資（賣新股票）。

（四）舉公司債。

在二〇一一年，我們的財務單位以及九〇年代就建立的「市場預測」單位已相當成熟。前者有高盛集團的後援，後者不但預測半導體市場，也預測使用半導體的主要電子產品（例如智慧型手機）市場。我在幾星期內，與這兩幕僚單位及公司有關高階主管討論後，決定採取（一）與（四）。

關於（一），我們決定只承諾約一半蘋果給我們的需求估計。魏哲家，這位上任才一年餘的業務發展組織主管，被給予最先告訴蘋果這消息的「榮譽」。他的蘋果對口的回應是：「你們瘋啦？只接受我們給你們需求的一半？」

我們沒有瘋，這是我們做過「智慮的」財務規畫之後的決定。二〇一一年六月，我親自去加州拜訪傑夫，重複哲家已告訴他們基層的消息，傑夫只是輕描淡寫地說：「其實你們可以暫時停發股利，我想你們的股東也會理解。」我也輕描淡寫地回答：「我們股東成分中也有不少（事實上是三〇％左右）滿重視股利的。」他就不再多說什麼了。

就這麼定了，我們承諾在二〇一四年前後交貨給蘋果他們原先估計需求一半的晶圓。即使數量減了一半，台積電仍須舉公司債七十一億美元。經過財務部門與高盛討論後，決定於二〇一一、二〇一二、二〇一三這三年內，在台灣共發行新台幣一千六百六十二億元公司債；此外，還要於二〇一三年在紐約發行十五億美元公司債。

晶圓售價呢？在蘋果充分溝通規格、台積電成本及訂價部門橫算豎算後，我們已胸有成竹。二〇一一年九月十四日，傑夫親來新竹議價。雙方的數字相當接近，我們就在那天議定了。當天晚上我和 Sophie 請他到米其林三星級的頤宮餐廳吃飯。傑夫開玩笑說：「啊，幸而我們講定了價。假如沒有講定，我想你會請我們去吃麥當勞。」

在製造及財務面上，以上的準備可說相當充足，技術面呢？

二十奈米開發成功，但十六奈米延宕

二〇一〇年十一月蘋果告訴我：蘋果在二〇一四年要二十奈米。台積電那時已開發二十八奈米，正在準備開發下一個節點——十六奈米。二十奈米只是二十八奈米後的半個節點，所以先開發二十奈米，是一個「繞道」。但是在我心目中，除非我們「瘋」了不要蘋果的生意，否則我們別無選擇，我們必須先為蘋果開發二十奈米。

二十奈米的開發並非百分之百順利。在二〇一二至二〇一三年間，我曾試過三位共同營運長（Co-COO）──蔣尚義、劉德音、魏哲家，輪流接管公司的三大塊業務──研發、生產、行銷及業務發展，但一遇到二十奈米的開發有問題，我就立刻把正在享受新工作的蔣尚義調回研發。這麼做一次，就完全破壞了原來設計的輪調制度。

雖不完全順利，二十奈米還是如蘋果要求開發出來，但是十六奈米的研發卻延宕了。二〇一三年七月，正在我們準備開始量產二十奈米，蘋果要求我們對他們的十六奈米需求投標。我們投了標。忽然，蘋果基層告訴我們蘋果已決定十六奈米晶圓向三星購買。

我急了，幾年來為蘋果投入這麼多人力、財力、物力，難道只做一個節點，只做一、兩年的生意？

立刻致電郵給傑夫：「我們為了替蘋果做二十奈米，投資了一百多億美元的廠房和設備。這些廠房和設備，大部分都可用在十六奈米上。現在，你不要我們的十六奈米，你要我們怎麼辦？」

傑夫來電要我放心。二〇一三年八月二十七日，他親自來新竹對我們解釋。三星的確比我們先做出十六奈米（他們不必繞道先做二十奈米），所以蘋果先買他們的，但一旦台積電可以順利供應，蘋果就會用台積電的十六奈米。

後來不但結果的確如此，台積電也從這經驗中開始了一個新做法：同時開發下一個半節點和下一個節點。當然，每年都在增加的研發經費以及每年都在茁強的研發團隊是一個大幫助。

蘋果是「夥伴」

台積電的核心價值：誠信正直、承諾、創新、客戶信任，在我們與蘋果的建交中受到了考驗。同時，我們也考驗了蘋果的價值。結果，兩家公司都安全通過了考驗。我自二〇一八年從台積電退休後，就鮮少與蘋果接觸，但二〇二四年二月，傑夫・威廉斯專程來看我，距離二〇一〇年他做我家的「不速之客」，已十三年多。他仍英俊挺拔，我卻已垂垂老矣！我們共同享用我辦公室樓上餐廳提供的廣東點心，他說了一句讓我窩心的話：「台積電是蘋果非常少數的最好夥伴之一。」

【注釋】

1：蘋果成立時的名稱為「蘋果電腦」；二〇〇七年，因為要表示它的產品重心已轉移到消費者電子產品，把「電腦」從它的名字刪去，改名為「蘋果」。

第三十四章

交棒的規畫（二〇〇五－二〇一七年，七十四至八十六歲）、退休（二〇一八年，八十七歲）

我在二〇〇五年就開始規畫台積電董事長及CEO的交棒，當時的計畫是先釋出CEO職給蔡力行，但仍保留董事長職。如果力行接CEO位順利，幾年後我就可以完全退休。只是接下來幾年，台積電業務及人事並不很順利，於是我在二〇〇九年又重兼CEO職，但仍未放棄力行未來繼承我的可能，所以任命他為台積電新事業總經理，可惜後來台積電的新事業也不很成功，力行也於二〇一四年辭職，出任中華電信董事長，後來在二〇一七年，又轉任為聯發科共同執行長。他在聯發科做得很好，現在已是副董事長暨執行長。

二〇一二年任命三位「共同營運長」

重兼CEO幾年後，到二〇一二年，認為已將台積電帶回康莊大道（見第三十二、三十三章），於是接班人的考量在心中復萌。蔡力行仍是可能人選，他的薪、階仍是台積電CEO的薪、階。但是幾年已經過去，應該再提拔幾位可能的接班人。在二〇一二年，公司內部最明顯的領導人才是（依姓氏筆畫排列）（一）蔣尚義──當時負責研究開發；（二）劉德音──當時負責製造；（三）魏哲家──當時負責業務發展組織。

二〇一二年三月，我擢升蔣、劉、魏三位為共同營運長（Co-Chief Operating Officer）。

也許更重要的，我告訴他們：「你們三位輪流負責公司的三個重要領域，」也就是上段所述的研發、製造，及業務發展。一開始，我就把蔣尚義調離研發，讓他負責製造。

如果真的在二〇一二年能落實三人輪替三個重要領域制度，也許六年後（我在二〇一八年退休）台積電的接班會不一樣。當然，這也只是「也許」而已，世事變化無窮，豈是任何人能預料。

只是，我沒有落實我起初想做的「輪流」制度。二〇一二年正值台積電研發部門努力開發蘋果需要的第一個製程——二十奈米，而二十奈米又是一個相當有挑戰性的製程。把尚義調離研發後，二十奈米研發問題不斷出現（其實這是新技術開發工作的本質），我似乎總不能放心。算了，還是把尚義送回研發吧！尚義回原任，倒是德音和哲家互調了。德音管行銷及業務發展，哲家管製造。

二〇一三年徵詢黃仁勳對台積電 CEO 職的興趣

當然我相當熟悉公司內的人才，但是在公司外的，還有一個人，無論在品格、視野、半導體專業經驗及知識……各種條件下，都值得考慮為台積電的接班人，我也應該跟他談談。

這人是 Jensen Huang（黃仁勳）。二〇一三年時，我已熟悉他十六、七年，於是我問他，對台積電 CEO 職有無興趣？如有興趣，我們可以進一步討論。

我花了大約十分鐘時間對 Jensen 扼要地解釋我對台積電的深切期望，也對他解釋台積電 CEO 的報酬雖沒有台積電股票，但固定薪津以及依公司每年淨利而訂的花紅，一定會比他當時的收入為高。

Jensen 似乎很有耐心地聽了，但他沒問問題。我講完後，他也沒直接拒絕我，只是簡單地回答：「我已有工作。」

過幾個星期，我再打電話問他，他還是同樣的回答：「我已有工作。」

在二〇二四年的今天，當 Jensen 創辦的輝達公司已是全球最高市值公司之一，Jensen 個人也已是千億美元富豪之時，讀者或許以為我在二〇一三年試圖「高攀」了。其實，二〇一三年底輝達的市值只是九十億美元，而台積電的市值已是九百億美元，輝達的十倍。Jensen 在二〇一三年的財富，也只是輝達市值的百分之單位數而已。我沒有「高攀」。

Jensen 對我的回答倒是誠實的。他「已有工作」！他的工作就是在十一年後，把輝達提升到今天的輝達！

二〇一三年蔣尚義退休，我任命劉德音、魏哲家為 Co-CEO

蔣尚義是一個非常聰明、有相當強的技術方向感，也有領導力的半導體研發人才，但是他也很敏感。他自一九九七年加入台積電時就是台積電的研發主管，也是一進台積電我就授以「技術領先」任務的研發主管，我非常敬重他，但是他在二〇〇六年蔡力行任 CEO 時，就選擇自台積電退休。我在二〇〇九年重兼 CEO 職，又在一頓牛肉麵中把他找回來（見第三十二章）。二〇一二年，我任命了三位「共同營運長」，尚義也是其中之一，但我後來沒有落實這「三人輪調」負責台積電三個重要領域的制度，尚義顯然有點失望，我想因為他原來想藉此制度熟悉台積電內他不甚熟悉的領域。現在到了二〇一三年，尚義感覺到我為了規畫自己的退休，也許要做下一步的組織調整，而他可能不是下一步調整的主角，所以他要求我在他滿六十七歲退休前（注1），不做任何改變組織的宣告。我也答應了。

尚義在二〇一三年十月三十一日退休，我們給了他一個很溫馨的退休晚會，我也給了他一個「功在台積」的牌子。這是我給的唯一有這個讚詞的牌子。

尚義退休後，我在十一月十二日宣布劉德音及魏哲家為台積電的共同 CEO（Co-CEO）。劉、魏兩位自二〇〇五年蔡力行任 CEO 時，各為先進技術事業組織及主流技術事業組織的資深副總經理後，一直就是台積電重要的經理人。

這個組織一直維持到二〇一八年我退休。我的退休決定，倒是在二〇一七年就做了，自我在二〇〇九年重在公司扮演積極角色，直至二〇一七年我做退休決定時，台積電內部士氣高昂，對外強勁發展——營收自二〇〇九年的三千億元，成長至二〇一七年的接近一兆元；營業淨利自二〇〇九年的九百餘億元，成長至二〇一七年的三千八百餘億元；技術方面，這九年內台積電相繼推出四十、二十八、二十、十六、十二、十奈米，在二〇一七年，我們也已準備在次年量產七奈米——客戶驚豔、爭相搶購；競爭者望塵莫及，開始有競爭者宣布，不再在先進技術節點上與台積電競爭。同時在晶片封裝技術方面，我們也推出了 InFO 及 CoWoS——前者對智慧型手機重要，後者對人工智慧（AI）重要。

這九年也使我到了八十六歲。心想：人生無常，應該趁我還很健康的時候，完全自台積電退休，去做些一直想做，但卻還沒做的事：（一）寫「自傳下冊」；（二）介紹給 Sophie 我中年在德儀時期常去也最喜歡的地方——巴黎及法國里維埃拉（Riviera）、蒙地卡羅（Monte Carlo）、瑞士、倫敦、義大利北部……；（三）盡興滿足我自大學時代就有的嗜好——專業外的閱讀、聽古典音樂，以及「競爭橋賽」。

規畫「雙首長制」

許多歐美公司都採取「雙首長制」。總裁（CEO）是公司的領導人；董事長領導董事會，監督總裁，而且因為公司的重要決定必須董事會通過，董事長也成為公司決策最後把關者。如果董事長及總裁兩人能密切合作，兩人都以公司利益放為最上，而把個人利益放在一邊，「雙首長制」應該是很好的制度。

以二〇一七年台積電的特殊情形而言，兩位「共同執行長」在位已四年，如今董事長要退休，可行的接班制度恐怕也只有「雙首長制」，否則，兩人間必有一人會離開公司。這又是我所不願見的。

何況，兩位「Co-CEO」在過去四年似乎合作得還滿不錯，這也給了我相當信心：在雙首長制下，他們也能為台積電前景繼續合作。

在決定對董事會提議我的交棒計畫前，我唯一諮詢對象是副董事長曾繁城。而他也完全認同我的想法。於是我就把「交棒計畫」寫下來，如下（原文是英文，以下是作者的譯文）：

交棒計畫

（一）mc（我的英文名字的縮寫）將完成這任期董事長及董事職，而在二〇一八年六月股東大會結束時完全自公司退休。

（二）二〇一八年股東大會選出來新的董事會將選出公司「雙首長」：

劉德音為董事長

魏哲家為總裁

（三）董事長及總裁將有同樣職階及待遇（包括薪酬及分紅）。

董事長的任務

（一）領導董事會。

（二）公司對政府及社會的最高代表。

（三）公司決策最後把關者。

（四）全時工作。要做到以上三點，董事長必須熟悉公司的外在政治、經濟、社會、市場環境，以及公司內部的進展。

mc建議：董事長除了應該繼續主持「資本投資」會議，應參加「訂價會議」、「行銷週」、「法說會」（每年一或兩次），而且應該與總裁無縫雙向溝通。

總裁的任務

（一）在董事會指導方針下，領導及經營公司，無論在戰略面、戰術面，或營運面。
（二）對董事會報告，不對董事長報告。
（三）全公司對總裁報告。

為了強調「雙首長制」不是「董事長制」或「總裁制」，我刻意把兩人的職階及待遇畫上等號，並且強調董事長是「全時」職，甚至建議董事長應該「主持」或「參加」我任董事長時頗為依賴的會議。

二〇一七年七月二日，我召集德音、哲家兩人，示以他們以上三文件，並徵求他們的同意。兩人都感到很興奮，也無意見地同意。

二〇一七年八月七、八日是董事會第三季會期，當時董事共十人，其中五人是獨立董事。八月六日晚是例行我與獨立董事晚餐。為了要討論我擬定的交棒計畫，我特地在晚餐前，下午四時召開獨立董事會，把以上所述的「交棒計畫」、「董事長的任務」、「總裁的任務」以書面提出，大家討論相當熱烈，最後對文字做了小小的修改後就都同意了。

除了五位獨立董事外，另外五位董事是我、副董事長曾繁城、國發基金代表陳美伶、劉德音及魏哲家。我也於九月二十八日親自去國發基金向陳美伶說明，並得到她的同意。

二〇一五年六月至二〇一八年六月這屆十位董事內，除了我準備這屆終退休，另有一位獨立董事因健康關係也擬退休，其餘八位我們均擬提名他們於下屆連任。所以，除非二〇一八年的股東大會推翻我們下屆董事的提名，而這又是幾乎不可能發生的事，因為我們素有優良「公司治理」的名譽，股東大會對董事會的提案，從來沒有否決過。

換句話說，二〇一八年六月的「交棒計畫」可以說在二〇一七年九月就已獲這屆及下屆董事會同意，也獲劉德音及魏哲家這兩位接班人的熱烈接受。

台積電三十週年慶

台積電在一九八七年成立，此後每十週年我們都會預訂一天舉行慶祝。我們邀請全球重要客戶、供應商以及別的有合作關係的夥伴一起來分享我們的喜悅。二十年、三十年慶的來賓多達數百人，而且大部分重要夥伴均由其董事長或總裁領隊。每次慶祝會的下午都是由我主持，並有六、七位客戶、供應商總裁參與的座談會；晚宴則安排在一個大廳舉行，二〇一七年的特別來賓是蔡英文總統；晚餐之後還有一個盛大的音樂會，在國家音樂廳舉行。一九九七年十週年慶時，台積電雖已相當發達，但規模仍屬中型，我們邀請了國內的交響樂團演奏貝多芬第五號（命運）交響曲。二〇〇七及二〇一七年，台積電已是一個大規模的公司，我們分別邀請了兩個國際著名的樂團，演奏貝多芬第九號（合唱）交響曲。我愛這交響曲，因為它既美麗又雄壯，而且需要一個大的交響樂隊（八十人以上），以及大的合唱團（九十人以上）才能有好的演出。每個十年慶祝日以此結束，正足以表達台積電的雄心壯志。

二〇一七年的「三十年慶」早已訂在十月二十三日舉行。既然在九月我們就定了次年的交棒計畫，我於是就決定在「三十年慶」之前的十月初就將交棒計畫公開宣布。這樣做，可以提早讓我們的夥伴更深認識我的接班人，也可以避免慶祝日後才宣布的可能困擾（「怎麼剛去過，他們一聲不響，現在忽然來了這個大變動？」）。

十月二日下午二時，我首先對台積電內部宣布「交棒計畫」、「董事長的任務」以及「總裁的任務」；四時半召開記者會對外宣布。十月五、六兩日，我又分別接受包括日本的《日經新聞》及美國的彭博新聞社（Bloomberg News）在內共七個國內外媒體的專訪。

十月二十三日是三十週年慶祝日，上午我分別與幾位大客戶，談我們之間的合作，由於我的退休早已不是新聞，我們可以如常討論當前的問題，我很慶幸我們提早宣布交棒計畫是對的。下午座談會的與談人有輝達、高通、博通、艾司摩爾、亞德諾半導體、安謀（ARM）的總裁，以及蘋果的營運長，內容相當精彩。

尤其令我欣慰的是晚上的音樂會。在樂隊中段休息，貝多芬第九號交響曲即將開始時，我破例地走上舞台，以英文對來賓說了一段退休的感情話，說完後，首先幾位大客戶的總裁起立鼓掌；接著，全體來賓都起立鼓掌，掌聲如雷。對整個事業生涯都以客戶為夥伴的我，他們的欣賞真是莫大的回報！

退休

二〇一七年十月我宣布我的退休，以及劉、魏的接班計畫後，我無論對內、對外仍如常工作。二〇一八年的四、五月，公司內部有好幾場大規模的惜別會：新竹、台南、台中各辦一場，每場都有數百到上千位同仁參加。行銷單位同仁大部分來自國外，也趁著他們四月在新竹的季會時期，為我舉辦了一個惜別晚會。

二〇一八年六月五日的股東大會終於到臨，我如計畫在股東大會選出下一屆董事時退休；新一屆的董事們也如先前計畫選出劉德音為董事長、魏哲家為總裁，開始台積電的「雙首長制」。

我在五月底就在新竹辦公室及新竹家開始打包；辦公室在六月五日讓給新的董事長，新竹家是自己買的，但 Sophie 不等我退休就已售出，我也當然在退休日遷出。

自二十四歲到八十七歲的六十三年事業生涯，就此結束。我原來沒想工作那麼久。在德儀時，我一心想在六十五歲退休。到台灣時五十四歲，仍想在六十五歲退休。但開始辦台積電後，愈辦愈成功，我的興致和期待也愈來愈高，到後來，簡直是「欲罷不能」。

六十三年的職業生涯中，三年在希凡尼亞（一九五五至一九五八年），二十五年在德儀（一九五八至一九八三年），三十二年在台積電（一九八五至二〇一八年，包含籌畫及募資的兩年）。六十三年幾乎全部都在半導體業裡；除了德儀的後期幾年外，也幾乎全部都是積極的、前進的。

我最成功的工作，明顯地是我最後一個——台積電。台積電現在已是世界「必需」的公司，而且世界的「需要」，尤其在人工智慧方面，正快速地在成長。台積電一定要緊緊追隨這需求的成長，在成本方面，台積電也不能放鬆，因為「量」的成長與「價」有密切的關係。

台積電的責任，已落在我的接班人肩膀上。我對他們寄予深切的期待、虔誠的祝福。

【注釋】

1：六十七歲是台積電規定的退休年齡，但董事不在此規定內。

感謝

幫助我寫成這本書的，絕大部分是我以前的台積電同事。

首先要感謝的是曾晉晧，晉晧看了我初稿的每一個字，建議了不少修辭的改進。晉晧也幫助我找資料，還寫了本書的「詞彙」。

孫又文，這位在我熟悉的人之中擁有最多學位的前台積電「投資人關係及公共關係」經理人，也讀了我初稿的大部分，她建議的修辭改進非常寶貴。

秦永沛、米玉傑、黃仁昭、方淑華，這幾位現任的台積電重要經理人，提供了若干本書內容的建議。王建光，前任台積電經理人，提供了九〇年代台積電的建廠紀錄。Rick Cassidy，台積電前北美市場負責人，提供了早期美國市場的資料。黃啟烈，財務處處長，提供了關於台積電股票的資料，也提供了開發基金及飛利浦投資台積電的獲利資訊。

方略，世界先進董事長，提供了若干「第二十三章」的資料。

天下文化編輯部的總編輯吳佩穎和副總編輯黃安妮盡心地做了編輯工作，而且設計了很美觀的封面以及套裝。

最後，我必須感謝天下文化創辦人高希均及董事長王力行。幾乎三十年前，高創辦人鼓勵我寫「自傳上冊」；寫了「上冊」後，當然必須寫「下冊」，他為我製造了好幾年的寫作苦工，但也讓我重溫少年的作者夢。

張忠謀大事年表

一九三一年
- 出生於浙江寧波（鄞縣）

一九三二年 1歲
- 隨父母遷南京

一九三六年 5歲
- 在南京入小學

一九三七年 6歲
- 隨父母遷廣州
- 中日戰爭開始，廣州遭日機轟炸，隨父母遷香港

一九四一年 10歲
- 珍珠港事變發生，日軍占領香港

一九四二年 11歲
- 自小學畢業

一九四三年 12歲
- 隨父母長途跋涉至重慶，入沙坪壩南開中學

一九四五年 14歲
- 抗戰勝利，隨父母遷上海

一九四八年 17歲
- 畢業於上海南洋模範中學
- 年底共軍進迫上海，隨父母遷香港

一九四九年 18歲
- 赴美國哈佛大學入大學一年級

一九五〇年 19歲
- 轉學麻省理工學院二年級

一九五二年 21歲
- 獲麻省理工學院機械學士學位

一九五三年 22歲
- 獲麻省理工學院機械碩士學位

一九五五年 24歲
- 入希凡尼亞公司半導體部，進入半導體業

一九五八年 27歲
- 入德州儀器公司

一九六一年 30歲
- 獲德儀公司「全薪、全費」送入史丹佛大學攻讀博士

一九六四年 33歲
- 獲史丹佛大學電機工程博士學位
- 返德儀公司服務
- 任德儀公司鍺電晶體部總經理

一九六五年 34歲
- 任德儀公司矽電晶體部總經理

一九六六年 35歲
- 任德儀公司積體電路部總經理

一九六七年 36歲
- 任德儀公司副總裁，同時仍兼任積體電路部總經理

一九七二年 41歲
- 任德儀公司集團副總裁，同時為全球半導體事業集團總經理

一九七八年 47歲
- 任德儀公司消費者產品集團總經理

一九八一年 50歲
- 任德儀公司品質與生產力總監

一九八二年 51歲
- 孫運璿院長、李國鼎政委邀聘來台灣服務，未果

一九八三年 52歲
- 辭德儀公司

一九八四年 53歲
- 任通用器材公司總經理

一九八五年
54歲
- 辭通用器材公司總經理
- 來台灣擔任工業技術研究院院長
- 籌備台積電

一九八七年
56歲
- 創立台積電，公司開始營運，並任董事長

一九八八年
57歲
- 辭工研院院長，轉任工研院董事長

一九九四年
63歲
- 辭工研院董事長
- 台積電在台灣證券交易所上市

一九九五年
64歲
- 台積電在美國華盛頓州卡馬斯（Camas）設八吋廠WaferTech
- 台積電年營收超越十億美元

一九九七年

66歲

- 兼任台積電總經理
- 台積電 ADR 在紐約證券交易所上市

一九九八年

67歲

- 自傳上冊由遠見天下文化出版
- 獲國立交通大學名譽管理學博士
- 獲紐約大學理工學院（Polytechnic University）榮譽工學博士

一九九九年

68歲

- 獲頒全球無晶圓廠半導體產業協會第一座模範領導地位獎（FSA's First-Ever Exemplary Leadership Award）
- 台積電在九二一地震災後復工迅速，十天內產能恢復九成以上
- 獲國立清華大學名譽工學博士

二〇〇〇年

69歲

- 台積電與飛利浦於新加坡設合資公司並興建八吋晶圓廠
- 台積電購併德碁與世大

二〇〇一年 70歲
- 一月二十三日與張淑芬女士在美國結婚

二〇〇二年 71歲
- 獲國立中央大學榮譽管理學博士

二〇〇五年 74歲
- 首度交棒，由蔡力行擔任台積電總經理暨總執行長

二〇〇六年 75歲
- 首度以領袖代表的身分參加APEC在越南舉行的經濟領袖會議
- 獲國立成功大學名譽工學博士

二〇〇七年 76歲
- 獲國立政治大學名譽商學博士

二〇〇八年 77歲
- 飛利浦完全釋出台積電股權

二〇〇九年 78歲
- 回任台積電董事長暨總執行長

二〇一一年 80歲

- 台積電「技術領先」果實出現（二十八奈米）
- 獲中華民國二等景星勳章
- 獲頒國際電機電子工程師學會（IEEE）榮譽獎章（Medal of Honor）

二〇一三年 82歲

- 任命劉德音、魏哲家為台積電共同執行長，仍擔任董事長
- 獲國立台灣大學名譽工學博士

二〇一五年 84歲

- 獲亞洲大學名譽工學博士

二〇一八年 87歲

- 建立台積電董事長及總裁並立制度，總裁為公司行政首長
- 台積電的尖端技術（七奈米）獨家領先世界
- 六月五日，卸下台積電董事長一職退休，由劉德音擔任董事長、魏哲家擔任總裁
- 獲中華民國一等卿雲勳章
- 第二度以領袖代表的身分參加APEC在巴布亞紐幾內亞舉行的經濟領袖會議

二〇一九年

88歲

- 第三度以領袖代表的身分參加ＡＰＥＣ在智利舉行的經濟領袖會議，但因智利動亂取消

二〇二〇年

89歲

- 台積電宣布到美國亞利桑那州設立晶圓廠
- 第四度以領袖代表的身分參加ＡＰＥＣ的經濟領袖會議（因疫情採線上會議）

二〇二一年

90歲

- 台積電宣布赴日本熊本設立晶圓廠
- 第五度以領袖代表的身分參加ＡＰＥＣ的經濟領袖會議（因疫情採線上會議）

二〇二二年

91歲

- 第六度以領袖代表的身分參加ＡＰＥＣ在泰國舉行的經濟領袖會議

二〇二三年

92歲

- 第七度以領袖代表的身分參加ＡＰＥＣ在美國舉行的經濟領袖會議

二〇二四年

93歲

• 獲頒國家最高榮譽「中山勳章」

國家圖書館出版品預行編目（CIP）資料

張忠謀自傳．下冊，一九六四—二〇一八／張忠謀著. -- 第一版. -- 臺北市：遠見天下文化出版股份有限公司，2024.11

面；　公分. --（財經企管；BCB865）

ISBN 978-626-355-975-2（精裝）

1.CST：張忠謀　2.CST：自傳

783.3886　　113014982

財經企管 BCB865

張忠謀自傳

下冊 一九六四——二〇一八

作者 — 張忠謀

副社長兼總編輯 — 吳佩穎
責任編輯 — 黃安妮、陳怡琳、蘇鵬元、黃雅蘭、張彤華
封面設計 — 張議文
版型設計 — 李健邦、黃齡儀
照片頁設計 — 江儀玲
封面照片攝影 — Lam Yik Fei
內頁照片提供 — 張忠謀、台積電、中央社、聯合報系、工研院、商業周刊、
交大友聲雜誌社、達志影像

出版者 — 遠見天下文化出版股份有限公司
創辦人 — 高希均、王力行
遠見・天下文化 事業群榮譽董事長 — 高希均
遠見・天下文化 事業群董事長 — 王力行
天下文化社長 — 王力行
天下文化總經理 — 鄧瑋羚
國際事務開發部兼版權中心總監 — 潘欣
法律顧問 — 理律法律事務所陳長文律師
著作權顧問 — 魏啟翔律師
地址 — 臺北市 104 松江路 93 巷 1 號

讀者服務專線 — 02-2662-0012 ｜傳真 — 02-2662-0007；02-2662-0009
電子郵件信箱 — cwpc@cwgv.com.tw
直接郵撥帳號 — 1326703-6　遠見天下文化出版股份有限公司

內文排版 — 中原造像股份有限公司
印刷廠 — 中原造像股份有限公司
裝訂廠 — 精益裝訂股份有限公司
登記證 — 局版台業字第 2517 號
總經銷 — 大和書報圖書股份有限公司｜電話 — 02-8990-2588
出版日期 — 2024 年 11 月 29 日第一版第一次印行
2025 年 1 月 8 日第一版第九次印行

定價 — NT 750 元
ISBN — 978-626-355-975-2
EISBN — 9786263559714（EPUB）；9786263559707（PDF）

書號 — BCB865
天下文化官網 — bookzone.cwgv.com.tw

本書如有缺頁、破損、裝訂錯誤，請寄回本公司調換。
本書僅代表作者言論，不代表本社立場。

天下文化

BELIEVE IN READING